中国社会科学院创新工程学术出版资助项目

上海合作组织基础设施互联互通及法律保障研究

以中国与俄罗斯及中亚国家合作为视角

Взаимосвязи и интеграции инфраструктуры
и их правовой гарантии в рамках Шанхайской
организации сотрудничества

李建民／著

社会科学文献出版社
SOCIAL SCIENCES ACADEMIC PRESS (CHINA)

目　录

前　言

上海合作组织是由中国倡导成立和参与的第一个国际区域性组织（以下简称上合组织）。自 2001 年成立至今，上合组织已经走过 17 年发展历程。2001 年 6 月，中国、俄罗斯、哈萨克斯坦、吉尔吉斯斯坦、塔吉克斯坦、乌兹别克斯坦六国领导人在上海宣布成立"上海合作组织"，签署了《上海合作组织成立宣言》。上合组织成立后，"上海精神"顺应时代发展潮流，大力促进地区稳定与发展，吸引了越来越多国家的关注，一些国家纷纷提出愿意以不同的形式参与上合组织。2017 年 6 月 9 日，上合组织给予印度、巴基斯坦成员国地位，完成了成立以来的第一次扩员。如今上合组织已经拥有 8 个成员国、4 个观察员国、6 个对话伙伴国，成员国的经济和人口总量分别约占全球的 20% 和 40%，成为世界上幅员最广、人口最多的综合性区域合作组织。

维护地区安全稳定、促进区域经济发展和深化人文交流共同构成上合组织的三大支柱。17 年来，三大合作领域齐头并进，同步发展。据统计，2017 年，中国与上合组织其他成员国贸易总额已达 2176 亿美元，与 2001 年上合组织成立之初相比，增长了 17 倍。截至 2018 年 3 月底，中国对上合组织成员国各类投资存量达 846 亿美元，在上合组织成员国工程承包累计营业额达到 1569 亿美元，一大批公路、电站、管线工程成为区域示范性项目。中国成为乌兹别克斯坦、塔吉克斯坦、吉尔吉斯斯坦、巴基斯坦的第一大投资来源国。亚投行、丝路基金、上合组织银联体、中国-欧亚经济合作基金等金融平台的作用不断显现，为上合组织务实合作提供可靠的金融服务。随着经贸园区和产能合作示范基地的建设，进一步推动一大批重点项目落实落地，上合组织成员国间形成了融合度更深、带动力更强、受益面更广的产业链、价值链和物流链。日益紧密的经贸关系，促进了上合组织各国市场的繁荣，增进了人民福祉，加深了经济融合。

2013年9月和10月，中国国家主席习近平分别在哈萨克斯坦纳扎尔巴耶夫大学和印度尼西亚国会发表演讲，首次提出共同建设丝绸之路经济带和21世纪海上丝绸之路的倡议。2015年3月，中国政府授权国家发展改革委、外交部、商务部联合发布《推动共建丝绸之路经济带和21世纪海上丝绸之路的愿景与行动》白皮书，明确提出："共建'一带一路'，致力于亚欧非大陆及附近海洋的互联互通，建立和加强沿线各国互联互通伙伴关系，构建全方位、多层次、复合型的互联互通网络，实现沿线各国多元、自主、平衡、可持续的发展。""基础设施互联互通是'一带一路'建设的优先领域。在尊重相关国家主权和安全关切的基础上，沿线国家宜加强基础设施建设规划、技术标准体系的对接，共同推进国际骨干通道建设，逐步形成连接亚洲各次区域以及亚欧非之间的基础设施网络。"①"一带一路"和上海合作组织有着天然的联系，上合组织成员国、观察员国和对话伙伴国都位于"一带一路"沿线，上合组织所覆盖的地区也成为"一带一路"的核心区域。"一带一路"的全面推进，为上合组织提供了更多公共产品，也为其发展注入新的发展动力。"一带一路"倡议得到上合组织成员国的广泛支持，成为上合组织深化区域经济合作的切入点和区域经济合作的增长点。

上合组织的发展历程表明，开展区域合作对实现区域内各国之间经济优势互补、合理配置资源、扩大区域内的经贸发展和人员往来、增强区域整体竞争力、促进区域内各国经济发展均有重要意义。各成员国经济的繁荣和发展既是实现地区稳定的重要前提，也是上合组织持续发展的物质基础，而发展基础设施更是开拓经贸合作潜力、促进区域经济合作发展的先决条件。从全球范围看，规划得当且相互联通的基础设施可提高生产率和服务效率，促进投资增长，同时催生更具活力的贸易行业。过去20年来，国际社会充分认识到了基础设施互联互通对支持可持续发展和拓展共享繁荣所起的重要作用。基础设施互联互通也成为全世界政策制定者和业内人士关注的重点领域，并刺激了对经济走廊、跨境投资项目、贸易和物流设施以及专注于促进互联互通和区域一体化的区域机构的需求。

---

① 《中国"一带一路"规划正式公布》，新华网，2016年4月24日。

　　上合组织成员国中，俄罗斯是横跨欧亚的大国，地域辽阔，具有跨境运输的巨大潜力，但基础设施建设相对滞后。吉尔吉斯斯坦、塔吉克斯坦、乌兹别克斯坦和哈萨克斯坦位于亚欧大陆的中心地带。中亚国家均为内陆国，没有直接出海口，距离海洋 3000 公里左右，从而导致其跨国或跨区域运输成本较高。苏联解体 27 年来，哈萨克斯坦和乌兹别克斯坦加大对基础设施投资，铁路建设发展较快；吉尔吉斯斯坦和塔吉克斯坦由于资金不足，没有能力发展基础设施，在很大程度上迟滞了经济发展。据联合国亚太经社委员会（ESCAP）的研究显示，亚洲内陆国与美国的平均贸易成本比非内陆国高 67%，与德国的平均贸易成本比非内陆国高 26%。① 据 ESCAP 测算，在亚太区域贸易中，东亚和东南亚占出口的 79%，南亚和西南亚占 13.3%，北亚和中亚（含俄罗斯）占 7.2%；在区域内出口中，东亚和东南亚占 82.3%，南亚和西南亚占 8.7%，北亚和中亚（含俄罗斯）占 8.9%。北亚和中亚在区域内贸易水平低下，其主要的障碍之一是跨境通道联通滞后使贸易成本居高不下。② 未来，随着"一带一路"建设的推进，将为这些内陆国家的发展与繁荣带来前所未有的机遇，如能实现上合组织各成员国国内和国家间基础设施的互联互通，将大幅提高这些国家参与区域经济一体化的能力和水平。

　　"互联互通"（connectivity）一词最早见于东盟国家制定的一项战略规划。有观点认为，互联互通的本意在于通过基础设施建设，提升东南亚经济增长所必需的硬件，促进各国人民之间的相互交流。显然这种解读还不够完整。现代条件下的互联互通不仅包括陆（铁路和公路）、海（海运）、空（航空）、网（电信和管道）四位一体的"硬联通"，也包括政策、规则和标准三位一体的"软联通"，以及友好互信、人文交流的文化联通，是基础设施、规章制度、人员交流三位一体的互联互通，是全方位、立体化、网络化的大联通。借此可以拉近沿线国家在地理空间、物理空间和制度空

---

① 联合国亚太经社委员会：*Economic Diversification in Asian Landlocked Developing Countries：Prospects and Challenges*，November 2014，pp. 4 - 5，http：//www. unescap. org/resources/economic-diversification-asian-landlocked-developing-countries-prospects-and-challeges。

② 联合国亚太经社委员会：*Regional Connectivity for Shared Prosperity*，August 7，2014，p. 5，http：//www. unescap. org/resouces/regional- connectivity-shared-prosperity。

间上的距离，深化和扩大各国之间的投资贸易合作，加强彼此之间经济的深度融合，推动区域经济一体化的发展。

在世界七大洲中，只有欧洲和亚洲相连在一起。早在1992年，联合国亚太经社会就通过了《关于发展亚洲内陆和亚欧陆桥的决议》，并在此基础上于2001年提出开发中国—哈萨克斯坦—乌兹别克斯坦—土库曼斯坦—伊朗国际铁路通道，这条通道被称为"泛亚铁路北通道"。随着土库曼斯坦与伊朗间的萨拉赫斯—谢拉赫斯口岸于20世纪90年代开通，泛亚铁路北通道已经贯通。1995年，东盟第五次首脑会议首次提出了泛亚铁路通道规划。该通道起自马来半岛南端的新加坡，穿越湄公河流域，经泰国、越南、缅甸、柬埔寨、老挝等国，再经我国滇越铁路到达昆明，使东南亚各国铁路连接成网，且通过中国与东亚、西亚铁路连接。该规划被称为"泛亚铁路南通道"。在亚欧之间，1996年铁路合作组织（简称"铁组"）提出了13条亚欧铁路通道，主要包括中国—哈萨克斯坦—俄罗斯—欧洲、中国—蒙古国—俄罗斯—欧洲、俄罗斯远东—欧洲、欧洲—俄罗斯—高加索地区等方向。这些通道都是利用既有基础设施，通过统一技术标准，实现基础设施的一体化。亚欧铁路网一体化进程有利于亚欧大陆的和平与稳定，推动亚欧大陆经济与文化交融。通过亚欧各国共同规划、建设和改造铁路基础设施，形成大能力、高效、便捷的铁路运输通道，有利于实现贸易和人员往来的便利化；在国际海上运输通道受到各种威胁的情况下，可以保护贸易正常进行。[①] 铁路合作组织的亚欧通道规划一经提出，立即在亚欧各国产生了巨大反响。由于意识到亚欧铁路互联互通的重要性，相关国际组织和世界大国都积极参与该进程并谋求发挥主导作用。国际铁路联盟、联合国亚太经社会、独联体铁路运输委员会、经济合作组织等也先后提出了发展亚欧铁路通道的构想。中国面临的挑战是，即使不积极参与，涵盖周边国家的亚欧铁路一体化进程也在所难免。在上合组织三位一体的互联互通当中，基础设施互联互通是基础，也是制约目前各国深化互联互通的薄弱环节。推进"一带一路"建设，首先要使基础设施互联互通，加强各国之间基础设施的规划、技术标准体系的对接，逐步形成连接区域各国，以及亚

---

① 《亚欧铁路一体化上的大国机会》，《瞭望东方周刊》2012年5月21日。

欧之间的基础设施网络。在这一大背景下，中国需要实质性参与上合组织区域内的基础设施互联互通合作，实现基础设施尤其是交通基础设施的互联互通已逐渐成为上合组织合作的新的重要领域。

上海合作组织成员国开展基础设施互联互通合作的条件得天独厚，各国在资源禀赋和消费需求上的差异以及便利的地理区位优势为各成员国深化互联互通合作提供了必要的前提和重要保障。上合组织成员国基础设施之间实现无障碍的联通，不仅会为各方带来经济方面的利益，而且也有利于进一步增进各方的政治信任度，有助于实现中国提出的营造和平稳定、平等互信、合作共赢的地区环境的目标，中国和上合组织其他成员国领导人多次强调实现互联互通是合作的优先领域和重点方向。早在 2002 年，上合组织就建立了交通部长会议机制，确定将构建安全、高效、绿色、可持续发展的综合运输网络作为首要任务，大力推动区域交通运输务实合作。2006 年 6 月，上合组织成员国元首理事会第六次会议首次提出在上合组织框架内建立"能源俱乐部"的构想，同年 9 月，成立了促进成员国能源合作的国家间专门工作组。2012 年，作为上合组织的轮值主席国，中国提出，未来 10 年要把实现本组织区域内基础设施互联互通作为务实合作的首要目标。2013 年，上合组织成立能源俱乐部，成为组织框架下发展和扩大能源合作的开放性多边平台。总体来看，上合组织成员国能源合作的范围更加广泛、紧密，合作更有深度。2014 年，上合组织六个成员国交通部门负责人签署了《上海合作组织成员国政府间国际道路运输便利化协定》，商定2020 年前开通 6 条覆盖上合组织地区的跨境线路。2015 年，在上合组织成员国元首理事会第十五次会议上，中方提出，愿同各方加强合作，优先实施已经达成共识的互联互通项目，为项目可行性研究和规划提供资金支持，参与设计和建设的投融资合作。在未来几年，推动建成 4000 公里铁路、超过 10000 公里公路，基本形成区域内互联互通格局。2017 年，《上海合作组织成员国政府间国际道路运输便利化协定》正式生效，为深化本地区互联互通合作、破除地区经济一体化瓶颈、促进区域经济发展注入了新动力。2018 年 6 月，中国在时隔 6 年再次主办上合组织峰会，此次峰会通过了《上海合作组织成员国元首理事会青岛宣言》《上海合作组织成员国元首关于贸易便利化的联合声明》等文件；批准了《上海合作组织成员国长期睦邻友好合作条约未来 5 年实施纲要》。2018 年 10 月，上合组织成员国政府首脑理事会第十七次会议发表的联合公报指出，要加快和深化能源和交通领域的合作。从上述文件内容看，上合组织新老成员国已就开展基础设施互联互通达成进一步共识，认为深化区域经济合作，特别是利用联合国亚太经社会在交通、能源、信息通信、贸易等重要方面的潜能，对促进成员国经济社会持续发展十分重要。强调通过新建和升级国际交通线路中的路段，发展包括高铁在内的公路和铁路交通，建设多式联运走廊和物流中心，引进先进创新技术，简化和协调货物通关时边境、海关和检疫程序，提升自动化建设水平，落实基础设施合作项目等方式，扩大过境运输潜力和区域交通运输潜能等领域的多边合作十分重要。

上合组织基础设施的互联互通是个长期的进程，不可能一蹴而就。现阶段，上合组织基础设施的互联互通主要是在双边层面实施，这是目前最有效的合作模式。多边合作只能从最简单、最能见到效益，也最少遭到抵制的领域入手，如发展物流和基础设施、简化签证制度等。只有在欧亚各国的经济条件成熟时，多边和全方位的一体化建设才能水到渠成。在个别国家单边主义、保护主义加强的背景下，上合组织成员国应该对挖掘组织内合作潜力、推动地区多边合作达成进一步共识。中国参与这一进程，需要从战略高度进行全方位、深层次的战略规划，避免短期行为。

迄今为止，在上合组织框架内，互联互通硬件项目大致包括能源输送管道、铁路公路、港口设施、电力输送、跨海桥梁、因特网络六大领域。实现上合组织基础设施互联互通也是各国利益博弈的过程，不仅涉及铁路、公路、能源管道、电网等硬件建设，还涉及政治、经济、金融、文化等软件方面的建设，需要国内各主管部门和相关企业的相互配合和紧密协作。资金支持和法律制度保障是推进互联互通的必要条件。从资金支持看，中国不仅是上合组织互联互通规划的倡导者和推动者，而且是规划实施的主要资金提供者。在上合组织框架内，中方通过无偿援助、优惠买方信贷、资源换项目等多种合作模式，推进了一系列项目。目前中国已建立中国-欧亚经济合作基金，推动成立上合组织开发银行，积极利用亚洲基础设施投资银行、丝路基金、上合组织银联体，为本地区基础设施互联互通建设提供资金支持。截至 2017 年，中国国家开发银行累计向上合组织成员国发放贷款超过 1000 亿美元。在各成员国共同努力下，近年来，上合组织跨境石油天然气管线、公路、铁路、通信等一批互联互通合作项目已相继建成。《上海合作组织成员国政府间国际道路运输便利化协定》生效，中—吉—乌公路全线贯通，中国—中亚天然气管线和中哈、中俄原油管道建成运营，中欧班列常态化高效运行，上合组织区域内初步形成涵盖公路、铁路、油气和通信的复合型基础设施网络，未来上合组织仍有进一步加强基础设施互联互通的合作空间。

基础设施互联互通的融资、建设、运营、管理有其独特的特点，会涉及多个国家的实质性合作，对法律和规制保障有较高的要求。上合组织各成员国之间法治水平差异大，法治环境较为复杂，仅靠国际经济往来中，尤其是适用于过境能源运输或交通通道运输的一般性国际公约、政府间协议、间接适用的国际协议等来维护营商环境和自身利益还远远不够。实践证明，在跨境基础设施建设和国际贸易活动中，如果对东道国法律体系特点和规则标准缺乏了解和认知，"走出去"的企业、公民将面临巨大的法律风险，甚至会付出沉重代价。基于这一视角，可以认为，成员国国内有关基础设施建设运营的法律法规是上合组织开展国际合作的法律机制的组成部分。在俄罗斯和中亚国家争取加入世界贸易组织的过程中，都经历了按照国际标准修改协调国内法律的过程，表现为法律体系中的国内化和国际化互动，即国内法的国际化和国际法的国内化，了解成员国的国内法对于认识基础设施建设市场准入门槛有重要意义。这也是本书将俄罗斯和中亚国家有关铁路、公路、管道和电网建设的法律作为研究分析重点之一的用心所在。

基础设施建设互联互通需要大规模国内和国际投资，不仅涉及外资准入、外汇管理、股权融资、跨境承包等诸多法律领域，很多时候还需要根据当地实际情况对相应的环境保护、劳工标准、人权保护、知识产权等条款加以调整制定。与此同时，中亚国家文化传统多样，政治生态各异，利益诉求不一，经济风险、信用风险等各类风险丛生，这些风险会影响中国投资资金的安全，事关中国投资者的重大利益，需要加强风险预防和应对。目前，上合组织成员国油气管线、公路、铁路、电网等基础设施建设运营都属于自然垄断和国家垄断部门，都有独立的法律和严格的进入门槛，且各国政府在其中均具有相当的控制权。中国与各成员国在基础设施互联互通领域的合作尚未形成专门的区域合作平台，项目推进主要是采取灵活的方式，以双边高层会晤、主场外交、多边机制嵌入相关议题等形式，获得沿线国家开展国际合作的共识。从中国与俄罗斯和中亚国家签署的数十个经济和投资文件看，主要以宣言、协议、声明、会议纪要和谅解备忘录等为表现形式。这些文件对合作方的行为具有一定的约束力，但在文件之外缺乏配套的法律保障机制，加之文件条文规定大都过于原则，缺乏对直接参与互联互通建设运营。在成员国之间进行投资、贸易活动的法人和自然人权利义务的明确规定，使文件实际不具有区域性条约的法律性质。在许多情况下，这些文件的实施及争端解决还取决于当事方的主权意志，还需要参照和执行各成员国的国内法规定，使得上述文件在国际法层面上呈现出软约束性。在实践中，法律准则的缺位会使得合作一方因利益需求的变更而单方违约，基于政治因素、经济因素等导致合同不能被履行，以上情况在中国与俄罗斯和中亚国家的能源合作中并不鲜见。为保证基础设施互联互通规划稳步推进，未来各成员国应致力于建立该领域的统一规则和协调机制，在上合组织框架下，完善法律机制，设立专门的机构，对具体的双边、区域和多边投资框架中双方或多方的条约问题、法律政策问题以及条约与国内法的冲突提供一个协商、会谈和解决的平台和方法，这对顺利推进基础设施互联互通合作具有十分重要的现实意义。

尽管上合组织多数成员国对外国投资持欢迎与鼓励的态度，制定了多项外资保障及税收优惠措施，但对外资并非没有限制，各国在外资法中都建立了审批制度，把握外资投向，引导外资投入本国亟待发展的重点行业和领域，限制外资可能造成的消极影响。在国际形势多变的背景下，一些项目也遇到了暂停或受阻的问题。为规避基础设施建设互联中的金融风险，提高投资的透明度和可预见性，保证投资安全和回收，需要深入了解当地的投资环境，对各投资对象国的政策、法律和法规做深入研究。本研究力图通过对俄罗斯、哈萨克斯坦、乌兹别克斯坦、吉尔吉斯斯坦和塔吉克斯坦有关通道发展现状、管理体制及建设运营的相关政策和法律进行梳理、归纳和提炼，并在这一基础上总结出对象国在通道建设运营领域的政策重点和法律条款目标指向，以期为职能部门决策和企业"走出去"提供参考。

第一章 "一带一路"视阈下上海合作组织的基础设施互联互通

第一节 上合组织基础设施互联互通内涵界定

目前，学界对于基础设施互联互通的概念与内涵尚未形成一个较为统一和公认的界定。2015年，国家发展改革委、外交部、商务部联合发布的《推动共建丝绸之路经济带和21世纪海上丝绸之路的愿景与行动》，即推进"一带一路"倡议，提出了政策联通、设施联通、贸易畅通、资金融通、民心相通的概念和原则。关于设施联通，该倡议亦未严格界定其具体内涵，只是指出了优先领域，即与跨境和跨区域合作有关的交通、能源和通信基础设施。

一 基础设施概念界定

基础设施（infrastructure）是指为社会生产和居民生活提供公共服务的物质工程设施，是用于保证国家或地区社会经济活动正常进行的公共服务系统。按所在地域或使用性质划分，基础设施可分为农村基础设施和城市基础设施；按服务性质划分，基础设施又可分为生产性基础设施、社会性基础设施、制度保障性基础设施。

进入21世纪，随着经济科技的发展，基础设施的范畴有所扩大，分为狭义与广义两种。狭义基础设施是指传统的交通基础（铁路、公路、港口、地铁、机场等），电力（火电、水电、核电、太阳能发电等），城市公用设施（供水、供气、供热、排污、街道等），通信（电话、广播、电视等）与水利设施等。广义基础设施则包括传统的基础设施再加上新兴的基础设施，如信息基础设施、绿色环保基础设施与社会服务（教育、医疗、科学、文化、体育等）基础设施。[1]

从功能上看，基础设施建设具有所谓"乘数效应"，即能带来几倍于投资额的社会总需求和国民收入。一个国家或地区的基础设施是否完善，决定着其经济是否可以长期持续稳定发展。在现代社会中，经济越发展，对基础设施的要求越高，完善的基础设施对加速社会经济活动、促进其空间分布形态演变起着巨大的推动作用。实际上，基础设施建设带来的投资乘数的正向外部效应已经在许多发展中国家得到了充分验证。

从属性上看，基础设施具有先行性、基础性、不可贸易性、不可分割性。首先，基础设施所提供的公共服务是所有商品与服务生产所必不可少的，若缺少这些公共服务，其他商品与服务（主要指直接生产经营活动）便难以生产或提供。相关研究表明，基础设施建设通过影响广义贸易成本，进而影响商品价格，最终能够影响商品需求和国际贸易水平。例如，通信、运费、保险费以及物流服务等的直接货币成本受基础设施质量和相关服务的影响，运输时间受到地理因素和基础设施条件的影响；基础设施条件越差，货物受损的风险及其由此产生的保险成本越高；缺乏交通运输和通信服务将导致较高的机会成本，从而限制市场准入和贸易机会。[2] 其次，绝大部分基础设施所提供的服务几乎是不能通过贸易进口的。一个国家可以从国外融资和引进技术设备，但要从国外直接整体引进机场、公路、水厂是难以想象的。

从现实看，部分基础设施提供的服务类似于公共物品，具有相对的非竞争性和非排他性。非竞争性是指：物品的生产边际成本为零，不会随着物品消费的增加而增加。非排他性是指：当某人使用基础设施所提供的服务时，不可能禁止他人使用；或要在花费很高的成本后才能禁止，对这样的服务，实际上任何人都不可能将另外的人排除在外，即存在免费搭车。基础设施包括交通、邮电、供水供电、商业服务、科研与技术服务、园林绿化、环境保护、文化教育、卫生事业等市政公用工程设施和公共生活服务设施等。

---

[1] 廖群：《内地基础设施仍有很大发展空间》，《首席经济学家论坛》2018 年 9 月 18 日。

[2] Nordas, H. K. and R. Piermartini. "Infrastructure and Trade, World Trade Organization Staff Working Paper," ERSD-2004-04. Washington, DC: World Bank, 2004.

从基础设施投资构成看，在全球范围内，现阶段交通基础设施投资占世界基础设施投资的比重最大，高达42%（其中公路、铁路、机场和港口投资占比分别为29%、8%、4%和1%），而能源、供水和通信基础设施投资分别是21%、20%和17%。[①] 交通基础设施投资占比高企，一方面在于交通运输是国民经济的重要部门，以铁路为例，由于其在陆路通道运输中居于核心地位，能源、电力、光纤通信一般围绕铁路来布设；另一方面，在经济全球化日益发展的今天，依靠交通基础设施能够串联起各大城市群和产业带，既成为国际政治、经济和人文交往的基本载体，也直接体现了国家科技发展的实力和水平。

除上述属性外，基础设施还具有外部性强、投资量大、运营风险高等特点。通常情况下，就一国而言，类似公路、机场、港口、电信、水厂等行业提供的服务，仅有小规模的投资是不能发挥作用的，在大多数国家，长期存在基础设施建设滞后的问题。而就跨境基础设施联通而言，除了存在国内基础设施建设苛刻的技术经济特性外，还会涉及不同主权国家，政府之间协调以及权责划分和利益分配难度更高等问题，因此存在"久推不进"的现象。世界银行20年前就提出应加强基础设施建设，亚洲开发银行也早在2006年就呼吁各国加强基础设施建设，而时至今日，各国基础设施建设还远远不能满足经济增长的需要。在加强基础设施建设中如何与产业发展协同联动，也成为越来越多国家在发展本国基础设施时予以重点考虑的因素。对于很多国家来说，基础设施的发展是一个着力点，它能使其真正进入产业化或工业化的过程当中。这就要求企业在参与基础设施建设的同时，还须积极参与相关配套产业的投资、建设与运营。更值得关注的是，与传统基础设施相比，新兴基础设施具有更大的发展潜力，信息、绿色环保和社会服务三个新兴基础设施领域将是发展中国家基础设施发展新的增长点。

二 互联互通概念界定

区域基础设施互联互通越来越成为当前国际基础设施合作中的优先领

---

① Газпромбанк, Инфраструктура России: Большому кораблю – большое плавание, http://www. gazprombank. ru/upload/iblock/209/gpb_ infrastructure_ 09072014. pdf.

域和重点方向，中国国家领导人也在多个场合表明了中国与世界各国加强互联互通基础设施建设的积极态度。尽管互联互通概念被广泛使用，但迄今并无精确定义。互联互通概念最早应用于通信领域，来自英语connectivity，维基百科对此的解释为：这是一个名词，包括三方面的含义，一是被联系的状态；二是指（通信领域）在一个网络里把两个或更多点联系起来的能力；三是数学领域的。也有学者认为东盟是互联互通概念的最初倡导者。

东盟是互联互通的先行者，大部分分析互联互通的文献均选择直接采用东盟对互联互通的定义。互联互通一词最早见于东盟国家制定的《东盟互联互通总体规划》，规划对互联互通的定义为："在东盟，互联互通指包括基础支持和便利措施的物理的、制度的和人与人的联系，它们形成经济的、政治安全的和社会文化的支柱，为实现一体化的东盟共同体愿景提供支撑。""东盟互联互通的主要因素包括：物理联通——交通运输、信息通信技术、能源；制度联通——贸易自由化和便利化、投资和服务自由化和便利化、相互认知协议/安排、地区运输协议、跨境手续、能力建设项目；人与人的联通——教育和文化、旅游。"①

随着东盟互联互通从次区域向更大范围扩展，互联互通概念的使用逐步泛化。2009 年，亚太经济合作组织（APEC）领导人第十七次非正式会议正式采用了互联互通概念，之后基础设施建设和互联互通开始成为 APEC 的重要议程。2013 年，APEC 领导人第二十一次非正式会议通过《APEC 互联互通框架》和《APEC 基础设施开发与投资多年计划》，将区域互联互通作为三大重点议题之一。互联互通议题在 2014 年 APEC 领导人第二十二次非正式会议上得到进一步推进，会议通过了《APEC 互联互通蓝图》，沿用了东盟的概念，提出了在 2025 年前完成各方共同确立的倡议和指标，加强硬件、软件和人员交往互联互通，实现无缝、全面联通和融合亚太的远景目标。② 这表明，互联互通是个宽泛的概念，除了交通基础设施的硬件联通，也包括规章制度、标准、政策的软件联通，以及增进

---

① Master Plan on ASEAN Connectivity, Jakarta: ASEAN Secretariat, December, 2010, p. 2.
② 见《亚太经济合作组织第二十二次领导人非正式会议宣言》附件四，《人民日报》2014 年 11 月 12 日。

民间友好互信和文化交流的人文联通。基础设施建设是互联互通的基础和优先。更好的交通基础设施将大大提高商业人员和游客流动便利化，促进人员互联互通。

有学者将互联互通界定为区域内国家相互联系相互合作的基础与纽带，认为互联互通的内涵有广义与狭义之分。广义的互联互通包括实体、政府和民间的互联互通：实体的互联互通包括交通通信等基础设施；政府的互联互通包括贸易投资便利化的规则；民间的互联互通包括教育、旅游等人际交流。狭义的互联互通则主要指交通、通信、能源等基础设施之间的互联互通。还有学者倾向于将互联互通定义为一种符合区域一体化要求的，包括传统的基础设施建设、制度性自由化安排以及人员互动和交流三个领域，服务于区域经济体加强沟通合作的措施或手段以及这些措施落实后达到的状态。它既可以作为一体化的手段，也可以作为一体化的目标。① 其中，硬件互联互通主要指通过连接和整合经济体之间的物流、交通、能源、电信等基础设施，提高供应链的效能；软件互联互通指经济体之间在规制和办事程序上的合作与一致化；人与人的互联互通指人的跨境流动。上合组织的互联互通最开始主要侧重交通网络性项目建设，促进成员国能源、交通、电信的互联互通，形成区域内便达、顺畅的网络体系。"一带一路"倡议提出后，互联互通被注入新的活力。从内容看，所强调的不只是平面的线路连接，而是包括基础设施、制度规章、人员交流三位一体的全方位、立体化、网络状的大联通。

基于以上认识，本文提出的上合组织基础设施互联互通亦包括三个层次：最直接的意义系指区域内不同国家之间经济活动的生产性基础设施载体的联通，具体包括中国与上合组织成员国之间由公路、铁路、机场、港口等构成的交通基础设施，由电网、石油和天然气管道等构成的能源基础设施以及通信网络基础设施的跨境联通。同时也隐含着以下软性的要求：上合组织成员国为实现基础设施硬联通，需要在国家发展战略目标和基础设施开发规划方面的对接和交流，围绕投资便利化，保护投资者权益问题在出入境、税收、融资、技术标准、设施配套、制式选择、安全等领域进

① 王玉主：《区域一体化视野中的互联互通经济学》，《人民论坛·学术前沿》2015 年第 3 期（上）。

行的政策沟通及提供的法律保障。为保证基础设施互联互通顺利推进，既需要通过各项人文合作不断提高互信度，夯实民意基础，也需要在相关领域进行技术培训和人员交流互动。

第二节　上合组织基础设施互联互通的经济和战略意义

一　基础设施互联互通的经济意义

在经济全球化和区域经济一体化加快发展的形势下，上合组织能源、交通和通信等基础设施的跨境联通具有重要的意义，成为带动社会经济发展的重要力量。世界银行发布报告称，基础设施即使称不上经济增长的火车头，至少也可以被称作促进经济发展的车轮。纵观世界各国经济发展史，基础设施一直是吸收投资、创造就业、扩大内需、改善民生的重要抓手，是一国经济实现持续、快速发展的必要条件。作为国民经济发展的支柱和基础，基础设施投资有较强的乘数效应。有研究表明，1美元的投资可以拉动3~4美元的社会投资需求，在亚洲地区，投资10亿美元可以创造1.8万个就业机会。① 根据世界银行的统计数据，发展中国家目前每年基建投入约1万亿美元，但要想保持目前的经济增速和满足未来的需求，估计到2020年每年至少还需要增加1万亿美元。到2030年，全球预计将需要57万亿美元的基础设施投资。② 美国战略家帕格拉·康纳在《超级版图》一书中提出，未来40年的基础设施投入将超过人类过去4000年的投入！传统全球化中的关税减让，最多能推动世界经济增长5%，而新型全球化中的互联互通，将推动世界经济增长10%~15%。③ 从中国经济发展看，基础设施建设对经济增长的拉动效应十分明显。2003~2013年，中国在基础设施领域累计投资25.7万亿元，年均增长20%以上，成为推动国内生产总值增长1.5倍、年均增长10.7%的重要因素。除此之外，今天的基建项目已不仅仅是传统

① 余舒扬：《中国领导人首提"基建合作伙伴关系"富有创意》，中国新闻网，2013年4月24日。
② 王义桅：《"一带一路"为何重视基础设施互联互通？》，《国际商报》2018年1月5日。
③ 《帕拉格·康纳用互联网思维解读"一带一路"》，互联网思维，2017年5月31日。

的铁路、公路、港口、机场，还包括智能电网、新能源、高铁、开发区等，技术、信息和智力含量大大提高，成为国家整体创新体系和竞争力建设的一大支点。对基础设施的公共投资还可带动私人投资的"涌入"，积极扩大基础设施投资，短期可扩大经济总需求，长期可提升潜在供给能力，是经济增长的推动力之一。

从经济学角度考察，基础设施互联互通的意义在于其能为资本、劳动力、技术、信息、服务等生产要素的通畅流动创造条件。古典经济学家威廉·配第、魁奈、斯密、李嘉图等都对要素流动做过详尽的阐述。早在1776年，著名经济学家亚当·斯密（Adam Smith）就在其《国富论》中指出："良好的道路、运河和通航河道有助于降低运输费用，使一国偏远地区与城镇周边地区更接近于同一水平。因此，这是最重要的改善。"不同国家间的政策壁垒、基础设施薄弱所导致的运输成本差异等因素，会导致要素的国际流动成本明显高于在一国之内的流动。斯密的看法揭示了互联互通最关键的两项益处：一是高效、高性价比的资源流动；二是减轻一国内部以及国与国之间的不平等。

互联互通在提升一国竞争力方面也具有重要意义。传统上领土面积和军事实力是衡量一个国家战略重要性的标准，但今天这个标准正在发生变化。当今世界的流动性、全球性、连接性比以往任何时候都要明显，一个国家的实力不仅要看其领土面积和军事实力，还要看它通过连接所能发挥的作用，也就是互联互通程度，即在地理互联、经济互联、数字互联层面，是否能够深度参与全球资源、资本、数据、人才和其他有价值的资产流。通过建设基础设施，恰恰可以打造全球供应链，可以实现资源、生产、服务和消费的连接。基础设施互联互通已成为提高贸易便利化水平、建设高标准自由贸易网络的重要依托。

推进互联互通有利于促进区域经济合作。随着区域一体化的发展，跨区域互联互通基础设施的需求日益增长。中国—东盟自贸区已将互联互通作为双方合作的优先领域和重点方向；非洲国家正在深入推进旨在提高互联互通程度的"非洲基础设施发展规划"；欧洲国家也正在积极实施"连接欧洲设施计划"；亚太经合组织领导人会议更是连续多年将区域互联互通作为重点议题加以推动和落实。实现基础设施互联互通有助于突破区域一体化面临的基础设施瓶颈，使规模经济能够在更大区域内实现。同时，基础设施互联互通所形成的新的交通运输路线或方式，以及制度互联互通带来的贸易投资自由化、便利化会在很大程度上降低贸易的时间、物流和关税等成本，将会形成更大的消费群体，从而改变产品的可贸易性和贸易规模。区域基础设施互联互通是个复杂的系统工程，涉及不同的主权国家和利益主体，并面临自然环境、安全威胁、边贸互补性与均衡问题，以及地缘政治风险等挑战。自由贸易区等政府间协定，着眼于消除制度障碍，而基础设施的互联互通则着眼于消除物理障碍，只有加速区域内各国基础设施的互联互通，才能促进区域经济合作。

二　基础设施互联互通的战略意义

从传统地缘政治理论视角看，二战以来最重要的公共产品是安全和稳定。而在全球化和信息化时代，基础设施建设被视为新的重要的全球公共产品。随着国家和区域间基础设施互联互通对世界经济发展的影响增强，加大对联通性建设的投入或将成为全球地缘政治的新趋势。从这一意义上说，基础设施建设及其跨国联通既是一种多国合作机制，也是地缘政治角逐的一种形式，地缘政治竞争的性质正在从争夺领土的战争演变为争夺连接性的竞争。上合组织所在的欧亚大陆历来是大国博弈的敏感地区，冷战结束后，域外大国积极进入该地区，围绕地区主导权和垄断权展开了大博弈。在这一背景下，以能源、交通、电力为代表的跨国通道和网络作为影响地缘政治和地缘经济格局的重要因素，其地位和作用日益凸显。

跨境能源通道的战略意义最为明显。能源具有特殊的战略价值，无论在生产/出口国，还是在消费/进口国，以及过境运输国，其所受到的重视均已远远超过经济资源的范畴，能源博弈已成为地缘政治的重要内容。中国自1992年起能源消费总量超过能源生产总量，自1993年起成为石油净进口国，自2006年起成为天然气净进口国，能源瓶颈问题日益突出，寻求充足稳定的供应来源，建设安全高效的陆上运输通道已成为中国能源安全战略发展的首要任务。作为石油消费大国，中国面临能源供应安全的挑战，从地区层面参与全球油气竞争是必然的选择。从具体能源供应（需求）链的角度分析，能源安全主要包括能源供给和能源运输两个方面。管道运输作为承载能源流动的主要运输方式之一，具有一次性投资、运营成本低、安全程度高、环境破坏小、适合长距离运输等优势，面对分布不均、局势复杂、竞争激烈的海外油气资源市场，中国开始从传统以海运为主向陆路管道运输与海洋运输并重转型。随着中国进口能源总量和比例逐步提高，进入俄罗斯和中亚市场以实现能源供应多元化，成为中国能源安全战略的一个重要目标。为实现进口来源、方式、品种、渠道的多元化，分散风险，保证能源运输安全，中国通过一系列内政外交手段，大力推进能源管道建设，构建石油、天然气陆路运输通道。基于中俄、中哈之间的地缘特性和能源战略需求的互补性，双方开始打造陆上能源运输通道。目前，中国已形成西北（中国—中亚）、东北（中国—俄罗斯）、西南（中国—缅甸）和海上四大能源进口战略通道，这对于增加中国油气供应的稳定性，实现进口多元化，保障能源安全，促进经济发展，增强中国在国际能源事务中的作用具有多重意义。

建造对华跨境能源运输通道对俄罗斯和哈萨克斯坦同样具有重要意义。俄罗斯国内石油运输和出口的1/3通过管道进行，俄罗斯要巩固其在国际能源市场上的优先地位，需要在稳定欧洲市场的同时，大力拓展亚太市场，实现出口多元化，与中国实现管道互联是最优选择。哈萨克斯坦是典型的内陆型国家，大部分油气出口运输需要过境俄罗斯，出口通道单一和配额有限的"瓶颈"严重阻碍了哈萨克斯坦将能源输往国际市场，制约了哈领导人制定的资源富国发展战略的实施。因此哈政府在独立之初就把寻求石油出口多元化和通往国际市场的安全通道作为其石油工业发展的战略任务，积极推进东线连接中国和亚太地区的管道建设。作为全球第一大石油进口国和第二大石油消费国，中国和这些国家互为能源伙伴，不仅相互提供市场，而且也提高了各自在欧亚乃至全球能源市场中的地位。

第三节　欧亚基础设施互联互通中的大国博弈

事实上，在上合组织开展基础设施建设和联通之前，欧亚大陆早已有这方面的合作。观察欧亚地区基础设施互联互通有区域合作和地缘政治博弈两个重要视角，前者主要包括联合国、亚行和中亚区域合作等国际组织和多边机构围绕推进交通、能源、贸易便利化和贸易政策四大领域合作的构想和项目实践，后者则主要包括冷战后世界大国和地区大国围绕欧亚能源管道和交通走廊建设走向和控制权进行的地缘利益博弈。这些合作构想和项目实施的实践为上合组织基础设施建设联通提供了物质基础、治理经验及失败警示，研究其来龙去脉对上合组织在该领域的发展合作是个包容互鉴的过程。

一 从区域合作看欧亚基础设施互联互通

（一）"钢铁丝绸之路"——泛亚铁路网构想（Trans-Asian Railway，TAR）

泛亚铁路网构想由联合国亚太经社委员会于 1960 年首次提出，当时的规划是形成从新加坡到土耳其的欧亚统一铁路货运网络，途经东南亚、孟加拉国、印度、巴基斯坦和伊朗等国，全长 1.4 万公里。此后，亚太经社委员会不断扩大计划，将泛亚铁路网覆盖范围拓展到整个亚洲大陆。但因越南战争扩大化及印巴多次爆发全面战争，这个建设方案根本无法实施。20 世纪 90 年代以后，由于冷战对抗气氛的缓和以及中国经济的飞速发展，泛亚铁路网建设重新获得动力。1994～1995 年，亚太经社委员会与中国合作，首先完成了对东北亚走廊的可行性研究，中国开展了与周边哈萨克斯坦、蒙古国、俄罗斯以及朝鲜的交通合作，将本国铁路线延伸到阿拉山口，与哈萨克斯坦、俄罗斯的铁路相衔接，大体形成了从连云港一直到莫斯科的亚欧铁路线。

2006 年 11 月 6 日，来自自亚太经社委员会 37 个成员国的运输部长参加了为期两天的联合国亚太经社委员会运输部长会议。会议期间，亚洲 18 个国家的代表在韩国釜山正式签署《泛亚铁路网政府间协定》。泛亚铁路的建设运营有助于沿线各国将贸易投资有机地融为一体，优化产业结构，使交通走廊转化为经济走廊，有利于中国和东盟深化全面合作，实现互利共赢。《泛亚铁路网政府间协定》的签署，确定了泛亚铁路网的框架，朝打造新的"钢铁丝绸之路"、促进亚洲地区的经济发展和共同繁荣开展全面合作迈出关键一步。《泛亚铁路网政府间协定》的签署符合中国的利益，特别是亚欧大陆桥的建设有助于提高中国的运量，加快中国铁路发展，带动沿线地区经济协调发展。

根据规划，泛亚铁路网未来将由北部、南部、南北部和东盟四条线路构成，其中有三条经过中国。

（1）北路：连接欧洲和太平洋，沿途经德国、波兰、白俄罗斯、俄罗斯、哈萨克斯坦、蒙古国、中国至朝鲜半岛。在波兰（由标准轨至 1520 毫米宽轨）、中哈及中蒙（由 1520 毫米宽轨至标准轨）边界换轨。此线大部分与将货物由远东经莫斯科运送到欧洲的西伯利亚铁路重叠。由于朝鲜的政治因素，韩国的货物须经海路运至符拉迪沃斯托克上火车。

（2）南路：连接土耳其、伊朗、巴基斯坦、印度、孟加拉国、缅甸、泰国，然后分别进入中国云南，以及经马来西亚进入新加坡。至今尚未建成的路段包括伊朗东部（赫尔曼至扎黑丹）、印度与缅甸之间、缅甸与泰国之间和泰国至云南之间。在伊巴（由标准轨至 1676 毫米宽轨）、印缅（由 1676 毫米宽轨至 1000 毫米窄轨）和中泰（由 1000 毫米窄轨至标准轨）边境需要或将要换轨。

（3）南北走廊：连接北欧与波斯湾。主线始于芬兰赫尔辛基，穿越俄罗斯国土至里海，然后分成三条支线：西线经阿塞拜疆、亚美尼亚入伊朗西部；中线以火车轮渡经里海进入伊朗；东线经哈萨克斯坦、乌兹别克斯坦和土库曼斯坦入伊朗东部。三线在伊朗首都德黑兰会合，最后抵达阿巴斯港。[①]

（4）东盟通道：共包括 6 个方案。

第一方案：新加坡—吉隆坡—曼谷—金边—禄宁（LocNink）—胡志明市—河内—老街—昆明，全长 5328 公里。此项选线还将建一条支线，以连接老挝首都万象。线路为万象—他曲（ThaKhet）—新邑（即万安港，VungAng Port），支线全长 585 公里。此选线还将建一条新的公路，连接越南、老挝和柬埔寨三国，预计总造价为 18 亿美元。

第二方案：新加坡—吉隆坡—曼谷—仰光—昆明，全长 4559 公里。该选线方案需要在泰国、缅甸和中国境内建新的路段来连接。新建路段总长为 1127 公里，估算总造价为 60 亿美元。

---

① Трансазиатская железная дорога，https：//ru. wikipedia. org/wiki/Трансазиатская _ железная _ дорога.

第三方案（3A 线）：新加坡—吉隆坡—曼谷—万象—万安（VungAng）—河内—昆明，估计总造价为 11 亿美元。

第四方案（3B 线）：新加坡—吉隆坡—曼谷—万象—昆明。该路网在老挝和中国境内的新建线总长 1300 公里，估计总造价为 57 亿美元。

第五方案（3C 线）：新加坡—吉隆坡—曼谷—巴塞（Pacxe）—沙湾拿吉（Xavannakhet）—东河（DongHa）—河内—昆明。此线路中新建线总长 616 公里，估计总造价为 11 亿美元。

第六方案（3D 线）：新加坡—吉隆坡—曼谷—万象—昆明。该选线项目为改造和建设并举的方案，估计总造价为 11 亿美元。

泛亚铁路网是一个把整个亚洲连接互通的宏伟工程。四条通道中，北线通道的条件最好，中、俄两大国拥有庞大和完善的铁路系统，除了韩国经朝鲜一段未能实现通车，随着土库曼斯坦与伊朗间的萨拉赫斯—谢拉赫斯口岸于 20 世纪 90 年代开通，泛亚铁路网北通道已经贯通，可以实现欧亚之间的铁路运输。而打通其他三条通道都需要进行大量的铁路和基础设施建设。

从实际操作层面看，泛亚铁路网在建设运行过程中还面临多方面难点，其中资金、技术和协调是三大难题。由于泛亚铁路网经过的国家都不十分富裕，筹集到新建铁路所需的资金成为一个巨大难题。技术和设计协调成为泛亚铁路项目推进艰难的重要原因。泛亚铁路网需要连接各国已有的铁路设施，所经各国大致有四种不同标准的铁路轨距：大多数东南亚国家使用窄轨，轨距为 1000 毫米；中国、伊朗、土耳其使用的铁路轨距为 1435 毫米的标准轨；俄罗斯和中亚国家使用的是 1520 毫米的宽轨；南亚国家普遍使用轨距为 1100 毫米的窄轨（属于 1067 毫米标准之列）。四种不同的轨距意味着四种技术标准，连接起来费时费力，如进行米轨和标轨的更换及对接，成本和造价会较高。泛亚铁路网项目涉及七八个甚至更多国家，需要进行复杂的国际谈判，外加中日印三国在其中的博弈，增加了建设的难度。

2013 年中国提出"一带一路"的倡议，为《泛亚铁路网政府间协定》的落实注入了强大推动力，一批国际铁路建设项目正在不断提速。2017 年 12 月 20 日与 21 日，中老铁路与中泰铁路相继举行了开工仪式，从中国云南昆明南下到马来半岛最南端新加坡的泛亚铁路全面启动。总体来看，中国对基础设施的巨大投入,使中国在泛亚铁路网的建设中发挥着中心作用。不仅如此,中国经济的快速增长和对外贸易的不断攀升和中国在地区货物进出口总量中占据的巨大比重,是推动地区经济合作和一体化进程的主导力量。而地区经济合作和一体化的进程,是促进地区交通建设与合作的重要动力。

(二) 中亚区域经济合作〔Central Asia Regional Economic Cooperation(CAREC)〕——打通中亚地区6条运输走廊

中亚区域经济合作(CAREC)是1996年由亚洲开发银行发起成立的区域性合作机制,2002年正式起步,现已建立起以部长会议、高官会议、行业协调委员会和区域工商圆桌会议为主的合作协调机制。目前成员国已从最初的8个扩大到10个——阿富汗、阿塞拜疆、中国(主要是新疆维吾尔自治区和内蒙古自治区)、哈萨克斯坦、吉尔吉斯斯坦、蒙古国、塔吉克斯坦、乌兹别克斯坦、土库曼斯坦和巴基斯坦,得到6家多边机构支持(亚洲开发银行、世界银行、国际货币基金组织、欧洲复兴开发银行、伊斯兰开发银行、联合国开发计划署)。一定意义上,中亚区域经济合作是由专业性国际组织主导的区域基础设施建设联通的合作模式,其宗旨是以合作谋发展,通过在交通、能源、贸易政策、贸易便利化四大重点领域开展合作,促进欧亚新丝绸之路沿线彼此接壤的中亚国家相互融合,让当地企业更容易进入本区域市场或全球市场,促进成员国经济发展和民生改善。

CAREC成员国于2007年合作制定了"运输和贸易便利化战略"(TTFS)及其"2008~2017年行动计划",计划在交通领域打造一条现代丝绸之路,在能源领域的合作目标是建立市场化的能源运行机制,促进区域电力和能源贸易。2008~2013年,共改善了4500公里的公路,修建了7座机场、3个海港和4个物流中心,改造了185公里的铁路。2014年,在分析中亚及周边地区主要贸易流向的基础上,TTFS调整为TTFS 2020(涵盖2014~2020年)。CAREC交通运输战略提出了发展6条运输走廊的建议。6条运输走廊主要由该区域内分布广泛,但发展水平仍然低下的公路和铁路网组成(见表1-1)。CAREC认为,运输走廊是重要渠道,通道的建设会改善该地区的联通性并且促进跨境流动。通道选择主要基于如下标准:其一,沿线既有运量；其二，经济及运量增长前景；其三，提高经济中心和人口中心之间的联通性能力；其四，挖掘减少延迟及其他障碍（如过境点数量、换装次数等）的潜在能力；其五，基础设施改造投资的经济及财务可持续性。TTFS 的目的是，围绕 6 条重点运输走廊的发展，综合运输基础设施投资和贸易便利化措施，通过区域合作和一体化，改善货物在区域内的流通以及运往国际市场，以支持 CAREC 发展目标的实现。[①]

表 1-1 中亚区域经济合作 6 条运输走廊概况

走廊编号	走廊走向	途经国家和地区
走廊-1	连接欧洲和东亚	哈萨克斯坦、吉尔吉斯斯坦、中国新疆
走廊-2	连接地中海和东亚	阿富汗、阿塞拜疆、哈萨克斯坦、吉尔吉斯斯坦、塔吉克斯坦、土库曼斯坦、乌兹别克斯坦和中国新疆
走廊-3	连接俄罗斯、中东和南亚	阿富汗、哈萨克斯坦、吉尔吉斯斯坦、塔吉克斯坦、土库曼斯坦和乌兹别克斯坦
走廊-4	连接俄罗斯和东亚	中国内蒙古、蒙古国和中国新疆
走廊-5	连接东亚、中东和南亚	阿富汗、吉尔吉斯斯坦、巴基斯坦、塔吉克斯坦和中国新疆
走廊-6	连接欧洲、中东和南亚	阿富汗、哈萨克斯坦、巴基斯坦、塔吉克斯坦、土库曼斯坦和乌兹别克斯坦

资料来源：亚洲开发银行：《中亚区域经济合作走廊绩效测量和检测——前瞻性回顾》，菲律宾，2014，第 17 页。

亚洲开发银行在中亚区域经济合作中扮演了倡导者、组织者、协调者和融资者等多种角色，有效地发挥了其作为区域公共事务治理机构的作用。在亚洲开发银行的支持下，中亚区域经济合作成立以来在其规划框架内实施了许多重大项目，并在一些核心领域取得重大发展。以 2001~2011 年这 10 年为例，中亚区域经济合作规划并提供了 160 多亿美元，对 120 个项目进行了投资，其中交通项目占了主要部分，共有 92 个，建设了 6 条跨地区交通大通道，新建和改造了 3600 公里的公路，铺设了约 2000 公里铁路。另

---

① 亚洲开发银行：《中亚区域经济合作走廊绩效测量和检测——前瞻性回顾》，菲律宾，2014，第 16 页。

外的 38 个项目中能源项目有 28 个，贸易项目有 10 个。CAREC 的前期努力为上合组织开展基础设施互联互通奠定了一定的物质基础，其促进、发展和协调国家间合作的做法也具有借鉴意义。

二 从地缘政治博弈看欧亚基础设施互联互通

从古至今，通道从来都与国家主权、大国战略、经济发展紧密联系在一起，发展和控制现代交通运输网络成为现代地缘政治的竞争方向之一。在地缘经济决定地缘政治的今天，市场和疆域具有同等重要性，有时市场甚至高于疆域的重要性。控制市场的最基本手段就是对交通网络的争夺，对交通运输网络的控制为国家创造了新的政治影响力。围绕交通网络的发展和争夺已成为新的地缘政治竞争的主要手段，谁实际拥有并控制了更大、覆盖面更广的交通网络，谁的市场空间和发展空间也就更具价值。欧亚地区由于其特殊的地理位置和丰富的能源资源储备，一直受到地缘政治学家重视，历来是大国博弈的敏感地区。主要世界大国和一些地区大国都对这一地区表现出战略兴趣，开始积极进入该地区。值得关注的是，冷战后地缘博弈的目标不再是单纯的由国家领土、资源构成的"领土权利"，更多涉及的是资金、资源、能源、粮食、人口和生存环境等关系经济利益的非领土的生存空间的竞争。进入 21 世纪后，各种以"丝绸之路"冠名的跨境通道建设方案竞相提出，围绕欧亚能源管道和交通走廊建设走向和控制权明争暗斗，成为世界和地区大国在欧亚大陆博弈的一个重要缩影。

（一）欧盟的欧洲—高加索—亚洲运输走廊计划（Transport Corridor Europe-Caucasus-Asia）

1990 年，在符拉迪沃斯托克举行的"亚太地区：对话、和平与合作"国际会议上，时任苏联外长的爱德华·谢瓦尔德纳泽提出了利用苏联运输能力、重建伟大丝绸之路的构想。1994 年，联合国大会通过了一份由欧盟提出的文件，名为《没有出海口的中亚新独立发展中国家及其邻国的过境运输体系：现状和未来行动方案》，该文件旨在帮助中亚和南高加索新独立国家除过境俄罗斯领土之外获得更多的出海口，以便其更快地融入国际社会。这份文件就是 TRACECA（Transport Corridor Europe-Caucasus-Asia）交通走廊方案的最初蓝本。

TRACECA 计划是"欧洲—高加索—亚洲运输走廊"技术援助计划的简称，于 1993 年 5 月在布鲁塞尔举行的八国[①]贸易交通部长会议上提出，并由欧盟在其对《独联体技术援助纲要》的塔西斯计划框架下进行财政支持。现有阿塞拜疆、亚美尼亚、格鲁吉亚、保加利亚、罗马尼亚、摩尔多瓦、土耳其、乌克兰、哈萨克斯坦、吉尔吉斯斯坦、乌兹别克斯坦、塔吉克斯坦、土库曼斯坦、蒙古国和伊朗 15 个参与国。TRACECA 国际运输走廊的路线为：以黑海西岸的港口（土耳其的伊斯坦布尔、罗马尼亚的康斯坦察、保加利亚的瓦尔纳和乌克兰的敖德萨，在此利用泛欧走廊 No 3、5、7、9 的基础设施）为起点，通过轮渡经黑海抵达格鲁吉亚的波蒂、亚美尼亚的埃里温和阿塞拜疆的巴库，再通过轮渡经里海抵达土库曼斯坦、乌兹别克斯坦、哈萨克斯坦、吉尔吉斯斯坦、塔吉克斯坦。从起点的四个港口城市到达哈萨克斯坦与中国的边境车站多斯托克[②]的总里程分别为 7128 公里、7120 公里、7168 公里、7067 公里。

TRACECA 的组织机构包括 TRACECA 政府间委员会、常设秘书处，国家委员会、常设秘书处的常设代表和工作组。目前 TRACECA 政府间委员会已在联合国注册。TRACECA 计划的主要内容包括：改造现有的、修建新的公路和铁路；改造里海的阿克套、巴库、土库曼巴什和黑海的波蒂、巴统等港口；修建支线道路基础设施；培训高水平的国际运输人才；制定统一的关税和税率规则，促使项目参与国加入有关国际公约和协定。俄罗斯对"欧洲—高加索—亚洲运输走廊"持排斥性立场，欧盟和其他一些国际组织则均对这个项目给予极大的关注并寄予厚望。该项目主要由欧盟提供技术支持，并由欧盟积极推动国际金融机构提供贷款，赞助商包括欧洲复兴开发银行、世界银行、亚洲开发银行和伊斯兰开发银行等。

TRACECA 计划的法律基础为 1998 年 9 月 TRACECA "复兴丝绸之路"

---

① 八国包括阿塞拜疆、亚美尼亚、格鲁吉亚、哈萨克斯坦、吉尔吉斯斯坦、塔吉克斯坦、土库曼斯坦、乌兹别克斯坦。

② 多斯托克车站是哈萨克斯坦阿拉木图省的一座城市，接壤中国新疆。既是从中国新疆前往哈萨克斯坦的第一站，也是从哈萨克斯坦抵达中国境内的最后一站。多斯托克（哈萨克语：Досты，俄语：Дружба）现今是渝新欧线路上一个非常重要的铁路站，并有公路和铁路连接新疆阿拉山口。

国际会议签署的《发展欧洲—高加索—亚洲国家走廊的国际运输基本多边协议》及有关国际铁路运输、国际海洋运输、国际汽车运输、报关程序及制定文件的技术性附件。2006年通过了"欧洲—高加索—亚洲运输走廊"至2015年发展战略，目标是在欧盟与TRACECA计划参与国之间、TRACECA计划参与国内部发展稳定、高效、一体化的多式联运体系。建立与泛欧交通运输网体系相互促进的现代化基础设施，保障海洋和航空运输安全，保障能源运输安全。

欧盟积极推动TRACECA计划的主要目的如下。其一，支持南高加索和中亚国家政治和经济独立，使传统的集中贸易和运输流多样化，开辟新的从亚洲通往西欧的可替代线路。独联体国家中，只有俄罗斯和白俄罗斯没有参加TRACECA计划。其二，加大欧盟对该地区的政治、经济影响力，通过TRACECA与泛欧运输网络连接，将黑海地区纳入泛欧运输区，使南高加索和中亚国家成为欧洲的能源供应地，实现欧洲能源进口的多元化。其三，在运输通道走向上，保证欧洲货流能够绕过俄罗斯借道中亚进入亚太，首先是进入中国。其四，扩大参与国之间合作，吸引外国投资。

截至2014年，在TRACECA计划框架内，共实施了82个项目，其中有14个投资项目、68个技术促进项目，共投资1.785亿欧元。投资项目主要用于改善交通运输基础设施，占全部投资的40%。技术促进项目包括：立法和调节基础改革；在各国国内为吸引直接私人投资创造良好的法律框架；鼓励通过公司合作伙伴关系实现融资来源多元化；物流进程和海上航道-2；道路运输安全；交通运输对话和相互促进网；确保海洋安全；民用航空项目等。[①] 为实现运输走廊发展计划，欧盟每年向TRACECA项目参与国提供1000万~1500万欧元建设经费。已完成的投资项目包括发展伊利切夫斯克、波蒂、巴统、土库曼巴希、巴库和阿克套港的终端基础设施，开通瓦尔纳—伊利切福斯克—波蒂—巴统和巴库—阿克套的定期铁路/轮渡线等。

TRACECA计划改善了参与国的基础设施条件，提高了这些国家参与国际运输合作的竞争力。1996~2006年，沿TRACECA走廊的贸易量和货运量

---

① Аспекты реализации стратегических инициатив на МТК ТРАСЕКА, 13 - ое заседание Координационного Комитета по Транспортному Сектору (ККТС) Программы ЦАРЭС 14–15 мая 2014 г. Бишкек, Кыргызстан.

增长了 10 倍。国际金融组织对 TRACECA 计划给予高度关注，如欧洲复兴开发银行、世界银行、亚洲开发银行、伊斯兰开发银行均积极参与项目，提供资金用于道路改造，这使该计划更具吸引力，目前已有 50 多个国家利用该走廊从事货物运输。

尽管取得上述进展，但迄今为止，该计划预期目标仍未全部实现。据 TRACECA 数据，该走廊满负荷运行不会早于 2020 年。① 专家认为，由于该计划过于政治化，导致其过境运输潜力不高。这条运输走廊从开始运作，就充分体现出大国矛盾和区域冲突所隐含的政治意义。"欧洲—高加索—亚洲运输走廊"的开通，为欧洲建立了一条绕过俄罗斯的替代性运输走廊，而高加索和中亚地区国家也结束了以往必须依靠俄罗斯运输通道加入欧洲市场的历史，弱化和摆脱了对俄罗斯在运输上的依赖，强化了这些国家的离心倾向，使欧亚大陆的国际运输格局发生变化。俄罗斯认为，西方开通 TRACECA 的政治意义远大于对高加索和中亚国家提供经济支持的意义。TRACECA 计划是西方更广泛和更长期的政治路线不可分割的一部分，是用软实力首先是经济实力将俄罗斯从历史上形成的传统影响领域挤出的必要条件。② 除了计划的政治化，还有一些物理和非物理障碍也是影响其效率的原因，如由于火车轨距不同，沿途有 8 个站点需要换装，途中需要用轮渡通过黑海和里海，在通关、运费、货运代理等方面的不协调不仅延长了运输时间，也提高了运输成本。

尽管欧盟早于美国推行丝绸之路复兴计划，但欧盟并不是中亚舞台上的主要玩家。欧盟在中亚地区的利益主要集中在安全与能源领域，长期以来，欧盟在中亚地区扮演的还是边缘性参与者的角色。但对中国而言，TRACECA 的开通为中国—欧洲货物运输提供了新的选择。预计 TRACECA 未来发展在很大程度上取决于中国"一带一路"倡议的实施进展。目前，在欧亚大陆共有 5 条国际运输走廊，TRACECA 是其中最短的一条，比俄罗

---

① Баженов · Ю., Грозин · А.: Международный транспортный коридор "Север-Юг" как фактор интеграции евразийского пространства // Институт Каспийского сотрудничества КАСФАКТОРЖ: интернет-сайт. 2012. 5 июня, http://www.casfactor.com/rus/analitic/318. html.

② Евразийский транспортный коридор, http://uchebnik-online.com/129/337.html.

斯跨西伯利亚铁路路程缩短近 60%，比其他走廊平均缩短 650 公里，[①] 理论上应能够缩短运输周期、降低运输成本，理应成为中国—欧洲货运走廊的重要部分。与此同时，由于该走廊过境国过多，各国经济发展水平、市场化进度不一，货物通关还面临收费标准和时间不一的问题，加之货运方向以西向为主，东向返程运输多为空车，这使该走廊在经济上的可行性还受到争议。

（二）美国的"新丝绸之路计划"（New Silk Road Initiative）

21 世纪初，美国加大了对中亚、南亚的经济外交实施力度，推进区域经济合作成为美国在该地区战略的重要方面。与后危机时代的"亚太再平衡"战略相联系，美国又于 2011 年将相关政策提升为"新丝绸之路计划"。

美国的"新丝绸之路计划"最早源自美国约翰·霍普金斯大学学者费雷德里克·斯塔关于建立"新丝绸之路"的战略设想和大中亚思想。冷战结束后，中亚诸国的独立为美国实施新的地区战略提供了机会。正是基于这一认识，斯塔教授提出了"新丝绸之路"构想，主张美国应以阿富汗为中心，推动中亚、南亚在政治、安全、能源和交通等领域的合作，建立一个由亲美的、实行市场经济和世俗政治体制的国家组成的新地缘政治板块，将油气资源丰富的中亚、西亚与经济发展迅速的印度、东南亚连接起来，促进各国以及几大区域间的优势互补，推动包括阿富汗在内的地区国家的经济社会发展，服务于美国在该地区的战略利益，后该构想被美国国会接过。1999 年，美国国会在"新丝绸之路"战略设想基础上，制定并通过了旨在援助高加索和中亚地区的《丝绸之路战略法案》，2006 年 5 月 4 日又通过了《2006 年丝绸之路战略法案》。2011 年 7 月，在急于结束阿富汗战争、开展阿富汗重建的背景下，时任美国国务卿希拉里·克林顿在印度金奈发表演讲，再次推出以阿富汗为中心构建联系中亚和南亚的国际经济和交通网络的新版丝绸之路计划。"新丝绸之路计划"提出，将通过重建各类基础设施，帮助阿富汗融入中亚地区，并以此为中心打造一个经济圈连接中亚

---

① TRACECA：ключ-к транспортной безопасности Евразии，ЕСТЬ МНЕНИЕ，http：//news. day. az/economy/605589. html.

和南亚地区，推动实现"能源南下"与"商品北上"的战略目标。经济合作包括建设区域能源市场、促进中亚—阿富汗—南亚贸易和运输便利化、改善海关程序和边境手续、加强企业之间和个人之间的联系四大重点，具体化为硬件建设和软件建设两方面的措施。硬件建设是指修建连接中亚、阿富汗和南亚的铁路、公路、电网、油气管道等基础设施；软件建设则是指贸易自由化、减少贸易壁垒、完善管理制度、简化过境程序、加快通关速度、克服官僚作风、消除贪污腐败、改善投资环境等。

美国"新丝绸之路计划"是被用来与中国"一带一路"对比最多的战略。关于美国的"新丝绸之路计划"有多种定位和解读。其一，认为可以将"新丝绸之路计划"视为美国的中亚政策，同时也是建立中亚地区自由外交和贸易政策的途径。[1] 类似的提法还认为，"'新丝绸之路计划'是美国中南亚外交思想和政策的综合化和系统化"，"具有美国地区战略的地位和意义"。[2] 其二，认为："'新丝绸之路计划'是美国从阿富汗撤军总体战略的一部分，美国从阿富汗撤军总体战略的实施是'新丝绸之路计划'的大背景。"[3] 其三，认为："'新丝绸之路计划'是一项由美国前国务卿希拉里2011年7月正式提出的跨区域经济计划，目标是通过重建各类基础设施，帮助阿富汗融入中亚地区，并以此为中心打造一个经济圈连接中亚和南亚地区。"[4] 其四，中国与沿线国家共建"一带一路"更重视比较优势和客观规律要求，以谋求经济发展互利共赢为主旨；美国则更多是从地缘政治与安全目标出发，派生出经济合作的计划与行动。[5] "就地缘政治意义而言，'新丝绸之路计划'带有排他性。首要的就是俄罗斯和伊朗，其次是中国。"[6] 其五，美国的"新丝绸之路计划"与中国的丝绸之路经济带具有相同之处，可以互为补充，特别是在中亚地区能源资源开发以及基础设施互

① 《美国也有个新丝绸之路计划：为的是挺阿富汗》，澎湃新闻，2015年9月22日。

② 赵华胜：《美国新丝绸之路战略探析》，《新疆师范大学学报》（哲学社会科学版）2013年第4期。

③ 邵育群：《美国新丝绸之路计划的实施前景》，《南亚研究》2016年第3期。

④ 《美国：新丝绸之路计划（New Silk Road Initiative）》，中国"一带一路"网，2016年9月29日。

⑤ 卢峰：《"一带一路"比美国"新丝路"更有成效》，《环球时报》2015年7月16日。

⑥ 《美国"新丝绸之路计划"且行且艰难》，http://www.docin.com/p-1167423406.html，2015年5月31日。

联互通方面具有广阔的合作前景。① 其六，美国的"新丝绸之路计划""基本上是一些有趣、有点前途但缺乏资金的区域联通性想法的集合"。而北京的计划得到"贷款、拨款、软贷款、低限制性贷款和无条件贷款等大量资金的支持"②。

需要强调的是，虽然美国国会作为外交政策提出的"新丝绸之路计划"与斯塔尔教授在学术思想层面的"新丝绸之路"构想有很多相似之处，但二者是完全不同的概念。斯塔尔教授曾说，他原本提出的是一项旨在联系印度和欧洲、穿越阿富汗和中亚地区的经济发展计划，希望能形成一条像原先联系中国与欧洲的丝绸之路那样的"新丝绸之路"。但在美国政府接过这个计划后，该计划似乎成了美国在欧亚大陆腹地谋求地区发展主导权的地缘政治经济战略，并且明显带有提升印度作用的色彩。他反对将"新丝绸之路"构想上升为地缘政治经济战略，不赞成该计划带有钳制中国或排斥中国的色彩，也不赞成美国在这一地区的经济社会发展中谋求主导权。③ 在奥巴马第二任期，随着希拉里卸任国务卿，美国的"新丝绸之路计划"似乎式微。

具体项目推进是美国实施"新丝绸之路计划"的方式之一，而中亚—南亚高压输电项目（CASA-1000）和土库曼斯坦—阿富汗—巴基斯坦—印度天然气管道项目（TAPI）一直是美国"新丝绸之路计划"的重中之重。

1. 中亚—南亚高压输电项目（CASA-1000）

CASA-1000项目（Central Asia South Asia Regional Energy & Trade）是中亚和南亚最大的电力项目，系指把吉尔吉斯斯坦和塔吉克斯坦夏季的富裕电力，通过电网途经阿富汗送至南亚巴基斯坦的跨国高压输电线路工程。在世界银行倡议下于2006年启动项目谈判，2008年8月签署成立项目研究管理国际委员会和秘书处协议。2016年5月12日，塔吉克斯坦举行了开工仪式，拟于2020年完工。④ 吉尔吉斯斯坦境内段项目也于2018年

① 李群英、吴瑾：《"中巴经济走廊"的中美博弈及合作》，《唯实》2017年第3期。
② 港媒：《中国"一带一路"稳步推进 美国类似构想停滞不前》，观察者网综合，2017年5月10日。
③ 潘光：《美国新丝绸之路计划的缘起、演变和发展前景——对话"新丝绸之路"构想的提出人斯塔尔教授》，《当代世界》2015年第4期。
④ Что нужно знать об энергопроекте века CASA в 9 вопросах и ответах, 28 июня 2016, http://www.ca-portal.ru/article：28157.

1 月开工,① 阿富汗境内段项目（563 公里）于 2018 年 4 月开工，工期为 3 年。②

CASA-1000 输变电线总长度超过 1300 公里，总输电容量 1300 兆瓦，电源将主要来自塔吉克斯坦的罗贡水电站和吉尔吉斯斯坦的卡姆巴拉金水电站，塔吉克斯坦负责出口电力的 70%，吉尔吉斯斯坦负责出口电力的 30%，阿富汗进口电力 300 兆瓦，巴基斯坦进口电力 1000 兆瓦。项目总成本约 12 亿美元：吉尔吉斯斯坦 2.33 亿美元、塔吉克斯坦 3.14 亿美元、阿富汗 3.54 亿美元、巴基斯坦 2.09 亿美元。项目将主要依靠世界银行、科威特基金会、亚洲开发银行和伊斯兰开发银行贷款解决，其中世界银行和伊斯兰开发银行将分别为项目融资 40% 和 20%，美国国务院国际发展署（USA ID）、美国国务院、英国国际合作部（DFID）、澳大利亚国际开发署（AusA ID）亦提供财务支持。

一般认为，该项目推进过程中还存在许多不确定因素，但为了实现通过控制中亚的战略水资源来左右中亚国家的内外政策，达到在该地区占据主导地位的最终目的，美俄均积极介入该项目。中亚国家内部矛盾一度拖延了项目的落实，而阿富汗的安全形势前景不确定使投资方随时可能退出，致使工期无法确定。结果是四个项目参与国自 2007 年起多次签署协议，进行了耗时长久的招标过程，开工日期也比预计大大延迟。

2. 土库曼斯坦—阿富汗—巴基斯坦—印度天然气管道项目（TAPI）

土库曼斯坦—阿富汗—巴基斯坦—印度天然气管道项目（Turkmenistan-Afghanistan-Pakistan-India Pipeline），也被称作跨阿富汗管道（Trans-Afghanistan Pipeline）。管线全长 1814 公里，起点位于土库曼斯坦戈尔金内什气田，经阿富汗和巴基斯坦到印度边境的法兹卡，预计造价 100 亿美元，设计年运输能力 330 亿立方米，建成后每年向阿富汗提供 50 亿立方米天然气，分别向巴基斯坦、印度提供 140 亿立方米。

---

① В Афганистане начинается реализация афганского участка проекта CASA-1000, http://www.toptj.com/News/2018/01/16/v-afganistane-nachinaetsya-realizaciya-afganskogo-uchastka-proekta-CASA-1000.

② Реализация проекта CASA-1000 начнется в 2018 году, http://www.stanradar.com/news/full/24380--realizatsija-proekta-casa-1000-nachnetsja-v-2018-godu.html.

TAPI管线计划始于1995年3月，土、巴两国签署修建管线的谅解备忘录。后因阿富汗局势恶化、资金迟迟难以落实等，该计划的谈判在近20年时间里始终止步不前。2002年5月，阿富汗、巴基斯坦和土库曼斯坦同意恢复该管线建设，2008年4月，因印度的加入管线更名为TAPI。2010年9月，四个管线建设参与国签署了两份框架协议，一份是天然气购买协议，一份是修建TAPI天然气管道的协议。根据协议，TAPI天然气管道建成后，土库曼斯坦将向另外三个国家供应天然气。土库曼斯坦将承担85%的成本投入，印度和巴基斯坦各投5%，计划于2021年前完工。2015年12月，土库曼斯坦境内段正式动工，2018年2月23日，阿富汗段举行动工仪式。巴基斯坦原定于2018年5月开工，由于前任总理阿巴西任期将至，计划不得不暂停。据悉，为应对国家能源短缺挑战，以正义运动党为主组建的巴基斯坦新一届政府有望尽快启动土库曼斯坦—阿富汗—巴基斯坦—印度天然气管道项目的管道铺设工作。自2003年起，亚洲开发银行担任TAPI管线项目秘书处，自2013年11月起担任交易顾问，多年来为该项目提供了大量支持。2018年5月，在土库曼斯坦阿瓦扎举行的第九届国际天然气大会上，TAPI管道有限公司董事局主席穆哈迈德美拉德·阿马诺夫宣布，TAPI项目正在按照2019年提供第一批供气的计划和时间表加速实施。①

TAPI管线协议的签署具有能源和地缘方面的双重影响，它不仅正式拉开了四国能源合作的序幕，标志着中亚和南亚地区的能源合作进入实质性实施阶段，同时也标志着中亚能源争夺博弈参与者更加多元、竞争更加激烈。苏联解体后，俄罗斯长期低价购买土库曼斯坦天然气，土库曼斯坦则一直想摆脱对俄罗斯天然气输气管道的依赖，实施能源出口多元化政策。印度和巴基斯坦对能源有刚性需求，但长期关系不和。阿富汗安全形势前景不明，属于"特别高风险"地区。土库曼斯坦是中国最大的天然气供应国，其未来油气管线的规划及可能的出口走向，将直接影响中国的能源战略布局和油气进口资源的战略部署，对中国在中亚地区建立油气资源安全战略体系和战略布局有深远意义。美国对TAPI管道项目的作用有很高的期

---

① Газопровод ТАПИ-реализация проекта идет полным ходом, 2018 - 5 - 26, http://orient.tm/ru/2018/05/26/11292.html.

望，认为它可产生多方面的重大政治、经济和地缘战略效应，从一开始就不遗余力地推动其落实。美国一直反对修建从伊朗到南亚的天然气管道计划，并劝阻巴基斯坦放弃这个项目。美国曾不断对印度施加压力，阻挠其参与 IPI 管道计划（伊朗—巴基斯坦—印度），防止印度从伊朗购买天然气，却支持印度与中国争夺土库曼斯坦天然气资源。综合以上因素，TAPI 管道的前景如何仍需要长期跟踪研究。

3. 阿富汗—巴基斯坦—塔吉克斯坦三边过境贸易协定

自 2013 年起，塔吉克斯坦、阿富汗和巴基斯坦就签署三边跨境贸易协定进行谈判。2015 年 1 月 3 日，在伊斯兰堡专家会上决定，在未来 3 个月结束准备阶段，2015 年 3 月在喀布尔正式签署协定。所提出的运输走廊项目应能大大提高区域贸易水平和吸引外资的数量。

预计该协定将允许塔吉克斯坦通过阿富汗和巴基斯坦获得出海口，伊斯兰堡将能够通过喀布尔进入中亚国家市场。换言之，塔吉克斯坦将能直接过境通往巴基斯坦的瓜达尔港和卡拉奇港，保证通往印度的最短路线。据预测，来自科威特经巴基斯坦运往塔吉克斯坦的原油将达到每年 100 万 ~ 200 万吨。[①] 总体看，该协定旨在简化与出口、进口和过境有关的程序，形成共同运输走廊，以及加强各国之间的贸易合作，提高地区贸易和投资一体化水平，据中亚新闻网 2015 年预测，如果签署三边协定，未来 3 年内，三国贸易额将达到 50 亿美元。[②] 美国对外政策援助署（USAID）一直通过其贸易项目（Trade Project）推动阿巴过境贸易协定的执行，以及乌兹别克斯坦等中亚国家与阿富汗签订过境贸易协定。

（三）欧亚经济联盟打造统一运输空间及与"一带一路"对接

欧亚经济联盟地处欧亚大陆的心脏地带，面积 2000 多万平方公里，人口 1.82 亿，具有位于中心枢纽地带、便于广泛联通周边国家的地理优势和过境运输发展潜力。在欧亚大陆经济板块中，亚洲东部与欧盟是国际经济最活跃的两大主引擎，欧亚经济联盟成为连接欧洲和亚太的桥梁。近年来，

---

① Пакистан Афганистан и Таджикистан подпишут торгово-транзитное соглашение .

② Товарооборот Таджикистана Пакистана и Афганистана вырастет до ＄5 млрд, https：//ru. sputnik-tj. com/economy/20150410/1015135293. html.

欧亚经济联盟各国把发展交通基础设施提升为重要的国家战略,同时得到多边和双边框架下的融资支持,但其交通基础设施现状仍不能满足经济发展的需求。截至 2015 年底,欧亚经济联盟共拥有公路 160 万公里、铁路 10.8 万公里(其中 46%已经实现电气化)、水路 10.75 万公里、空中航线 79.35 万公里。① 根据世界银行的评估,俄罗斯和中亚国家铁路网、公路网的密度均低于世界平均水平。

目前,经过欧亚经济联盟领土的国际运输走廊如下。

1. "东—西"国际运输走廊

"东—西"国际运输走廊系指俄罗斯的跨西伯利亚大铁路,也是第一亚欧大陆桥的主干部分,起点是俄罗斯首都莫斯科,终点为俄罗斯滨海边疆区首府符拉迪沃斯托克市,路线长 9298.2 公里,为世界上最长的双轨全电气化铁路。向东可进入亚太,与朝鲜、中国、蒙古国和哈萨克斯坦铁路网连接;向西通过俄罗斯港口和边境口岸进入欧洲各国。西伯利亚铁路沿线蕴藏着丰富的石油、天然气、煤炭、黑色和有色金属矿藏及森林资源。西伯利亚铁路在俄国国内途经 5 个联邦区的 87 个城市,19.1%的铁路里程位于欧洲部分,80.9%位于亚洲部分。西伯利亚铁路于 1901 年 12 月 21 日正式建成,最初主要承担国内运输,目前俄罗斯国内 65%的煤炭、20%的石油制品和 25%的木材通过该铁路运输。

西伯利亚大铁路是泛欧铁路 2 号线路(柏林—华沙—明斯克—莫斯科)的自然延伸,② 作为连接欧洲和亚洲的优先路线,已经入选联合国亚太经济社会委员会组织的国际运输走廊项目(ITC)。自 1965 年起,西伯利亚铁路开始承担中转国际运输服务,其中集装箱运输为主要方式,俄罗斯铁路运输量约占世界货物周转额的 18%。与海运相比,西伯利亚铁路运输的主要竞争优势在于所用时间更短:从韩国到芬兰集装箱运输走西伯利亚铁路只需要 14~16 天,而通过苏伊士运河的海运线路运输时间为 40~45 天。

利用西伯利亚大铁路运输货物的国家主要有:韩国—芬兰(占铁路过境运输的 16%)、芬兰—日本(13%)、芬兰—韩国(12%)、爱沙尼亚—韩

---

① ЭК. –Транспорт-в-ЕАЭС. –2015, http://www.eurasiancommission.org/ru/Pages/library.aspx.

② Транзит через Россию, http://newsruss.ru/doc/index.php/Транзит_ через_ Россию.

国（8%）、韩国—哈萨克斯坦（5%）、日本—阿富汗（5%）、韩国—乌兹别克斯坦（5%）、韩国—挪威（4%）、韩国—阿富汗（3%）。过境集装箱运输的国家和地区主要有：日本—蒙古国（16%）、日本—捷克（13%）、中国—乌克兰（5%）、韩国—立陶宛（5%）、爱沙尼亚—中国香港（5%）、中国香港—哈萨克斯坦（4%）、中国—罗马尼亚（3%）。[①]

2. "北—南"国际运输走廊

"北—南"国际运输走廊是一条客货海陆多式联运路线，全长7200公里。其起自芬兰边界，经俄罗斯圣彼得堡和莫斯科，抵达俄罗斯里海北岸的阿斯特拉罕、奥利亚、马哈奇卡拉三个港口，再经阿塞拜疆的萨穆尔通道，通过里海抵达伊朗阿巴斯港，经由波斯湾至印度孟买，最终实现波罗的海地区、里海地区、波斯湾与印度洋地区之间更便捷的经贸联系。

建设"北—南"国际运输走廊的动议1993年就已提出，但直到2000年9月12日，俄罗斯、伊朗和印度三国才得以签署相关协议，2002年，所有参与国国内均批复该协议。目前，该走廊的成员国包括保加利亚、立陶宛、白俄罗斯、俄罗斯、土耳其、乌克兰、亚美尼亚、阿塞拜疆、哈萨克斯坦、塔吉克斯坦、吉尔吉斯斯坦、伊朗、阿曼、叙利亚、印度等国。

"北—南"国际运输走廊的很大一部分沿着俄罗斯铁路运行，这些铁路占陆地部分总长度的33%～53%。该运输走廊在俄罗斯南段分为如下三条线。

跨里海线：从俄罗斯的阿斯特拉罕、奥利亚、马哈奇卡拉三个港口，到伊朗的阿巴斯、恩泽利、霍拉姆沙赫尔港口。

西线：直接由铁路经萨穆尔（俄罗斯）—亚拉马（阿塞拜疆）边境口岸，再经过阿斯塔拉（阿塞拜疆）—阿斯塔拉（伊朗）边境口岸进入伊朗铁路网。

东线：直接由铁路经哈萨克斯坦、乌兹别克斯坦、土库曼斯坦，再经萨拉霍斯（土库曼斯坦）—萨拉霍斯（伊朗）边境口岸和 Akyaila（土库曼斯坦）—Inche Burun（伊朗）边境口岸进入伊朗铁路网。

---

① ΙΟ·С·赫罗莫夫、К·Е·卡拉塔耶娃：《西伯利亚大铁路：过去、现在、未来》。该文为中俄地区合作与发展国际会议（2001年5月29～31日）论文。转引自 http://www.docin.com/p-958587304.html。

9 条泛欧铁路走廊中有如下 3 条可与"北—南"国际运输走廊对接。

3 号：基辅—哈尔科夫/第聂伯罗彼得罗夫斯克—伏尔加格勒—阿斯特拉罕/哈萨克斯坦边境/阿塞拜疆边境，通往顿河罗斯托夫—弗拉季卡夫卡兹抵达格鲁吉亚边境。

7 号：多瑙河—黑海—亚速海—顿河—伏尔加—顿河运河—里海。

9 号：敖德萨/摩尔多瓦边界—基辅—莫斯科—圣彼得堡。①

国际铁路建设是俄发展铁路运输的重点，建设"北—南"国际运输走廊符合《俄罗斯联邦至 2030 年交通发展战略》《俄罗斯联邦至 2030 年铁路运输发展战略》《俄罗斯联邦交通运输体系发展（2010~2015）》联邦专项纲要的目标，是俄罗斯国家交通运输政策的优先方向之一，旨在吸引从印度、伊朗和波斯湾其他国家经俄罗斯领土（通过里海）至北欧和西欧的过境货物流。据估计，2018 年"北—南"国际运输走廊货运量在150 万~200 万吨，预计 2020~2024 年达到 500 万吨/年，到 2024 年将不少于 1000 万吨。②

与海运和其他国际运输走廊相比，运输距离短是"北—南"国际运输走廊的最大优势。俄罗斯认为，发展"北—南"国际运输走廊会使所有参与方受益，也能得到相关国家的支持。印度工业贸易部部长指出，缺少合适的贸易运输路线是俄印双边贸易发展的主要障碍之一。目前，印度输俄货物主要通过欧洲和中国运输，不仅耗时长，且运费贵。若通过"北—南"国际运输走廊，从印度洋海域或波斯湾，通过伊朗、里海、圣彼得堡进入俄罗斯，相对于经过苏伊士运河航线，距离将缩短 50%，货物运输时间至少减少 30%~40%，从原来的 35 天缩短至 17 天，运输成本降低 30%。③ 为此，俄积极推动建设"北—南"国际运输走廊。2005 年，阿塞拜疆和伊朗

---

① МТК СЕВЕР－ЮГ, Министерство промышленности, транспорта и природных ресурсов Астраханской области, чтв, 29/03/2012, https://mptpr. astrobl. ru/site-page/mtk-sever-yug.

② Международный транспортный 《коридор партнёрства》：из Индии через Иран и Кавказ-в Россию и Европу, Точка зрения, 31/01/2018, http://vpoanalytics.com/2018/01/31/mezhdunarodnyj-koridor-partnyorstva-iz-indii-cherez-iran-i-kavkaz-v-rossiyu-i-evropu/.

③ Состояние и перспективы развития международного транспортного коридора 《Север-Юг》, экономические науки, №64-2, 28.04.2017.

就建造阿斯塔拉—拉什特—加兹温铁路项目达成一致；2007 年，哈萨克斯坦、土库曼斯坦和伊朗就建造该走廊第二站签署协议；2013 年 5 月，土库曼斯坦—哈萨克斯坦铁路段开通，从伊朗边境到埃雷克铁路段已于 2014 年 12 月完工。印度决定从 2018 年起进行利用"北—南"国际运输走廊经伊朗和阿塞拜疆对俄货物的首次运输。[①] 而为提高印度至欧洲的货运量，俄铁公司计划与印度设立铁路运输联合运营商。2018 年 10 月 5 日，双方签署一项合作发展备忘录，内容包括设计研发并提供调度控制系统。[②] 阿塞拜疆对该国际运输走廊亦持积极态度，希望发挥更大的中转作用。除经济利益外，俄推动建设"北—南"国际运输走廊还有其地缘政治的诉求，首先，希望以此对冲欧盟援助的 TRACECA 走廊的影响；其次，欧亚经济联盟成员国全部参与了"北—南"国际运输走廊项目，该项目可以成为欧亚经济联盟向中东和南亚日益增长的市场扩张的重要工具。

欧亚经济联盟国家高度关注中国的"一带一路"倡议，将实现欧亚地区交通运输一体化视为摆脱当前困境和实现共同发展的出路和重要契机。目前欧亚经济联盟国家有许多庞大的基础设施建设投资项目，如俄罗斯完善改建西伯利亚大铁路、打造途经北极地区的北方航道项目、远东港口建设以及油气等能源合作项目；哈萨克斯坦提出以基础设施投资为主的"光明之路"新政，拟大力发展哈萨克斯坦的国内运输网络，并使其成为连接中国、欧洲与中东各大市场的主要运输和交通枢纽。俄、哈对推进这些项目的意愿强烈，但受资金、技术和与西方关系紧张等因素影响，落实情况并不理想。两国均提出将交通基础设施建设作为与"一带一路"对接合作的优先领域，希望利用"一带一路"的融资平台率先推进该领域的具体项目，改善国内交通基础设施，并带动仓储、物流、加工等相关产业的发展。从欧亚经济联盟整体看，近年来，为应对经济下行压力和适应"向东转"的需要，正在加快打造内部统一运输空间。

---

① Международный транспортный《коридор партнёрства》: из Индии через Иран и Кавказ-в Россию и Европу, Точка зрения, 31/01/2018, http: //vpoanalytics.com/2018/01/31/ mezhdunarodnyj-transportnyj-koridor-partnyorstva-iz-indii-cherez-iran-i-kavkaz-v-rossiyu-i-evropu/.

② 《俄罗斯铁路公司计划与印度设立铁路与运输联合运营商》，环球网，2018 年 10 月 5 日。

第四节 中国与上合组织成员国开展基础设施互联互通合作概况

中国与 14 个国家有陆路边界，其中 4 个——俄罗斯、哈萨克斯坦、吉尔吉斯斯坦和塔吉克斯坦——是上合组织成员国，占中国周边国家总数的近 1/3，这一地理优势和各国已有的铁路、公路、油气管道及电网基础为中国与这些国家开展跨境通道合作提供了前提条件。从俄罗斯和中亚国家的情况看，其基础设施大部分建于苏联时期，存在建设不足和原有设备老化等问题，亟待改造和现代化。苏联解体后，随着这些国家之间和欧亚之间经贸合作的加强以及对物流需求的日益增长，建设欧亚陆地通道的各种方案纷纷亮相。而美国、欧盟、俄罗斯、中国、日本、土耳其，印度、韩国、伊斯兰国家和地区及跨国公司进入中亚—里海区域投资开发油气资源，也进一步推动中亚加快建设通向海洋港口的交通运输通道。

中方一直积极推动上合组织基础设施互联互通领域合作，提出各成员国要努力建成铁路、公路、航空、电信、电网、能源管道互联互通工程，进一步完善交通基础设施，夯实交通合作法律基础，更有效地发挥上合组织成员国现有过境运输潜力和能源供应潜力。迄今为止，除新亚欧大陆桥外，中国与上合组织成员国基础设施的联通主要是在双边层面开展。

中国与上海合作组织成员国的跨境通道分为东部和西部两个大方向。中方境内，东部通道集中在黑龙江省和内蒙古自治区，主要与俄罗斯西伯利亚远东地区连接。西部通道集中在新疆维吾尔自治区，主要与中亚的哈萨克斯坦连接。近年来，随着欧亚之间经贸合作的加强以及对物流需求的日益增长，建设欧亚陆路通道的各种方案纷纷亮相。在原有跨境通道基础上，上合组织成员国推进了一系列新项目的建设。截至 2017 年，中国与俄罗斯间已建在运铁路通道 3 条、公路通道 19 条、原油管道 1 条、直流背靠背电网 4 条；中国与中亚地区已建在运铁路通道 3 条、公路通道 5 条、石油天然气管道 4 条。

从联网情况看，中哈石油合作具有良好的通油管网基础和辐射拓展空间，中哈输油管线与中亚及俄罗斯已建和在建的输油管道网络可顺利对接。

以新亚欧大陆桥为核心的亚洲铁路、公路网体系多数路段已建成并有一定规模的商业运营，随着区域一体化合作体系的不断完善，铁路、公路、管运相互衔接的立体运输网络正在形成。

一　已建和在建铁路通道

国际铁路货物运输是通过铁路运输形式的国际货物流转，主要是通过国际相接的铁路运输网络和接轨车站完成货物运送，其前提是在国际间形成相互连接的铁路网络。我国的国际铁路网络形成已有百年历史，早期的国际铁路通道随着铁路在中国开始建设出现。我国现有的 11 个国境铁路口岸中有 6 个是在 1949 年中华人民共和国成立前建成，而其中有 2 个与俄罗斯接轨。

（一）中国—俄罗斯跨境铁路

中国共有 3 条在运营的对俄铁路运输通道，分别位于黑龙江省、吉林省和内蒙古自治区内（见表 1-2）。

表 1-2　中俄铁路口岸列表

中方边境口岸	俄方边境口岸	开通运营时间	开办国际联运时间
内蒙古满洲里	后贝加尔斯克	1903 年	1951 年
黑龙江绥芬河	格罗杰科沃	1902 年	1951 年
吉林珲春	马哈林诺	2002 年 2013 年（复通）	2013 年

资料来源：作者自制。

1. 哈尔滨—齐齐哈尔—满洲里—赤塔

中国的第一条国际铁路通道哈尔滨—满洲里铁路建于 1898～1901 年，是沙皇俄国修建的东清铁路（即中东铁路①），该通道由哈尔滨向西经齐齐

---

① 1904 年日俄战争后，沙俄把东清铁路的长春至大连段转让给了日本，1920 年起东清铁路改称中东铁路。日本买下中东铁路后，将滨洲线、滨绥线改称北满铁路滨洲线、滨绥线，分别于 1936 年 8 月和 1937 年将 1524 毫米轨距改为 1435 毫米。1945 年 8 月，中东铁路改称中国长春铁路，由中苏共管。1952 年 12 月 31 日，结束中苏共管，中东铁路完全由中国收回，归中国所有。

哈尔至内蒙古满洲里口岸出境,向西经过俄罗斯赤塔州、阿穆尔州,在赤塔接入俄罗斯的欧亚大铁路和公路网,是该地区货、客运量最大的通道。

哈尔滨—满洲里铁路也称滨洲铁路,是原东清铁路的西部干线,亦称为西部线。满洲里车站号称是中国第一个国际铁路通道车站。滨洲铁路全长 935 公里,其中黑龙江段长 375 公里,内蒙古段长 560 公里,隶属中国铁路哈尔滨局集团有限公司管辖。

与满洲里边境口岸相邻的是俄罗斯的后贝加尔斯克(Забайкальск)。从满洲里出站距中俄国境线有 9.8 公里,相邻的后贝加尔斯克车站距中俄国境线 1.3 公里。由于两国铁路轨距宽度不同,进出口货物需要在国境线换装后才能运送。我国出口货物在后贝加尔斯克车站换装,进口货物在满洲里车站换装。

目前滨洲铁路是中国东北地区的交通大动脉,是连接亚欧大陆的重要通道,承担了中俄贸易 60% 的货运量,年过货量 3000 多万吨。2016 年 11 月 1 日,滨洲铁路电气化复线铁路正式开通运营,告别了依赖燃油机车的历史,正式进入"电气化时代"。电气化改造后的滨洲铁路的运行速度由原有的每小时 80 公里提升到每小时 120 公里,提速近 50%,而运能也由之前的每年 6000 万吨提升到每年超过 1 亿吨。

2. 哈尔滨—牡丹江—绥芬河—符拉迪沃斯托克

哈尔滨—绥芬河铁路(滨绥线)全长 548 公里,是中国连接俄罗斯西伯利亚铁路的一条干线。滨绥铁路,原称中东铁路东线,建于 1898～1901 年,1903 年正式投入运营,是历经沙俄、日伪、中苏共管和主权铁路四个历史时期的百年铁路。滨绥铁路横贯黑龙江省东南山岳地带,除哈尔滨—牡丹江、穆棱—伊林段为双线外,其他路段为单线,全线内燃机车牵引。

绥芬河站位于滨绥线终点,距中俄边境线 5.9 公里,距俄罗斯远东最大的港口城市符拉迪沃斯托克 230 公里。绥芬河向南行 26 公里与俄罗斯符拉迪沃斯托克分局格罗杰科沃车站接轨相连,区间是标准轨、宽轨混合线路(宽轨轨距为 1520 毫米,标准轨轨距为 1435 毫米)。绥芬河铁路口岸是黑龙江省唯一的对俄铁路口岸,过货量仅次于满洲里铁路口岸,居全国第二,是连接东北地区和俄罗斯的重要运输通道之一,也是连接中、俄、日、韩、朝等国家和地区陆海通道的关节点,是中国参与东北亚多边国际经济合作与竞争的窗口和桥梁。

滨绥线在绥芬河有一段铁路是全国唯一的一套骑马式双道铁轨，这就是三号隧道。三号隧道洞口两侧分别刻有始建1899年10月和竣工于1902年的时间标记。一宽一窄套排的两条铁轨由此进入洞口，形成中国铁路的1435毫米标准轨铁路与俄铁1520毫米的宽轨铁路共同使用的奇观。隧道长约百米，出口距离国境线500米。

绥芬河铁路口岸站业务性质为客货运输站，主要办理国际联运货物运输和国际、国内旅客运输，以及自站货物的到发、装卸等作业。设计综运能力为1000万吨/年，过客能力为100万人次/年。1955年绥芬河铁路口岸运量完成133.7万吨，1975年步入低谷，实现运量3.6万吨。1998年进出口运量完成156.9万吨，从1999年开始，铁路运量连续4年以百万吨的速度增长，到2002年口岸运量突破了500万吨大关，实现了历史性的跨越。

2017年，绥芬河铁路站年进出口量自1951年中俄铁路通车以来，首次突破1000万吨大关。

3. 长春—图们—珲春—马哈林诺

中俄珲春—马哈林诺铁路是一条由中俄两国共同合作修建的国际铁路联运通道。1992年初，中俄双方开始洽谈共同修建珲马铁路并在次年开建，1997年完成接轨，2002年开始正式运行。由于俄方经营管理体制及口岸设施不完善等因素，珲马铁路口岸在2004年临时关闭。2013年底在中俄双方共同努力下恢复运营并实现常态化运输。珲马铁路是联合国开发计划署倡导的图们江地区国际合作开发项目，全线长26.7公里，是吉林省对俄合作货物运输的唯一铁路线路，也是构筑日本海—俄罗斯—中国—蒙古国图们江区域国际陆海联运大通道的重要组成部分。

根据中俄总理定期会晤委员会交通分委会第十七次会议签署的会议纪要，中俄珲马铁路恢复国际联运初期，以单项进口俄罗斯煤炭及矿石为主，年运量为200万吨。

随着中俄贸易的快速发展，珲马铁路从2013年复通后，货运量呈现爆发式增长态势。2014年，珲马铁路在设备和运营管理两方面同时升级，硬件方面由珲春市投资重新改造了铁路口岸综合联检设备，并且增添门式消毒系统和通道式车辆放射性自动监测系统，在加强铁路口岸关口安全的基础上大大提高了大批量货物的通关效率。软件方面为客户开通了预约式通关服务，消除通关障碍，运输效率得以提高，运输量大幅增加，已从最初的 60.9 万吨增长到 2017 年的 258.6 万吨，年增长率达到 150%。运输形式从单一进口转为进出口双向运输，货物也从单一的进口煤炭，发展到铁精粉、板材、矿泉水、面粉、葵花籽油、润滑油、布料、轮船配件、冷冻水产品等，吸引了神华集团、中煤集团、大连三峡贸易有限公司、长吉图物流公司、延边天润经贸有限公司等企业，利用该铁路开展对俄贸易。

2017 年 12 月，包括冻海产品、豆豉等在内的 9 个集装箱货物经珲马铁路运至俄罗斯扎鲁比诺港，后经珲春—扎鲁比诺—釜山航线运至韩国。同月，首批由韩国启运的 21 个标箱货物原路运抵珲春，标志珲马铁路铁海联运体系初步形成。

（二）中国—中亚跨境铁路

1. 乌鲁木齐—阿拉山口—哈萨克斯坦

阿拉山口位于我国新疆博尔塔拉蒙古自治州博乐市境内，距乌鲁木齐 570 公里，是中国与哈萨克斯坦的边境口岸。新疆乌鲁木齐市至阿拉山口铁路亦称作北疆铁路，全长 460 公里，东与兰新铁路—陇海铁路相连，经西部边境阿拉山口与哈萨克斯坦铁路接轨，西行至阿克斗卡站与土西铁路相接，连接中亚国家运输网络，或分北、中、南三线[①]接入欧洲铁路网。这样就形成了东起中国东部连云港，西达大西洋东岸荷兰鹿特丹港，横跨亚欧两大洲，连接太平洋和大西洋，穿越中国、俄罗斯、波兰、德国、荷兰等国，辐射 30 多个国家的陆上大通道，即新亚欧大陆桥。与原有的俄罗斯西伯利亚大陆桥相比，新亚欧大陆桥运输通道缩短了 2000~2500 公里运距，比绕道印度洋和苏伊士运河的水运距离缩短近 10000 公里，运费和时间分别节省

---

① 北线：哈萨克斯坦与西伯利亚大铁路接轨，经俄罗斯、白俄罗斯、波兰通往西欧及北欧诸国。中线：哈萨克斯坦往俄罗斯、乌克兰、斯洛伐克、匈牙利、奥地利、瑞士、德国、法国至英吉利海峡港口转海运或由哈萨克斯坦阿克斗卡南下，沿吉尔吉斯斯坦边境及乌兹别克斯坦塔什干、土库曼斯坦阿什哈巴德西行至克拉斯诺沃茨克，过里海抵达阿塞拜疆巴库，再经格鲁吉亚第比利斯及波提港，越黑海至保加利亚的瓦尔纳，并经鲁塞进入罗马尼亚、匈牙利通往中欧诸国。南线：由土库曼斯坦阿什哈巴德向南入伊朗，至马什哈德折向西，经德黑兰、大不里士进入土耳其，过博斯普鲁斯海峡，经保加利亚、巴尔干通往中欧、西欧及南欧诸国，同时还可以经过土耳其埃斯基谢尔南下中东和北非。以上引自《新亚欧大陆桥》，https://baike.so.com/doc/6284943-6498418.html。

20% 和 70% 左右，铁路运输的优势凸显。因哈萨克斯坦铁路采用苏制 1520 毫米宽轨，中国采用 1435 毫米标准轨，中哈两国进出口货物需要在国境站换装才能运出。中国出口货物在多斯托克车站换装，进口货物在阿拉山口换装。目前，此路线不仅是中国出口的一条主要通道，也是亚欧大陆桥上重要的交通运输枢纽。

乌鲁木齐—阿拉山口—哈萨克斯坦通道建设经历了曲折的历程，其最早动议为 1956 年 4 月 7 日中苏两国政府签订的关于修建兰州—乌鲁木齐—苏联土西铁路联运协定。1956 年 7 月 10 日，中国与苏联铁路代表就中苏铁路接轨进行会谈并签署议定书，确定了双方国境换装站的地址和名称，中国换装站设在额合尔里力（蒙语为友好，为今阿拉山口），苏联换装站设在德鲁日巴（俄文为友谊，2007 年更名为多斯托克，现为哈萨克斯坦边境城市）。1959 年 7 月 1 日，苏联将铁路由土西铁路中段的阿克斗卡站修到了中苏边境的德鲁日巴站。1962 年 12 月，兰新铁路铺轨到乌鲁木齐。之后，历史上的政治原因，在铁路修到乌鲁木齐后，没有继续向西修建到阿拉山口的铁路。20 世纪 90 年代中苏关系恢复正常化后，1989 年 7 月 22 日，中苏两国建设代表团就中国北疆铁路与苏联铁路接轨问题达成协议，协议内容包括两国铁路接轨地点及铁路边境通道的客货运量等。1990 年 9 月 1 日，中方完成铺轨到阿拉山口，9 月 12 日，北疆铁路与苏联土西铁路在阿拉山口完成接轨。1991 年 12 月 25 日苏联解体，哈萨克斯坦共和国 1991 年 12 月 16 日宣布独立，苏联土西铁路德鲁日巴车站归属哈萨克斯坦共和国。

哈萨克斯坦独立后，中哈两国就加强两国铁路之间运输合作问题进行多次磋商，并于 1992 年 8 月 10 日签署了中哈国境铁路协定，同年，哈还参加了国际铁路合作组织和国际铁路客货联运协定。12 月 1 日，中哈铁路正式办理国际铁路联运。1995 年 9 月 11 日，中国政府和哈萨克斯坦政府签署了《关于利用连云港装卸和运输哈萨克斯坦过境货物的协定》，新亚欧大陆桥铁路过境运输开始正式运行，现在这已成为中亚诸国外贸进出口货物的重要运输通道，也贯通了东起中国连云港、西至荷兰鹿特丹的第二条亚欧大陆桥。①

① 《中国国际铁路口岸巡礼》，http://blog.sina.com.cn/s/blog_ 3c155fc40102w9hs.html。

目前阿拉山口标准轨有两个到发场,线路 41 条;宽轨场有线路 18 条,有换装线 18 对和 1 条汽车对装出口货物线。1997 年 4 月 1 日,连云港—阿拉山口"五定"集装箱铁路班列开行,建成了陆桥国际集装箱追踪系统并投入使用。

自 1991 年开办铁路临时货运以来,阿拉山口过货量以平均每年 25% 左右的速度递增,从 1991 年的 16 万吨增至 2012 年的 1560 万吨。

2017 年,阿拉山口铁路进出口货物重量达到 852 万吨,其中进口 540 万吨、出口 311 万吨,同比分别增长 14.08%、16.2%、10.67%,实现进出口双增长,超额完成年度 745 万吨进出口货物计划。[①]

2. 乌鲁木齐—伊宁—霍尔果斯—哈萨克斯坦

霍尔果斯口岸铁路线是继新疆阿拉山口口岸铁路外,中国与哈萨克斯坦接轨的第二条跨境铁路通道,也是继中国连云港—阿拉山口—哈萨克斯坦阿拉木图—荷兰鹿特丹的新亚欧大陆桥开通运营 20 年后,中国第二条向中亚、西亚、欧洲开放的国际铁路通道。中国境内铁路线起自新疆乌鲁木齐经精河至伊宁再到霍尔果斯(精伊霍铁路),全长 292 公里,是新疆第一条电气化铁路;哈方境内为热特肯至阿腾科里铁路,全长 293 公里。2011 年 8 月下旬,中哈铁路对接工程举行了奠基仪式,双方对修,2011 年 12 月 2 日完成对接。

霍尔果斯口岸距新疆伊宁市 70 公里,距哈萨克斯坦的阿拉木图市 378 公里,是我国西部距中亚中小城市距离最短的国家一类口岸。霍尔果斯铁路口岸年过货量设计初期为 1500 万吨,远期目标为 3000 万吨。建设两条对接哈萨克斯坦铁路的意义在于,该国的经济活跃程度是中亚五国中最高的,霍尔果斯口岸铁路线开通运营后,其将成为亚欧大陆桥上唯一拥有公路、铁路、航空、管道四位一体的国际综合交通大枢纽。中哈铁路在霍尔果斯至阿腾科里间通车运营后,两国将继续扩张原有的阿拉山口至多斯托克铁路口岸。同时,霍尔果斯的物流将向配送、加工发展,以散装货为主,发展集装箱运输。中哈第二条跨境铁路的开通,不仅可以增加两国的贸易量,

---

① 《2017 年阿拉山口铁路进出口货物重量达到 852 万吨》,中国质量新闻网,2018 年 1 月 3 日。

亦可将霍尔果斯打造成可以辐射整个中亚和欧洲的铁路口岸，对拉动我国面向中亚、西亚、俄罗斯乃至欧洲的进出口贸易产生更为广泛的影响，给伊犁州乃至新疆区域经济社会发展带来新的契机。

（三）中国—蒙古国跨境铁路

集宁—二连浩特—蒙古国

蒙古国是上合组织的观察员国，是"一带一路"框架下中蒙俄经济走廊的重要支点国家，未来在上合组织跨境通道建设运营中将发挥重要作用。

二连浩特位于内蒙古自治区中北部，是我国与蒙古国接壤的口岸城市。二连浩特车站是我国京包线上自集宁站向西北延伸的终点站。集宁—二连浩特铁路全长 333 公里，终点站二连浩特距中蒙国境线 4.8 公里，距蒙古国国境站扎门乌德 9.3 公里。集二线是我国通往蒙古国的重要铁路干线，也是我国通往俄罗斯和欧洲地区的铁路。从北京经由二连浩特到莫斯科，比经由满洲里要缩短 1141 公里。长期以来，由于俄蒙边境口岸通行能力不足及官僚主义严重等，中国输往俄罗斯的货物主要经满洲里口岸运出。

蒙古国的铁路一直沿用苏制 1520 毫米宽轨，中蒙两国进出口货物需要在国境站换装才能运送。我国出口货物在扎门乌德车站换装，进口货物在二连浩特换装。

（四）拟建和在建跨境铁路通道

1. 中俄同江铁路大桥

中俄同江铁路大桥位于中国黑龙江省佳木斯市同江市与俄罗斯下列宁斯阔耶之间，南起同江地方铁路的同江北站，向北经哈鱼岛港跨黑龙江后进入俄罗斯境内，在下列宁斯阔耶与比罗比詹至列宁斯阔耶的铁路支线连接，把中国的东北铁路网与俄罗斯的西伯利亚铁路联系起来，东连远东最大城市哈巴罗夫斯克，西通欧洲大陆。

同江中俄铁路大桥是黑龙江省第一座与俄罗斯相通的跨境铁路大桥。同江大桥工程中国境内线路全长 31.62 公里，工程包括黑龙江特大桥 1 座、三村特大桥 1 座、引线及站场相关工程。大桥主桥长 2215.02 米，我国境内长 1886.45 米，俄方境内长 328.57 米，中方负责施工 17 跨，长 1900 米，俄方负责施工3跨,设计年过货能力2100万吨。中俄同江铁路大桥建成后,不仅可以缓解满洲里、绥芬河口岸的货运压力,而且将使我国新增一条对俄铁路货运通道,并缩短货运距离约700公里,从而与绥芬河、满洲里形成我国东北地区对俄开放的金三角,同时也为上海合作组织成员国之间增强合作提供一个良好范例。

中俄同江铁路大桥是《中国东北地区同俄罗斯远东及东西伯利亚地区合作规划纲要》中的重要项目,2011年10月15日,中国国务院批准了建桥协定修订议定书,2012年3月12日,俄罗斯联邦政府正式批准了该协定书,2012年4月28日,在李克强访俄期间作为政府间文件签署。2014年2月开工,建设工期为两年半,由中铁大桥局建设施工。2018年10月13日,大桥中方段已全部完工。

大桥俄方段曾因资金问题迟迟不能开工。2016年,中投公司中俄投资基金投资500万美元收购了俄罗斯卢比康公司75%的股份,完成了投资1.1亿美元建设大桥俄方一侧的工作谈判,中俄基金拟于2017年1月底将资金支付给大桥项目俄方一侧公司——卢比康公司。2016年6月,俄罗斯卢比康公司与俄罗斯桥梁建设控股公司签署建设承包合同,预计2019年7月可全面通车。

据俄罗斯媒体报道,按照俄方设计方案,俄中首座跨河大桥是一座单铁路桥,但轨距混合。其中轨距1520毫米轨道主要放行俄方火车,而轨距1435毫米轨道通行中国机车。届时,双方火车将轮流发车。首期通行能力每年约为500万吨。新转运站和海关监管处建成后,运量将增加到每年2000万吨。

2. 中国参与俄罗斯"滨海1号"和"滨海2号"国际交通走廊开发项目

2017年11月9日,俄罗斯副总理兼总统驻远东联邦区全权代表尤里·特鲁特涅夫与中国交通建设股份有限公司总裁举行了会谈,会上宣布中国交通建设股份有限公司将参与"滨海1号"和"滨海2号"国际交通走廊开发项目。根据俄罗斯政府批准的建设开发构想,拟对"滨海1号"和"滨海2号"国际交通走廊港口、口岸、公路和铁路等边境基础设施进行现代化改造,并大幅简化中俄货物过境程序。据专家评估,到2030年项目完成后,黑龙江和吉林两省能在滨海边疆区南部港口实现4500万吨的货物中转运输。"滨海1号"和"滨海2号"国际交通走廊经过符拉迪沃斯托克自由港地区，将中国的黑龙江和吉林两省与滨海边疆区的海港连接起来。

3. 中—吉—乌铁路（中国—吉尔吉斯斯坦—乌兹别克斯坦）

中—吉—乌铁路是个命运多舛的项目，自 1996 年乌兹别克斯坦最早提出至今已 22 年。

1997 年，中国、吉尔吉斯斯坦、乌兹别克斯坦三方就修建一条联通三国的铁路项目签署了备忘录。中—吉—乌铁路计划全长 504 公里，起自中国新疆南疆铁路的终点喀什站，经中国与吉尔吉斯斯坦边境的伊尔克什坦吐尔尕特山口，再经吉尔吉斯斯坦卡拉苏或贾拉尔拉巴德，至乌兹别克斯坦的安集延。其中中国境内 175.9 公里，吉尔吉斯斯坦境内 278.1 公里，乌兹别克斯坦境内约 50 公里。按照项目前期的投资成本测算，仅中国段的投资预计将达到 83 亿元。2012 年 4 月 17 日，中交集团下属的中国路桥工程有限责任公司（CRBC）与吉尔吉斯共和国交通和通信部签署中—吉—乌铁路建设项目吉国境内段合作备忘录，商定在一年内完成中—吉—乌铁路的可行性研究报告。同时吉方宣布，不会考虑中国提出的"资源换贷款"方案，并提出了对铁路的特许经营模式。2012 年 6 月，在北京召开的上海合作组织峰会上，中吉两国元首重申利用中国优惠贷款加快吉尔吉斯斯坦的基础设施建设。然而，围绕该项目的三个核心问题：建设资金来源、吉境内线路的走向和技术标准（轨距宽度），中吉双方始终不能达成一致，吉政府也拖延批准中—吉—乌铁路的可行性研究报告。2013 年 9 月，中国国家主席习近平访问中亚，中吉双方曾就铁路的建设资金问题再次举行谈判，仍未取得一致结论。2013 年 12 月，吉总统在国内不做任何解释就否决了中—吉—乌跨国铁路项目，并提出了新的南北线铁路建设方案。至此，中吉乌跨国铁路项目陷入被冻结的状态。

4. 中国塔城—哈萨克斯坦阿亚古兹铁路

计划中的中国塔城—哈萨克斯坦阿亚古兹铁路长约 265 公里，由中国巴克图口岸出境，进入哈萨克斯坦巴克特口岸后至阿亚古兹接入土西铁路，由此引入通往欧洲的铁路大动脉，是连接太平洋与大西洋最短、最便捷的一条国际铁路。

该铁路中国境内段为克拉玛依至塔城的铁路（简称克塔铁路），是中国《中长期铁路网规划》和《铁路"十三五"发展规划》的重点建设项目，

2014 年 4 月正式开建，计划于 2019 年完成建设。2017 年 3 月，中国新疆塔城地区和东哈萨克斯坦州签署备忘录，双方将相互协助共同推进中国塔城—哈萨克斯坦阿亚古兹铁路的建设前期工作。

克塔铁路从奎北铁路克拉玛依百口泉站接轨起建，全长约 308 公里，沿百口泉油田向北，经托里县铁厂沟镇、额敏县、塔城市，终点到达中哈边境巴克图口岸，形成我国通往中哈边境的第三条铁路大动脉。

中国塔城—哈萨克斯坦阿亚古兹铁路建成后，将进一步增强中亚与东北亚两大区域之间的经贸交往，深化中国与哈萨克斯坦的经贸合作，可以明显缩短中国与哈萨克斯坦、俄罗斯和欧洲各国的客货运输距离，成为连接太平洋和大西洋的国际铁路大通道。

二 公路通道

（一）已建公路通道

1. 中国—俄罗斯公路通道

俄中之间公路较多，现共有 19 条，其中 4 条位于内蒙古自治区内，14 条位于黑龙江省内，1 条位于吉林省内（见表 1-3）。

表 1-3　中俄国际及双边公路运输口岸列表

	公路名称和口岸性质	在中国位置	在俄罗斯位置
1	满洲里—后贝加尔斯克 国际公路客货运输口岸	内蒙古自治区满洲里市	赤塔州后贝加尔斯克区后贝加尔斯克市
2	二卡—阿巴该图 双边公路货物运输口岸	内蒙古自治区满洲里市	赤塔州后贝加尔斯克区
3	黑山头—阿巴该图 双边公路客货运输口岸	内蒙古自治区额尔古纳右旗	赤塔州普里阿尔贡斯克区
4	室韦—奥洛契 双边公路货物运输口岸	内蒙古自治区额尔古纳右旗	赤塔州涅尔琴斯克扎沃德区
5	室韦—加林达	黑龙江省漠河县连崟	阿穆尔州斯科沃罗季诺区
6	呼玛—乌沙科夫 国际客货运输口岸 明水期进行船舶运输，冰封期进行汽车运输	黑龙江省呼玛县	阿穆尔州施马诺夫斯克区

续表

	公路名称和口岸性质	在中国位置	在俄罗斯位置
7	黑河—布拉戈维申斯克 双边公路客货运输口岸	黑龙江省黑河市	赤塔州布拉戈维申斯克区布拉戈维申斯克市
8	孙吴—康斯坦丁诺夫卡 国际客货运输口岸 明水期进行船舶运输，冰封期进行汽车运输	黑龙江省孙吴县四季屯	阿穆尔州康斯坦丁诺夫卡区
9	逊克—波亚尔科沃 国际客货运输口岸 明水期进行船舶运输，冰封期进行汽车运输	黑龙江省逊克县奇克	阿穆尔州米哈伊洛夫区
10	嘉荫—帕什科沃 国际客货运输口岸 明水期进行船舶运输，冰封期进行汽车运输	黑龙江省嘉荫县朝阳	犹太自治州奥布卢奇耶区
11	萝北—阿穆尔泽特 国际客货运输口岸 明水期进行船舶运输，冰封期进行汽车运输	黑龙江省萝北县茗山	犹太自治州十月区
12	同江—下列宁斯阔耶 国际客货运输口岸 明水期进行船舶运输，冰封期进行汽车运输	黑龙江省同江市	犹太自治州列宁斯阔耶区
13	抚远—哈巴罗夫斯克 国际客货河运口岸	黑龙江省抚远市	哈巴罗夫斯克边疆区哈巴罗夫斯克区
14	饶河—波克罗夫卡 双边公路客货运输口岸	黑龙江省饶河县	哈巴罗夫斯克边疆区比金区
15	虎林—马尔科沃 双边公路客货运输口岸	黑龙江省虎林市吉祥	滨海边疆区列索扎沃斯克区
16	密山—图里罗格 双边公路客货运输口岸	黑龙江省密山市档壁镇	滨海边疆区兴凯区
17	绥芬河—波格拉尼奇内 国际客货公路运输口岸	黑龙江省绥芬河市	滨海边疆区波格拉尼奇内区

续表

	公路名称和口岸性质	在中国位置	在俄罗斯位置
18	东宁—波尔塔夫卡 双边公路客货运输口岸	黑龙江省东宁市三岔口	滨海边疆区波格拉尼奇内区
19	珲春—克拉斯基诺 国际客货公路运输口岸	吉林省珲春市长岭子	滨海边疆区克拉斯基诺区

资料来源：根据百度文库"中俄边境口岸"进行修改补充，https：//wenku.baidu.com/view/c3196b24192e45361066f540.html。

2. 中国与中亚之间公路通道

中国与中亚的哈萨克斯坦、吉尔吉斯斯坦和塔吉克斯坦三国接壤，与中亚地区的公路通道也经这三个国家通往中亚其他地区和欧洲各国。目前与这三个国家之间共有 10 个公路口岸，其中对哈 7 个、对吉 2 个、对塔 1 个（见表 1-4）。

（1）通过霍尔果斯、阿拉山口等口岸联系哈萨克斯坦，经哈萨克斯坦集散，可以到达乌兹别克斯坦、塔吉克斯坦和吉尔吉斯斯坦，或到达俄罗斯和欧洲。

（2）通过吐尔尕特和伊尔克斯坦口岸可以联系吉尔吉斯斯坦，并通过吉尔吉斯斯坦到达塔吉克斯坦和乌兹别克斯坦。

（3）通过卡拉苏口岸，可以联系塔吉克斯坦，通过塔吉克斯坦联系乌兹别克斯坦、土库曼斯坦、阿富汗，以及西亚伊朗等国家，通过土耳其的博斯普鲁斯海峡到达欧洲。

表 1-4 新疆对中亚国家主要公路口岸

新疆与哈萨克斯坦的公路口岸（7 个）			
	口岸名城	在中国位置	在哈萨克斯坦位置	开放时间
1	阿黑土别克口岸	阿勒泰地区哈巴河县西部	阿拉木图州纳林果勒区	1994 年批准开放
2	吉木乃口岸	阿勒泰地区吉木乃县	迈哈布奇盖	1992 年为常年开放口岸
3	巴克图口岸	伊犁哈萨克自治州塔城地区	哈萨克斯坦东哈州	1992 年中哈两国政府同意该口岸向他国开放

续表

		新疆与哈萨克斯坦的公路口岸（7个）		
	口岸名城	在中国位置	在哈萨克斯坦位置	开放时间
4	阿拉山口口岸	博尔塔拉蒙古自治州博乐市	阿拉木图州	1990 年 6 月 27 日、1992 年 8 月中哈两国政府分别同意该口岸向他国开放
5	霍尔果斯口岸	伊犁哈萨克自治州霍城县	哈萨克斯坦霍尔果斯口岸	1983 年 1 月 16 日恢复开放 1992 年 8 月，中哈两国政府同意该口岸向他国开放
6	都拉塔口岸	伊犁哈萨克自治州察布查尔县	哈萨克斯坦科尔扎特口岸	1994 年批准对外开放
7	木扎尔特口岸	伊犁哈萨克自治州昭苏县西南	阿拉木图州纳林果勒区	1994 年批准开放
		新疆与吉尔吉斯斯坦的公路口岸（2个）		
8	吐尔尕特口岸	克孜勒苏柯尔克孜自治州乌恰县	吉尔吉斯斯坦纳伦州图噜噶尔特口岸	1983 年恢复通商贸易
9	伊尔克什坦口岸	克孜勒苏柯尔克孜自治州		1998 年正式对吉尔吉斯斯坦和第三国开放
		新疆与塔吉克斯坦的公路口岸（1个）		
10	卡拉苏口岸	喀什地区塔什库尔干塔吉克自治县		2007 年正式对外开放

资料来源：作者根据相关资料整理制图，以上口岸均为国家一类口岸。

3. 中国—吉尔吉斯斯坦—乌兹别克斯坦（中—吉—乌）国际公路

中—吉—乌公路是上合组织推动的经济合作项目之一，也是一条多边国际通道。公路东起中国喀什的伊尔克什坦口岸，穿过吉尔吉斯斯坦南部主要城市奥什，最终到达乌兹别克首都塔什干，全长 959 公里，为中国—中亚—西亚国际经济走廊的重要组成部分。

1998 年 2 月，中吉乌三国签署了《中吉乌政府汽车运输协定》。此后，三国政府和交通运输主管部门在交通运输基础设施建设、口岸通关环境改善、运输领域交流等方面进一步加强合作。2013 年，中国国家主席习近平提出共建丝绸之路经济带倡议后，三国战略合作伙伴关系不断增强，交通运输领域的合作驶入"快车道"。2017年5月，乌兹别克斯坦总统米尔济约耶夫访华期间，中乌两国签署国际公路运输协议。2017年10月30日，中吉乌三国交通运输部门举行了隆重的货运试运行通车仪式，首次实现国际道路全程运输。2018年2月25日，中—吉—乌国际公路正式运行。新线路的开通，使原来的过境运输周期从8天压缩至2天左右，使每吨货物运费较此前减少300～500美元，一年运费支出就可节省250万美元左右，同时，新线路可给沿线带来100多万个就业岗位。

新通道的开辟，还使新疆拥有了第二条多边国际通道。未来几年，中国还将利用中亚区域经济合作和上海合作组织等机制和平台，积极推进与中亚国家和俄罗斯的互联互通合作，以充分发挥交通运输在"一带一路"中的先行作用。

（二）拟建和在建跨境公路及签署相关运输协议

1. 中俄建设首座跨境公路大桥

2016年12月24日，中俄界河黑龙江上首座跨境公路大桥——黑河至布拉戈维申斯克黑龙江大桥项目正式开工。项目概算总投资24.7亿元人民币，计划工期3年，2018年10月10日实现合龙，预计2019年6月交工通车，正式投入运营。

黑龙江大桥项目自1988年两国共同动议，至今已历时30年。大桥建成后将是中俄界河黑龙江上首座现代化公路大桥，起点位于中国黑龙江省黑河市长发屯，终点位于俄罗斯阿穆尔州布拉戈维申斯克市卡尼库尔干村，路线全长19.9公里，中方境内长6.5公里，俄方境内长13.4公里，标准为二级公路；大桥长1283米、宽14.5米，主航道跨径147米，桥型为双车道矮塔斜拉桥。[1]

在大桥建设中，黑龙江省政府与阿穆尔州政府共同提出采用成立中俄合资公司"贷款建桥、收费还贷"新模式，为我国界河桥梁的建设管理积

---

[1] 《黑河—布拉戈维申斯克黑龙江（阿穆尔河）大桥项目12月24日中俄同步开工》，人民网，2016年12月22日。

累宝贵经验。大桥建成后将形成一条新的国际公路大通道，实现中俄两个地级市直接互通互联，为"一带一路"中蒙俄经济走廊建设以及龙江丝路带建设增添重要跨境基础设施。

2. 西欧—中国西部国际公路（西欧—俄罗斯—哈萨克斯坦—中国西部国际公路交通走廊）

西欧—中国西部国际公路，又称"双西公路"，东起中国连云港，西至俄罗斯圣彼得堡，与欧洲公路网相连，途经中哈俄三国数十座城市，公路总长8445公里，其中俄罗斯境内长2233公里，中国境内长3425公里，哈萨克斯坦境内长2787公里。"双西公路"最早于2006年11月由中国、哈萨克斯坦两国共同提出，俄罗斯后来加入。2008年，中哈两国同时启动项目建设。

"双西公路"全线贯通后，能打破以往连云港发往欧洲的货物只能走海运的格局，运输时间从45天缩短至10天，大大降低运输成本，带动亚欧两大洲货物运输大幅增长，为区域间更多的互利共赢合作打下坚实的基础。据世界银行预测，"双西公路"全线通车后，中国和西欧国家间公路货运量将增加2.5倍，仅车辆维修每年就将为沿线国家带来3亿美元收入。

2017年11月18日，中国境内段贯通正式通车。哈萨克斯坦境内公路基本完工，俄罗斯境内段刚刚开始建设，计划将于2020年前完成整个项目的建设。

3. 中俄签署国际道路运输协议

2018年6月8日，在中俄两国领导人共同见证下，双方交通运输部门分别代表两国政府签署了《中华人民共和国政府与俄罗斯联邦政府国际道路运输协定》。该协定将中俄国际道路运输开放范围扩大至双方全境，并取消了对货运线路的限制，具体由承运人根据市场需要自行选择，同时协定还允许从事过境对方领土或从对方往返第三国的运输。这些举措对激发运输市场活力、促进经贸合作具有重要现实意义。该协定的签署，有利于进一步畅通新亚欧大陆桥国际道路运输走廊，有助于中俄两国在更广范围、更大空间开展经贸合作，开启了中俄国际运输便利化发展新征程。①

---

① 《中俄签署国际道路运输协定取消货运线路限制》，新闻中心，http://www.zwbd.com.cn/blog/_ 61937_ 142172. html。

4.《上合组织成员国政府间国际道路运输便利化协定》生效

在 2003 年上合组织莫斯科峰会上，中国提出了签署《上合组织成员国政府间国际道路运输便利化协定》（以下简称《协定》）① 的重要倡议。各成员国经过十余年研究和磋商，最终商定文本，于 2014 年 9 月在上合组织杜尚别峰会上签署，并于 2017 年 1 月 20 日起正式生效。《协定》提出的主要目标是 2020 年前开通包括从中国连云港到俄罗斯圣彼得堡，覆盖中国、俄罗斯、哈萨克斯坦、吉尔吉斯斯坦、塔吉克斯坦和乌兹别克斯坦 6 个成员国 6 条公路的运输线路。为此，《协定》从法律层面规范了各方交通运输行为，要求跨国公路运输以正规、便捷、有秩序的方式运作，并规定组建联合委员会统筹协调运输便利化执行过程中的各类问题。《协定》是上合组织交通领域首个涵盖所有成员国的多边合作文件，其正式生效后将为深化本地区互联互通合作、破除地区经济一体化瓶颈、促进区域经济发展注入新动力。

三　油气管道

2009~2010 年，中国与国际产油国——俄罗斯、哈萨克斯坦、委内瑞拉、安哥拉、巴西签署了 5 个"贷款换石油"协议。按照这些协议，能源出口国将获得相应的"救急"贷款，而中国则将在未来 20 年间获得每年超过 3000 万吨的原油供应。除了获得原油供应保障外，也进一步促进了中国和产油国在政治、经济、外交方面的联系。鉴于正值 2008 年全球金融危机的背景，该模式被称为危机时代特有的中国式能源外交。

（一）已建跨境油气管道

1. 中国—俄罗斯原油管道

中俄管道谈判历经 15 年，断断续续，多有反复，最终敲定的中俄原油管道合作是"一揽子"合作。2009 年 2 月 17 日，中俄双方签署了长期原油贸易合同，中方提供 250 亿美元的融资贷款合同（由中国国家开发银行提

---

① 《〈上合组织成员国政府间国际道路运输便利化协定〉生效为区域经济合作注入新活力》，人民网-国际频道，2017 年 2 月 15 日。

供，换取俄方 3 亿吨石油），中俄原油管道建设和运营合同。2009 年 4 月 21 日，中俄两国政府正式签署《关于石油领域的合作协议》，根据协议，中俄将共同建设、运营远东石油管线的中国支线，即中俄原油管道。2007 年 4 月 27 日，中俄原油管道俄罗斯境内段开工建设（俄罗斯自 2006 年 4 月起就在建设全长约 4700 公里的东西伯利亚—太平洋远东石油管道，年输送能力为 3000 万吨，中俄原油管道为东西伯利亚—太平洋远东石油管道支线），2007 年 5 月 19 日，中俄原油管道中国境内段开工建设。

中俄原油管道分为两条线，在国内被称为漠大（漠河—大庆）一线和漠大二线。其中一线起点为俄罗斯东西伯利亚—太平洋原油管道斯科沃罗季诺分输站，经由俄方加林达计量站、中国黑龙江省漠河县兴安镇附近漠河首站，最终止于大庆林源末站，经由我国东北部两省五市十二个县区。起点到漠河首站管线长度 71 公里，其中俄境内陆上管道长约 63.4 公里，中国境内段 7.6 公里。自漠河首站起，在中国境内 927 公里。一线管道设计输量为 1500 万吨/年，合同期 20 年。2010 年底，一线建成投产，2011 年 1 月 1 日开始正式供油。截至 2018 年 2 月底，俄罗斯通过中俄原油管道一线向中国输油累计已达 11495 万吨。①

二线管道起始于黑龙江省漠河首站，途经黑龙江、内蒙古两省区，止于黑龙江省大庆市林源输油站，全长 941.8 公里，设站场 5 座，即漠河首站、塔河泵站、加格达奇泵站、讷河泵站及林源输油站。工程基本与中俄原油管道一线大部分并行敷设。二线于 2016 年 8 月 13 日开工建设，2017 年 11 月 12 日全线贯通，2018 年 1 月 1 日起正式投产。二线投产后，从东北输油管道进口的俄罗斯原油将由之前的每年 1500 万吨增加到 3000 万吨。管道投产后，填补了东北地区石油资源供应缺口，优化国内油品供输格局，进一步保障了国家能源供应安全。

2. 中国—哈萨克斯坦油气管道

中哈原油管道。这是中国第一条跨国原油管道，是连接里海油田到中国内陆的重要能源通道，也是中国石油在俄罗斯和中亚地区能源博弈的重量级筹码，由中哈双方工程建设企业共同建设。2003 年 10 月 13 日，中哈

---

① 《中俄原油管道截至 2 月底累计输油总量达 11495 万吨》，中国新闻网，2018 年 3 月 11 日。

两国石油公司共同宣布开始分阶段建设中哈管道的决定。根据设计,中哈原油管道西起哈萨克斯坦西部石油城市阿特劳,东至中哈边境阿拉山口,初步设计总长 3088 公里,年输油量 2000 万吨,包括之前于 2003 年开工的"肯基亚克—阿特劳"一期管道工程和二期共三个阶段构成。

第一期修建"阿塔苏—阿拉山口"段,管道总长 962 公里,工程已于 2005 年底完工并于 2006 年 7 月正式投运,实际输油能力为 750 万吨/年。

第二期第一阶段修建"肯基亚克—库姆科尔"段,管道总长 792 公里,于 2009 年 10 月投入商业运行,输油能力 1000 万吨/年。

第二期第二阶段工程主体包括"库姆科尔—阿塔苏"段新线建设和"肯基亚克—阿特劳"管道反输改造,计划于 2011~2012 年建设。工程全部建成后,中哈管道输油能力达到 2000 万吨/年。

截至 2017 年底,通过中哈原油管道累计进口原油 10960.33 万吨。[①]

3. 中国—中亚天然气管道

也被称为中亚—西气东输二线,是我国第一条引进境外天然气的能源通道,也是世界上最长的天然气管道。

管道规划包括 A、B、C、D 四线,主要气源来自土库曼斯坦、哈萨克斯坦,以及国内塔里木、准噶尔、吐哈、长庆气田,年供气 300 亿立方米,可稳定供气 30 年以上。

其中 A、B 线起点位于土库曼斯坦和乌兹别克斯坦边境的阿姆河右岸天然气处理厂,经乌兹别克斯坦中部和哈萨克斯坦南部,从阿拉山口进入我国新疆至霍尔果斯。A、B 线基本为同期双线敷设,管道全长 10812 公里,境外部分为中亚管道,总长 2018 公里,其中土库曼斯坦境内长 188 公里,乌兹别克斯坦境内长 530 公里,哈萨克斯坦境内长 1300 公里,其余 8000 多公里位于中国境内,为西气东输二线。该管道已经具备年输 300 亿立方米天然气的输送能力,目前每年实际输气达到 220 亿~260 亿立方米。

C 线主要是为保证乌兹别克斯坦对中国的天然气出口,线路起于土乌边境格达依姆,经乌兹别克斯坦、哈萨克斯坦,在新疆霍尔果斯口岸入境,与西气东输三线连接。它与 A、B 线并行铺设,线路总长度 1833 公里,设计年

---

① 《2017 年中哈原油管道向中国输油超 1231 万吨 创新高》,人民网,2018 年 1 月 4 日。

输气能力 250 亿立方米/年。目前，实际输气规模每年为 100 亿~150 亿立方米。C 线建成后，将中亚天然气管道全线输送能力提升至每年 550 亿立方米。

D 线①是唯一绕过哈萨克斯坦的线路，以土库曼斯坦复兴气田为气源，起点位于土乌边境，途经乌兹别克斯坦、塔吉克斯坦、吉尔吉斯斯坦，从我国与吉尔吉斯斯坦接壤的天山南麓与昆仑山两大山系接合部的新疆乌恰入境，管道全长 1000 公里，在塔吉克斯坦境内 410 公里，为各过境国中最长。D 线设计输气量为 300 亿立方米/年，入境后与西气东输五线相接，将主供国内华北地区的天然气市场。

中亚—西气东输 A 线于 2008 年 6 月开工建设，2009 年底实现单线投产通气；2010 年 10 月，实现 A、B 线双线建成通气。C 线于 2012 年 9 月开工，2014 年 5 月 31 日建成正式投产。D 线塔吉克斯坦段于 2014 年 9 月 13 日进行开工仪式，预计将于 2020 年底全线完工，实现每年 300 亿立方米的输气能力。

随着中亚天然气管道 A、B、C、D 线相继建成投产，中亚天然气资源将随着西气东输二线、三线、四线和五线等管道通向中国内地，成为连接中国与中亚各国的重要能源通道，届时，中国从中亚进口天然气规模将达到 850 亿立方米/年，中亚天然气管道将成为中亚地区规模最大的输气系统。

截至 2017 年 11 月 29 日，中亚—中国天然气管道自 2009 年 12 月投产输气以来，累计向国内输送天然气 2000 亿立方米，安全平稳运行 2920 天，为保障我国能源安全、推进国家能源结构绿色转型做出突出贡献。

（二）拟建和在建跨境油气管道

中俄东线天然气管道工程是在中俄两国领导人推动下，中俄加强全面能源合作伙伴关系、深化全面战略协作伙伴关系的重要成果。2014 年 5 月，中俄双方签署了总价值超过 4000 亿美元、年供气量 380 亿立方米、期限长达 30 年的中俄东线天然气购销合同。合同约定，主供气源地为俄罗斯东西伯利亚的伊尔库茨克州科维克金气田和萨哈共和国恰扬金气田，俄罗斯天

---

① D 线为在建天然气管道，本应放在拟建和在建油气管道部分，为表述逻辑，将其与已建成的 A、B、C 线一起介绍。

然气工业股份公司负责气田开发，以及天然气处理厂和俄罗斯境内管道的建设。中国石油负责中国境内输气管道和储气库等配套设施建设。俄罗斯进口天然气目标市场主要是我国东北、京津冀和长三角地区，满足中国国内能源消费增长、改善大气环境、优化能源消费结构、促进能源进口多元化等需求，并带动沿线地区相关产业发展。

中俄东线天然气管道工程起点位于黑龙江省黑河市的中俄边境，途经黑龙江、吉林、内蒙古、辽宁、河北、天津、山东、江苏、上海等9个省（区、市），终点为上海市，全长3371公里，是中国目前口径最大、压力最高的长距离天然气输送管道。

中国境内段于2015年6月29日开工建设，将分期建设北段（黑河—长岭）、中段（长岭—永清）和南段（永清—上海），预计2019年10月北段投产，2020年底全线贯通。首年年输气量达50亿立方米，到2024年年输气量达380亿立方米。未来，中俄东线天然气管道将与现有区域输气管网互联互通，向东北、环渤海、长三角地区稳定供应清洁优质的天然气资源，与燃煤相比，每年可减少二氧化碳排放量1.42亿吨、二氧化硫排放量182万吨，有效优化我国能源消费结构，改善和缓解沿线地区大气污染现状。

四　电网

（一）中俄已建电力互联线路

自1992年至今，中俄电力合作已开展26年，被纳入两国能源战略合作的框架范围内。电力贸易也成为继石油贸易、天然气贸易之后的第三极能源合作支撑平台。在现有跨境电网线路基础上，中俄两国签订了扩大电网互联互通的合作协议。

目前，中俄共有4条电力互联线路，分别是110千伏布—黑线（俄罗斯布拉戈维申斯克—中国黑河）、220千伏布—瑷甲乙线（俄罗斯布拉戈维申斯克—中国瑷珲）、500千伏黑河直流背靠背工程（俄罗斯阿穆尔—中国黑河），中俄断面输电能力达到150万千瓦。

1. 布拉戈维申斯克—黑河线

早在1992年7月，俄罗斯布拉戈维申斯克—中国黑河的中俄第一条跨国输电线路"布黑线"就已建成投产。

2005年7月1日，中国国家电网公司与俄罗斯统一电力系统股份公司签署《中国国家电网公司与俄罗斯统一电力系统股份公司长期合作协议》，标志着中俄两国拉开了大规模电力合作的序幕。2006年3月，两个公司又签署了《中国国家电网公司与俄罗斯统一电力系统股份公司关于全面开展从俄罗斯向中国供电项目的可行性研究的协议》，俄扩大了向中国的电力出口。

2. 布拉戈维申斯克—瑷珲甲乙线

2007年1月至2009年2月，受俄罗斯电力体制改革及向中国出口电力价格大幅度上涨等诸多因素影响，中国对俄购电业务处于暂时停滞状态。后经过中俄双方持续共同努力，在两国总理会晤委员会能源分委会第十次会议上，提出尽快恢复中俄边境电力贸易。2009年3月1日，110千伏布—黑线和220千伏布—爱甲乙线全面恢复供电。

在中俄双方政府的推动下，以电力合作为主要内容的能源合作已成为两国战略协作伙伴关系发展的坚实基础。2010年9月，两国政府签署了《关于在电网发展方面开展合作的谅解备忘录》。

3. 中俄直流背靠背联网工程（阿穆尔—黑河线）

中俄500千伏直流联网是中国国家电网公司第一个对外合作的国际联网工程。2005年7月，中国国家电网公司与俄罗斯统一电力股份有限公司就直流背靠背联网工程签署了长期合作协议，并就送电方式、送电规模、定价原则、进度安排等一系列重要问题达成一致。

中俄500千伏直流联网工程建设规模为新建中俄边境500千伏线路5000米、黑河直流背靠背换流站输电容量75万千瓦。依据此次签署的协议，中俄电力合作分为三个阶段进行：第一阶段继续增大边境输电规模，到2008年建设±220千伏边境直流背靠工程，从俄远东电网向中国东北黑龙江输送电力，年供电量36亿~43亿千瓦时；第二阶段到2010年建设±500千伏直流输电线路，从俄远东电网向中国辽宁省电网送电力，年供电量165亿~180亿千瓦时；第三阶段到2015年建设±800伏直流输电线路，从俄远东电网或东西伯利亚电网向中国东北或华北送电，年供电量380亿千瓦时。

中俄直流背靠背联网工程的另一大亮点在于设备国产化。500千伏中俄直流联网黑河背靠背换流站容量750兆瓦，安装6+1台换流变压器。在换流站工程中，国内直流输电技术国产化的成果得到了充分应用，成套设计、工程设计、设备制造和现场施工调试均实现全部自主实施，主设备国产化率达100%，同时在中俄500千伏交流线路上全部采用国产线路保护产品，为国产设备进入俄罗斯市场奠定了基础。

该工程于2007年7月12日正式开工建设，2008年7月直流区域暂停缓建，2009年1月26日中方一侧交流部分投入运行。2011年5月工程复工续建，2012年1月9日500千伏中俄直流联网输电项目建成投运。2012年2月25日，中国国家电网公司与俄罗斯统一电力系统公司子公司"东方能源公司"签署期限为25年、总输电量为1000亿千瓦时的供电合同，供电合同已于当年3月1日开始生效。2012年4月1日项目正式投入商业运营。

总体看，自1992年中俄电力合作开展26年以来，国网黑龙江电力公司通过在运的4条中俄跨国联网线路，已累计进口俄电电力248.73亿千瓦时，约占全国电力进口的1/2。截至2018年4月1日，500千伏中俄直流联网黑河背靠背换流站连续实现安全运行6年，通过500千伏阿黑线累计进口俄电138.3亿千瓦时，占进口总量的44.4%，相当于节约燃煤470.22万吨。

2013年3月22日，国家电网公司与俄罗斯统一电力国际公司签署《关于开展扩大中俄电力合作项目可行性研究的协议》，双方计划研究开发俄罗斯远东、西伯利亚地区资源，建设大型煤电输一体化项目，通过特高压跨国直流电线路将电力输向中国。

（二）中国拟与中亚电网互联

上合组织建立区域电力系统的设想由来已久。上海合作组织电力系统主要包括中、俄和中亚联合电力系统，实现各国电力的互联互通，是上合组织能源合作的一项重要内容。多年来，上合组织一直在创造条件以实现成员国之间电力市场的相互准入，以及经各国领土输送电力，最终目标是确保电力输送在上海合作组织成员国区域内畅通无阻。

苏联时期，"中亚统一电力系统"曾实现了塔吉克斯坦、乌兹别克斯坦、吉尔吉斯斯坦、哈萨克斯坦、土库曼斯坦五国的电网互连，在乌兹别克斯坦首都塔什干设统一调度中心，对各国电力统一调配。"中亚统一电力系统"为该地区跨国优化配置电力资源奠定了基础，并在苏联时期发挥了重要的作用。但苏联解体后，中亚地区电网互联被削弱，土库曼斯坦、哈萨克斯坦和乌兹别克斯坦三国相继退出"中亚统一电力系统"，加上政府无力进行电力开发建设，中亚各国电力均十分缺乏。

中亚地区能源资源非常丰富，有丰富的太阳能、风能资源，通过特高压输电技术输送至中国，将增加该地区投资，为其带来巨大经济效益。中亚与中国电力互补性强，中国巨大的电力需求为上合组织国家提供了巨大的电力市场。中国目前正落实丝绸之路经济带输电走廊建设，与周边国家实现联网有三个重点：一是丝绸之路经济带输电走廊，建设从中国新疆到中亚五国的输电通道；二是俄罗斯和蒙古国向中国输电通道；三是与南部邻国联网通道。目前已经启动了一批由俄罗斯远东地区对华输电项目，第一期已经完成可行性研究，由叶尔科夫齐向中国华北地区送电，送电规模800万千瓦/年，下一步将继续扩大。

第二章 俄罗斯基础设施建设运营现状及其法律保障

第一节 俄罗斯铁路基础设施建设运营及法律保障

交通基础设施建设运营对俄罗斯国家统一、国防安全和社会经济发展具有重要意义。俄罗斯国土辽阔，各类交通基础设施齐全，陆路、水路、航空和管道运输均比较发达。"一带一路"倡议的宗旨是连接亚太与欧洲两大经济圈，其首要和关键任务则是连接中国与欧亚大陆各国的交通体系。俄罗斯横跨欧亚大陆的独特地缘位置，决定了任何贯通欧亚大陆的项目都不可能绕过它。交通基础设施建设和互联互通是中俄在上合组织合作的重要领域，为稳步推进和深化双方在该领域的合作，需要系统深入了解俄罗斯在相关领域的政策导向和法律基础。本节主要讨论与跨境通道建设有关的交通基础设施和能源基础设施的相关问题。

一 铁路运输发展现状及促进政策

俄罗斯是铁路运输大国，铁路运输网横跨 11 个时区，其规模仅次于美国，在俄国家经济、安全方面一直扮演着十分重要的战略角色。俄罗斯拥有铁路历史已超过 180 年。18 世纪末俄罗斯已建造第一条铁路；1834 年在乌拉尔建造了 3.5 俄里长的工厂铁路；1837 年完成建造圣彼得堡—巴甫洛夫斯克 27 俄里长的皇村铁路；1851 年第一批火车在圣彼得堡—莫斯科的尼古拉耶夫斯克铁路上运行；1891～1916 年完成了西伯利亚大铁路的建设工程。截至 2014 年，俄罗斯铁路总长度 128000 公里，铁路网运营里程超过 85300 公里，其中电气化铁路里程达到 43400 公里，居世界首位，电气化率达 50.8%；全国铁路分布密度 7.3 公里/1000 平方公里，居世界第二位。俄罗斯 85 个联邦主体中有 80 个已通铁路，路网布局主要集中分布在人口稠密和经济发达的欧洲部分，约占俄罗斯铁路网的 80%，形成了以莫斯科为中心向四周辐射的蛛网形铁路网。俄罗斯铁路以轨距 1520 毫米宽轨线路为主，仅在萨哈林岛铁路的轨距为 1067 毫米。2003 年，俄启动了将萨哈林岛干线铁路改造为 1520 毫米轨距项目，预计到 2019 年，萨哈林岛内 806 公里的干线铁路将完成 1520 毫米宽轨的铺设。①

俄罗斯国土辽阔，气候严寒，铁路和管道运输成为其最重要的运输方式，承担了主要的货物运输，2016 年铁路承担全俄货运量的 45%、客运量的 30%，② 从全球看，俄罗斯承担世界铁路货运总量的 20% 和客运量的 10%。按铁路货运量排名，俄罗斯位居欧洲第一、世界第二。交通基础设施在俄罗斯固定生产资产中占比 27%~30%，交通运输服务在 GDP 中占比 8%~10%，在固定资本投资中占比 10.4%，在该领域就业人数占总就业人数的 7%。③ 2000 年初期，俄罗斯客运火车的平均速度仅为 47 公里/小时，比西欧客车速度慢 75%。根据 2017 年全球竞争力的国际排名，俄罗斯铁路基础设施质量在世界排名第 23 位，总体交通基础设施在世界排名第 74 位。④

进入 21 世纪，随着经济的全面复苏和快速增长，加快铁路建设问题也被提上议程。2008 年，俄政府批准了《俄罗斯联邦至 2030 年铁路运输发展战略》⑤，再次强调铁路在加强经济主权、国家安全和国家防御能力以及降低经济总运输成本等任务框架内的作用，并提出了铁路中长期发展目标和政策，包括提高铁路运输工作的可靠性、开放性、安全性及其服务质量，

---

① Железнодорожным транспортом в России，https：//ru. wikipedia. org/wiki/Железнодорожный_транспорт_ в_ России.

② Железнодорожный транспорт России：современное состояние，проблемы и перспективы развития，15 марта 2017，Эксперты РТ，http：//russiantourism. ru/experts-rt/experts-rt _ 21468. html.

③ Трасортная стратегия Российской Федерации на период до 2030 года，распоряжением Правительства Российской Федерации，22 ноября 2008 г. № 1734-р.

④ Татьяна Шадрина：До Вены по широкой колее，Российская газета-Федеральный выпуск №7449（283），13. 12. 2017，http：//russiantourism. ru/experts-rt/experts-rt_ 21468. html.

⑤ Стратегия развития железнодорожного транспорта в Российской Федерации до 2030 года，распоряжением Правительства Российской Федерации，17 июня 2008 г.

以保证统一的经济空间和经济发展；形成全国统一的、相互协调的运输系统，降低铁路货物运输在国民经济总支出中的占比；在取得关键技术突破后广泛使用国产设计产品，加强俄在世界高科技产品和服务市场的地位；消除俄铁路交通"瓶颈"，建立符合世界水平的铁路基础设施，实现铁路基础设施的现代化，保障新矿产地对运输的要求。

俄罗斯铁路运输发展战略将分两个阶段实施。第一阶段（2008～2015年）实现铁路系统的现代化改造。将保障主要运输线路的通行能力，新建5100公里铁路，完成既有线路基础设施的现代化改造，保证已到寿命的车辆不再参与运输，制定新的技术和工艺要求，开始新线路的勘察和建设。第二阶段（2016～2030年）将大幅度拓展铁路网，新建10800～15500公里铁路。为国家创造新的经济增长点，建设出海口配套铁路基础设施，提高俄罗斯铁路的全球竞争力。

值得关注的是，发展高速铁路和开展国际合作都被列入《俄罗斯联邦至2030年铁路运输发展战略》。为保障交通联系并为旅客出行创造更有吸引力的条件，提高旅行舒适度和安全度，将建设圣彼得堡—莫斯科、莫斯科—下诺夫哥罗德、莫斯科—斯摩棱斯克—克拉斯诺耶（在2号国际运输走廊框架下）高速铁路。高速铁路建设方案根据国家和地区实际的社会经济发展态势来确定。计划与乌克兰、斯洛伐克和奥地利实施一项联合项目，共同建造一条从乌克兰边境沿斯洛伐克到维也纳的1520毫米宽轨铁路，以此加速欧盟、独联体国家和中国之间的交通联系。[1]

2007年7月俄罗斯赢得2014年冬奥会主办权，2008年赢得世界大学生运动会主办权，2010年12月赢得2018年世界杯主办权，之前俄还获得在远东港口城市符拉迪沃斯托克举办2012年亚太经合组织会议的主办权。由此，俄进入了为期10年的基础设施建设时期，特别是道路交通系统成为投资改造力度最大的基础设施领域。俄罗斯政府对此非常重视，将举办大型国际赛事和国际会议作为改善国内基础设施建设的契机，更好地向国际社会展现俄罗斯的现代化形象。

---

① Стратегия развития железнодорожного транспорта в Российской Федерации до 2030 года, распоряжением Правительства Российской Федерации, 17 июня 2008 г. № 877-р.

2018 年 9 月 30 日，俄罗斯政府批准了《至 2024 年干线基础设施现代化和扩建配套计划》①，该计划是为落实《俄罗斯联邦至 2024 年的国家目标和发展的战略任务》② 总统令的具体举措。配套计划共包括 11 个联邦级项目，其中 9 个为交通基础设施项目："欧洲—中国西部"（双西公路）、"俄罗斯海港""北方航道""铁路运输和过境""交通物流中心""经济增长中心的连通""发展地区机场和航线""高速铁路""内河水道"。在俄交通运输部的新闻发布会上，俄政府交通部部长将这些项目进一步具体化，确认将"东—西""北—南"运输走廊、莫斯科—喀山高铁、莫斯科—喀山高速公路等项目纳入其中。为实施该计划，未来 6 年将需要融资 6.3 万亿卢布，其中 3 万亿卢布将为私人投资。俄政府预期，到 2024 年，通过实施干线基础设施现代化和扩建计划，俄罗斯运输服务出口额将从 2017 年的 169 亿美元增加到 250 亿美元；俄在货物物流效率指数全球排名中的位次将会在前 50 名之列；居民的公共交通流动性从每人 8200 公里增加到 9500 公里；各经济增长中心之间的联系全部通过快速交通连接；俄各联邦主体的运输保障水平在现有基础上提高 7.7%。③

二　铁路建设运营管理体制改革

长期以来，俄罗斯铁路系统一直是政企合一，在计划经济体制下积累了诸多问题：铁路运输效率不断下降，铁路投资严重不足；铁路基础设施，如机车、客车车厢和货车车厢等固定资产高度老化；铁路运输价格缺乏弹性，大规模使用交叉补贴；铁路人才流失；等等。1996 年，俄罗斯联邦铁道部门开始研究铁路改革的方案，因涉及各方利益，改革进展缓慢。2000年普京入主克里姆林宫之后，授权总理卡西亚诺夫操刀铁路改革。

---

① Комплексный план модернизации и расширения магистральной инфраструктуры на период до 2024 года. 30 сентября 2018 года №2101-р，http：//government. ru/docs/34297/.

② О национальных целях и стратегических задачах развития Российской Федерации на период до 2024 года，Указ Президента Российской Федерации от 07. 05. 2018 г. № 204，http：// kremlin. ru/acts/bank/43027.

③ Комплексный план модернизации и расширения магистральной инфраструктуры на период до 2024 года，30 сентября 2018 года №2101 - р，http：//gov-news. ru/об-утверждении-комплексного-плана-модернизации-и-расширения-магистральной-инфраструктуры-на-период-до-2024-года/.

1. 铁路运输进行结构改革

2001 年 5 月，俄罗斯政府签署了《铁路运输结构改革方案》，决定打破铁路运营垄断，建立竞争机制，降低运营成本，吸引内外投资，进行以"政企分开、机构重组"为核心的改革。改革的思路是仍保持铁路运输系统和铁路基金的国有属性，不会马上交给私人经营，但将把铁路划分为自然垄断领域和竞争领域两大块，把国家管理职能与铁路的营运业务职能剥离开来，分类治理。改革目标是建立一个开放的铁路体系，各铁路公司能够在一种更有活力更有效率的新体系中运营，如使所有权与管理权相互独立；政府对乘客实施直接、透明的补贴；停止系统内部的收入再分配；允许各地灵活地制订列车时刻表和价格等。为了适应改革需要和保证改革稳步推进，特别是为了保证全国路网的完整统一和实现铁路运输生产的集中调度指挥，对传统的运输组织管理模式进行了改造，优化铁路运输生产组织管理机构，以便提高运输效率和工作质量，更好地全面完成运输任务，增强铁路在运输服务市场的竞争能力。

采用新的优化运输组织管理模式的基本思路是：建立无内部边界及铁路局和铁路分局分界站的统一铁路网；在一个地区管辖范围内的运行列车只由一台本务机车担当全部牵引作业；重组运输组织管理机构，实现集中统一调度指挥。按照这一改革思路，铁路运输组织管理机构将逐步由原来的"交通部—铁路局—铁路分局—站段"四级管理改为"交通部（调度）管理中心—地区调度指挥中心—基地站（中心）"三级管理，以在地区中心管辖范围内组织开行直达列车的方式，实现从货流、车流产生地到目的地的直达输送，减少运输途中的技术作业和滞留，节省货物运输的时间和费用。交通部（调度）管理中心主要负责跨地区车流和货流的调度指挥，以及整个路网运输组织工作的监督管理与协调。地区调度指挥中心负责地区内主要干线方向的货流、车流组织和运输调度指挥。俄对全路 17 个铁路局的运输组织管理和调度指挥工作按自然经济区进行机构重组，各管辖范围扩大到 1 万~1.5 万公里，保证 70% 及以上是其管内车流。基地站则是运输生产基本生产单位，由管辖范围内的大型编组站、货运站、区段站及若干个中间站组成，以编组站为中心形成技术枢纽，完成日常运输生产任务。按照运输组织管理机构改革重组方案的设计，将逐步建立莫斯科、西北、南方、乌拉尔、西西伯利亚、东西伯利亚、远东7个地区中心。

2. 成立新的俄罗斯铁路公司

经俄罗斯联邦政府批准，对原俄罗斯铁路公司进行了改组，2003年9月23日，成立新的由国家控股的俄罗斯铁路股份公司（简称俄铁公司）。俄铁公司的成立，标志着俄罗斯铁路管理体制和组织机构正式实行"政企分开"，实现国家调控、监管与企业经营管理职能分离，在铁路改革的进程中迈出了具有重要历史意义的一步。

改组完成后，俄铁公司成为俄罗斯交通运输业第一大公司。新成立的俄铁公司总裁由俄罗斯联邦总统普京任命，由原交通部部长担任。按照国际通用惯例，成立了公司的董事会、监事会和理事会。董事会由1名董事长和10名董事会成员共11人组成。董事长由俄罗斯联邦政府副总理 B. D. 赫里斯坚科担任。董事会成员由以下人员组成：联邦财政部第一副部长、国有资产关系部副部长、政府办公厅副主任、总统办公室副主任、交通部部长、俄罗斯铁路公司总裁、经济发展和贸易部第一副部长、联邦反垄断政策部部长、俄罗斯对外贸易银行总裁和另一位联邦政府副总理。理事会由公司总裁、16名副总裁和8名委员共25人组成。下设3个主要部门：运输生产、财务管理和企业发展部。为保证公司正常有序工作，制定了《俄罗斯铁路公司管理机构条例》，以及公司内部管理工作规定的有关办法（股东全体会议条例，董事会、理事会、监事会章程等）。

监事会成员包括7名委员，分别来自联邦资产关系部、经济发展和贸易部、交通部、运输部以及国家财经委员会等部门。

新组建的俄铁公司下辖987个与运输服务密切相关的生产企业（原来的17个铁路局、客车和货车修理工厂、机车车辆零部件制造工厂、建筑工程单位、勘测设计和科学研究机构等），以及355所各类学校（其中有10所高等院校）。还在国外设立了8个铁路代表处（平壤、北京、华沙、布拉格、赫尔辛基、柏林、布达佩斯和塔林）。原属交通部的17个铁路局作为俄罗斯铁路公司最主要的运输生产企业成为它的子公司。

3. 改组后的交通部职能

对改组后的交通部组织结构做了重大调整，原来负责全路网运输生产的管理部门和与铁路运输密切相关的所有企业都进入俄铁公司。原交通部的 5 位副部长到俄铁公司任副总裁。新交通部成立 7 个地区性管理机构，负责保证与联邦地方政府部门、铁路运输服务用户、工业企业的联系，以及对铁路运输公司工作的监督。按照新修改制定的《俄罗斯联邦交通部条例》的规定，改组后交通部的主要职能如下：

——制定和实施以最大可能满足用户对铁路运输服务需求的国家政策；

——创造为保证全联邦所有经济部门正常工作、增强军事防御能力和国家安全所需要的稳定可靠的铁路运输工作条件；

——制定保证铁路运输生产和工作正常有序进行的标准及规范；

——参与编制和实施国家运输系统发展纲要，密切加强与其他部门（特别是运输部）的合作；

——参与并监督"俄罗斯运输系统现代化纲要"的实施；

——提出调整和修改铁路运价政策的建议，交由俄罗斯联邦政府研究讨论和批准；

——发展铁路高等和中等技术职业教育及其他。

信息跟踪是铁路运输服务质量监管的方式之一，新的铁路运输管理机构的建立，需要有先进的现代信息和自动化系统的技术支持，能够对车流、货流动态进行实时跟踪管理和及时处理各类问题，实现集中统一调度指挥和运输监督。为此，俄交通部拟在 5 年内投资 1500 亿卢布，用于铁路信息化和运输技术设备现代化建设。目前俄罗斯铁路已完成覆盖全国数万公里的干线数字通信网的建设，其传输速度比改造前提高了数百倍，俄交通部所掌握的计算机总的运算速度超过了 80 亿次/秒，超过 85% 的俄罗斯居民可以使用该网络服务。新的铁路干线数字化通信网可传输语言、视频等多种信息，进行网上售票、运输、结算业务，管理人财物和全部列车，控制运输工序，操纵运输设备，监测路况、车辆运行和供电等信息，并可在全国路线系统内进行远程网络可视电话会议。还能与其他运输系统的通信网相连，为国家运输部门和社会提供电话、上网和有线电视等通信服务。在国际协议框架下，铁路干线通信网还能和东欧、北欧、中亚、东亚各国和跨国的地区性网络连接。[①]

---

① 林跃勤：《俄罗斯铁路垄断体制改革经验及其借鉴》，《红旗文稿》2004 年第 13 期。

4. 政府对铁路运营的调节

铁路运营属于自然垄断行业，由联邦政府通过价格调节直接调控。俄罗斯联邦铁路运价构成的基本原则是：国家对铁路垄断性部门运价实行统一定价和宏观调控；对竞争性部门运价，根据竞争市场的发展情况分阶段逐步放开；对于具有特别重要的经济和社会意义的货物运输，要适当保持国家的调控作用；对于没有可选择的交通路线和铁路因而具有垄断地位的运输方向，保持国家对其运价的调控。国家规定的铁路运价，要能够抵补基础设施养护维修和运营的支出，以及与俄罗斯统一铁路运输系统活动费用相关的全路网支出（包括保证行车安全、建立资金储备、保证联邦铁路在非正常情况下的运转等）。国家铁路运输基础设施企事业单位的服务价格，在有充分经济依据的支出和利润标准的基础上，这些单位可自行确定相应合理的价格。

俄罗斯将在扩大铁路部门首先是俄铁公司市场开发能力基础上，吸引联邦预算资金和联邦主体预算资金共同实施有关项目。同时，为降低铁路网运输成本，必须采取国际通用做法，即采用国家—私人资本合作模式，由政府提供担保，利用国家预算资金或预算外资金发展铁路事业。

三 铁路建设运营中的法律保障

1. 总体立法情况

如上所述，进入 2000 年后，俄罗斯启动了铁路运输体制改革。为了保证铁路改革顺利进行，根据铁路改革纲要确定的目标和任务要求，首先对现行一些重要的铁路法律文件进行修改和补充，同时在执行过程中不断完善。目前，俄罗斯国内针对铁路的专门立法如下。

（1）《俄罗斯联邦铁路运输法》（简称《铁路运输法》）① （2003 年 1 月 10 日批准）。该法共 7 章 34 条，规定了俄罗斯公共铁路和非公共铁路发挥功能的法律、组织和经济条件，铁路运输组织与提供铁路运输服务的个体经营者与国家权力机构和其他运输方式组织的相互关系，以及在非公共铁路运输领域进行国家调节的基础。

---

① Федеральный закон о железнодорожном транспорте в Российской Федерации, 10 января 2003 г. No 17-ФЗ.

（2）《俄罗斯联邦铁路运输章程》①（2003 年 1 月 10 日批准）。该章程共 9 章 130 款，是制定《铁路运输法》的基础性文件之一，用于调节承运人、旅客、发货人、接货人与公共铁路、非公共铁路运输基础设施所有者及其他自然人和法人在使用铁路运输服务中发生的关系，规定他们的权利和义务。

该章程还确定了组织进行客运、货运、托运，提供利用公共铁路运输和非公共铁路运输基础设施服务的基本条件。该章程对在公共和非公共场所进行的货运、装卸，非公共铁路及建设与公共铁路连接的铁路路线同样有效。

（3）《俄罗斯联邦运输安全法》②（2007 年 2 月 7 日批准）。该法共 13 条，是针对包括铁路在内的所有交通运输方式的统一联邦法。提出了保证运输安全的任务、原则，对运输基础设施和交通工具进行分类，确定运输基础设施和交通工具的安全水平及保证安全的要求、措施等。

2. 对铁路建设运营主体的法律要求

俄罗斯铁路建设实行许可证制。根据俄罗斯联邦《对特定活动实行许可证法》（简称《许可证法》）③ 规定，对 105 类活动实行许可证制，从事铁路设计、勘察、建筑承包，承担铁路客运、货运均列其中。

2009 年以前，俄罗斯对建筑承包实行许可证管理，承包建筑设计和施工项目需要申请并获得政府颁发的建筑设计和建设资质许可证，同时规定，只有拥有俄罗斯国籍的自然人才能取得在俄罗斯境内从事建筑设计活动的许可。外国公司进入俄罗斯建筑市场的途径有二。一是申领在俄建筑业许可证。外国公司须先在俄注册公司，然后以俄罗斯公司名义向政府申请资质。外国公司只有获得俄政府颁发的许可证才有资格参与俄建筑项目的投标及承包工程。二是与具有资质许可证的俄罗斯公司组成联合体，并以联合体的名义参与俄罗斯建筑项目的投标及承包工程。用工超过 100 人的建筑

---

① Федеральный закон " Устав железнодорожного транспорта Российской Федерации ", 10. 01. 2003, No 18-ФЗ ст 44.

② Федеральный закон о транспортной безопасности Российской Федерации, 09. 02. 2007, No 16-ФЗ.

③ Федеральный закон о лицензировании отдельных видов деятельности от 8 августа 2001 г., No 128-ФЗ.

工地，必须雇佣 50% 以上的俄罗斯公民。

自 2009 年 1 月 1 日起，俄罗斯政府已退出对建筑行业的监管，不再发放工程勘察、建筑设计、建设、整修等许可证。2008 年修订后的《俄罗斯联邦城市建设法典》① 规定，政府对建筑行业的监管职能将转交给非商业性建设联盟这一行业自律组织，由自律组织制订本行业的标准和规程，并监督执行。2009 年是由政府监管向行业自律转变的过渡期，过渡期内，之前发放的许可证继续有效。自 2010 年 1 月 1 日起，建筑业的资质许可证不再由联邦政府而是由联邦的行业自律组织颁发。原联邦政府颁发的建筑业许可证失效。

《俄联邦关于修改建筑法典和俄罗斯联邦部分法令的法律》（俄罗斯国家杜马及联邦委员会分别于 2008 年 7 月 2 日和 7 月 11 日通过）规定，涉及工程勘察、建筑工程设计、建设、维修、基建项目大修等领域的自律组织，作为非商业组织，颁发对基建项目安全产生影响的工程勘探、编制设计文件、实施建设、维修以及基建项目大修类工作的许可证。

根据法律，俄罗斯成立了"铁路建设综合体行业自律组织"（以下简称自律组织），该组织对铁路建设中的 34 大类 271 个工种颁发从业许可证。② 包括建设地段测量、筹备工作、土方、安装设备、桩灌浆、钢筋混凝土设备安装、预支混凝土结构安装、爆破施工、金属结构安装、木结构安装、建筑物管道和设备维护、做屋顶、安装楼内和建筑物内工程系统和设备、安装污水设备网、安装外部供热系统网、安装外部供气设备网、安装外部电子网和通信线路、安装核能利用设施、安装石油和天然气工业设备、调试新建公路和机车设施、安装铁道和电车道设备、安装隧道和地铁设备、安装坑道和桥梁设备、高架桥和立交桥安装、液压作业、潜水作业、安装工业炉和烟囱、根据合同进行建筑检查、根据合同组织建设及结构改造基

---

① Федеральный закон Градостроительный кодекс Российской Федерации, № 190 – ФЗ от 29. 12. 2004.

② саморегулируемой организации Некоммерческого партнерства строителей «Строители железнодорожных комплексов», ПЕРЕЧЕНЬ ВИДОВ РАБОТ, которые оказывают влияние на безопасность объектов капитального строительства и решение вопросов по выдаче свидетельства о допуске к которым отнесено общим собранием членов саморегулируемой организации НП, 14 сентября 2011г.

建维修工作等。

3. 铁路建设运营主体的确定程序

（1）铁路运营主体（运营商）界定。

俄罗斯铁路系统仍属国家垄断，但经过体制转型和改革后，原来国有铁路系统已改制为三大类运营商：第一类为俄铁公司及其下属公司；第二类是独立于俄铁公司之外的运营商，拥有自己的基础设施（铁路、信号装置等）及停车场；第三类由仅拥有车辆的公司组成。由于不掌握铁路网，或者没有自己的基础设施，后两类运营商所占市场份额无法与俄铁公司相比。

根据《俄罗斯联邦铁路运输法》的界定，拥有车皮、集装箱财产权或其他权利，与承运人签署合同，并利用上述车皮和集装箱进行运输的法人或个体营业者为铁路机车车辆运营商。[①] 对铁路机车车辆运营商活动及其与承运人相互关系的法律调节基础由俄罗斯政府确定。

（2）对铁路运营商实行许可证管理。

根据 2012 年 3 月 21 日第 221 号政府令（《铁路运输活动实行许可证制》[②]），从事郊区火车运输、长途旅客列车运输、长途快速列车运输、长途高速列车运输、危险货物运输、在铁路运输中装卸危险货物等工作均需要获得许可证。许可证由俄罗斯联邦运输监督署及其在各地的分署发放。

《俄罗斯联邦铁路运输法》规定，从事铁路运输领域某些活动要有根据俄联邦法律规定发放的许可证。[③] 第 2 章第 2 条规定，对铁路运输领域的国家调节通过执行国家政策、规定运输过程参与者的责任义务、发放许可证、确定将新建或恢复的公共铁路和非公共铁路与公共铁路邻接授权的程序、发放关闭公共铁路具体路段运行授权、组织和进行国家对铁路运输领域的监管等多种方式进行。

铁路运输运营许可证由俄罗斯联邦运输监管署国家铁路运输监管局颁

---

① Федеральный закон о железнодорожном транспорте в Российской Федерации，10 января 2003 г. 。No 17-ФЗ.

② Лицензирование на железнодорожном транспорте，http：//железнодорожник. рф/poleznaja_informacija/licenzirovanie.

③ Федеральный закон о железнодорожном транспорте в Российской Федерации，10 января 2003 г. No 17-ФЗ.

发。2009 年 11 月 19 日批准的《俄罗斯联邦运输监管署铁路运输国家监管局条例》① 第 2 条规定，该署基本功能为发放、暂停、限制和撤销铁路运输领域的许可证；发放俄联邦法律和俄联邦参与的国际条约规定的、证明法人或自然人进行一定或具体活动的铁路运输领域的其他授权文件。

《俄罗斯联邦铁路运输法》规定，铁路机车车辆和铁路专用车辆及其组成部分，集装箱、专用设备和基础设施构成要素，与公共铁路邻接的非公共铁路地面建筑部分，其中的设施和用于组织运输过程的专门程序必须符合安全运行和使用的要求，需要进行强制性认证和申报。

《俄罗斯联邦铁路运输法》第 1 章第 1 条规定，铁路运输领域的法律调节由俄罗斯联邦进行。属于国家、市政、私人或其他所有制形式的铁路运输资产要符合俄联邦法律规定。

《俄罗斯联邦自然垄断法》（简称《自然垄断法》）② 第 7 条规定，国家对自然垄断行业的监管由联邦、联邦主体（地区）执法机关依据俄罗斯政府和联邦主体最高执法机关规定的程序进行。《俄罗斯联邦保护竞争法》③ 规定，对自然垄断实行监管的国家机构是俄联邦反垄断署和俄联邦价格署及其他授权联邦政府机构。

（3）确定铁路建设运营主体的程序。

铁路建设属于国家项目。按照俄罗斯法律规定，俄罗斯国家及政府项目必须通过招标进行。俄罗斯国家及各级政府的招标项目公开发布，发布渠道是通过部门网站或者主要报刊。俄罗斯企业的招投标信息各自公布。有关信息也可通过提供招标信息服务的机构获得。目前，新建、改造铁路工程的建设主体、建设材料供应商等均通过招标程序确定。

4. 外资对铁路建设运营的参与

依据法律，俄罗斯至今未开放铁路客运和货运市场，不允许外商设立合资企业来提供装卸、集装箱堆场、船舶代理、结关等服务，不允许外商从事铁路运输设备的维修保养服务。

---

① Положение об Управлении государственного железнодорожного надзора Федеральной службы по надзору в сфере транспорта, 19 ноября 2009 г. № АК-1275фс.

② Федеральный закон оестественных монополиях, 8 августа 2001 года. No 126-ФЗ.

③ Федеральный закон о защите конкуренции, 26 июля 2006 г. No 135-ФЗ.

俄罗斯对其承包工程市场保护程度较强。虽然《俄罗斯联邦外国投资法》[①] 规定，承包工程招标的做法基本遵照国际惯例，对外国建筑公司实行国民待遇，外国承包商可参加其国内及国际工程的公开招标，但根据1999年俄联邦《关于商品、工程和服务政府采购招标法》和1993年俄联邦政府第531号《关于对俄联邦境内以国家外汇资金及外国贷款为资金来源的建筑项目的管理》[②] 法令规定，俄政府采购项目中外国公司提供商品及劳务必须以本国公司不能提供或提供此类商品及劳务的经济效益过低为前提，且如果由外国公司总承包，则项目总额的30%以上的工作应交由俄当地公司完成。如果外国承包商签订分包合同，承接工程分包，则不受上述规定的限制。

俄联邦政府采购项目是以联邦预算或预算外基金为资金来源的项目，通过俄经济发展部月度"竞标通报"发表有关招标信息，由国家调控管理。其他资金来源的项目由业主依照俄联邦民法进行经营管理，不受政府调控。

目前俄罗斯自然垄断行业仍限制外资进入。在俄罗斯，铁路运营属于自然垄断行业，属于俄联邦《自然垄断法》[③] 规定的调节范围。俄联邦《自然垄断法》规定，对自然垄断实行监督和调节对象包括8大类企业：①原油和成品油干线管道运输；②天然气管道运输；③铁路运输；④运输枢纽、港口和机场服务；⑤电信和邮政业务；⑥送变电服务；⑦电力调度服务；⑧内河运输基础设施服务。

2008年4月29日俄罗斯批准的《外资进入对保障国防和国家安全具有战略意义商业组织程序法》[④] 提出了限制外资进入的俄联邦战略性产业名录，该法第6条第36款规定，1995年8月17日实施的俄联邦第147号法——《自然垄断法》第4条第1款规定的领域内被列入自然垄断企业名

① Федеральный закон об иностранных инвестициях в Российской Федерации, от 9 июля. 1999 г. No 160-Ф3.

② Постановление Совета Министров РФ " Об упорядочении в Российской Федерации строительства объектов, осуществляемого за счет государственных валютных средств и государственных иностранных инвестиционных кредитов", 8 июня 1993 г. No 531.

③ Федеральный закон о естественных монополиях, 8 августа 2001 года. No 126-Ф3.

④ Федеральный закон опорядке осуществления иностранных инвестиций в хозяйственные общества, имеющие стратегическое значение для обеспечения обороны страны и безопасности государства, 29 апреля 2008 г. No 57-Ф3.

录的经济主体提供的服务（提供公共电力传输、邮政通信服务，在分散线路中提供供暖和电力服务的自然垄断经济主体除外）限制外资进入。

从发展前景看，入世或将促使俄逐步开放铁路运输服务。2012 年 8 月，俄罗斯成为世界贸易组织正式成员。在世贸组织分类的 160 多个服务贸易部门中，俄罗斯对 116 个部门做出准入承诺（包括银行和保险服务，证券、电信、交通、经销服务，环保领域的服务，专业服务），同时对其在 44 个服务部门所承担的义务做出一定保留，对 30 个服务部门实行无限制承诺，在这些领域俄罗斯不能采取措施对外商进入实行数量限制，或者破坏外商服务和供应商与本国同类服务和供应商的公平竞争。俄罗斯运输服务方面的承诺包括海运、路运、部分航运服务（航空器本身运输除外），以及各种运输方式的辅助服务（包括装卸货、仓储和派送服务）。在所有做出承诺的领域，包括无限制的准入领域，都保留服务贸易内部管理的权利（如保障服务质量或者保护消费者权益的权利）。

5. 铁路建设运营中的特许权经营

未来外资有可能通过特许经营模式从事铁路建设和运营服务。为解决基础设施建设资金不足、政府管理效率不高等问题，俄罗斯引进特许权经营模式，2005 年 7 月 26 日，俄罗斯公布了第 115-Φ3 号联邦法《特许权经营协议法》①。之后又多次进行修改和补充。俄法学界认为，特许权经营协议是俄罗斯发展公私合作伙伴关系的"旗舰型"模式，积极推广此种形式旨在使联邦、地区和市政各级吸引更多的投资项目。依照俄罗斯联邦《特许权经营协议法》规定，允许外资参与铁路运输工程设施建设。

（1）特许权经营的出让方和受让方。

该法开宗明义指出："本联邦法是为了将资金引入俄罗斯联邦经济建设，通过特许权协议保障有效地利用国有和市政资产，提高面向消费者的产品、工程和服务的质量水平。""特许权协议的出让方为俄罗斯联邦，其代表为俄罗斯联邦政府或其授命联邦执行机关；或俄罗斯联邦主体，其代表为俄罗斯联邦主体的国家政权机关；或市政当局，其代表为地方自治机关。""特许权受让方为个体工商者、俄罗斯或外国法人、由两个及更多法

---

① Федеральный закон о концессионных соглашениях, 21 июля 2005 г. No 115-Ф3.

人组成的不具备法人资格的处于运行状态的一般契约关系联合体（以合作合同为基础）。"

（2）允许特许权经营的客体。

俄罗斯允许特许权经营的客体为不动产，共包括14类。

①公路和运输基础设施类工程建设，其中包括桥梁、高架桥、隧道、停车场、汽车检查站、货车收费站；

②铁路运输工程设施；

③管道运输工程设施；

④海运和河运码头，包括码头的水利工程及其生产性和工程性基础设施工程；

⑤海运和河运船舶，（海—河）混装船，以及用于破冰引导、水文地理、科研考察的船只，摆渡用船，浮动和干船坞；

⑥机场或用于飞行器的起飞、降落、滑行、停靠的建筑和（或）设施；

⑦机场生产性和工程性基础设施工程；

⑧用于空中运输调度的统一系统设施；

⑨用于水文地理监测的建筑设施；

⑩电力和热力生产、传输及配送的工程设施；

⑪社会基础设施系统和其他社会生活项目，包括供水、供热、供气、供电、排水、废水净化、生活垃圾加工利用（掩埋）、城乡照明设施、美化工程等；

⑫地铁和其他公共交通设施；

⑬治疗预防、医学活动、旅游休假用设施；

⑭卫生保健、教育、文化、体育及其他社会文化、社会生活用设施。[1]

根据俄罗斯联邦《特许权经营协议法》第6条，特许协议的有效期将参考特许协议客体的建设和（或）改造周期、投资规模、资金回收期以及特许协议规定的特许权受让方其他义务等因素在特许协议中予以确定。

近年来，在政府财政资金越来越难以承担大规模基础设施改造任务的情况下，俄罗斯开始引进国际上通行的公私合作伙伴关系（PPP-Private-

---

[1]　Федеральный закон о концессионных соглашениях, 21 июля 2005 г. No 115-ФЗ.

Public Partnershi) 模式。《俄罗斯联邦至 2030 年铁路运输发展战略》① 提出，在发展铁路运输基础设施领域，改善条件增加国家和私人对基础设施项目、建设新的公共铁路和非公共铁路线路的投资，俄铁公司、国家和私人所有者将是这些线路的共同所有者，要推广铁路建设和运营中的特许经营。

从俄铁公司的实践看，为了在未来能够签署特许权协议，并对按照公私合作伙伴关系模式建设的高铁进行管理，俄铁公司成立了高铁管理分公司。俄铁公司高铁分公司称，高铁建设需要特殊的融资模式，将通过竞标来选择高铁融资、建设和运营的财团。俄铁公司第一个按照特许权协议招标的高铁项目是莫斯科—圣彼得堡线路，设计·建设·服务特许经营协议合同周期为 30 年。计划在高铁建成通车后的 30 年里，国家向该财团返还建设投资的 50%，其余部分通过运营利润获得。在高铁建设总投资中，86% 用于铁路建设，8% 用于车站建设，5% 用于采购动车组。俄铁公司还打算按照特许经营模式进行莫斯科—下诺夫哥罗德、莫斯科—喀山、莫斯科—叶卡捷琳堡线路的设计、建设、服务，原计划这些线路能够连接 2018 年举行世界杯的所有城市。政府保证将承担 70% 的融资，国有的联邦储蓄银行、外贸银行和外经银行将通过贷款方式促进该项目的实施。

从实践看，尽管《特许权经营协议法》已经通过 10 年，但此种投资模式在俄铁路基础设施建设领域并未得到广泛推广。据俄罗斯经济发展部和俄罗斯公私合作伙伴关系中心 2014~2015 年的调查报告，俄罗斯采用特许权经营模式的项目共有 79 个，分布在社会基础设施（35%）、交通基础设施（27%）、电力基础设施（22%）和公共基础设施（16%）四大领域，其中交通基础设施项目均为公路建设。铁路基础设施领域鲜有特许权协议项目，其原因在于，俄罗斯铁路建设属于国家战略，论证、立项、审批程序复杂；实行特许权经营要求的条件过于严格，使签署特许权协议的双方无法从项目的商业需求出发来强化合同关系，也没有为特许权出让方和受让方权利提供必要的保护；改组后的俄铁公司本身就是国有，若采用特许权经营模

---

① распоряжение Правительства Российской Федерации от 17 июня 2008 г. № 877-р "Стратегия развития железнодорожного транспорта в Российской Федерации до 2030 года".

式，项目建成运营后投资如何返还很难确定；加之国际金融危机的影响，投资者对参与长期投资项目态度谨慎。

6. 铁路建设和运营权的获得

铁路建设一般须经过立项、政府审批、纳入发展规划，以及用地、环保、建设资格审定等多个环节，需要获得俄罗斯环境技术和原子能监督局发的易爆生产设施运营许可证，还有大量技术标准和规范，环节复杂，具体操作时还需要咨询有关法律部门。

根据《俄罗斯联邦土地法典》第 7 条，联邦的土地按专门用途分为下列种类：工业、能源、运输、通信、广播、电视、信息用地，保证宇航活动用地，国防、安全用地及其他专门用地。

铁路运输基础设施土地面积的 99% 仍然归联邦国家所有。《俄罗斯联邦土地法典》第 16 章第 90 条规定如下。

（1）用于或准备用于保障公路、海上、内陆水上、铁路、空中其他各种运输项目的组织和（或）运营活动的，并依照本法典、联邦法律和俄罗斯联邦各主体法律规定的根据产生土地关系参加者对其权利的土地，为运输用地。

（2）为了保障铁路运输项目的组织和运营活动，土地可用于安排建设铁路。

为建设、使用、扩建、改建结构物、建筑物工程，其中包括铁路车站、铁路站台，以及为了铁路运输地上地下建筑物、工程设施及其他项目运营、保养、建设、改建、维修、发展所必需的设施建立铁路用地和保护区。

在遵守联邦法律规定的交通安全要求前提下，铁路运输用地范围内的空闲地块，可以出租给公民和法人进行农业利用，为乘客提供服务，储存货物，构筑装卸场，建筑沿线货栈（可燃润滑油材料货栈、各种自动加油站及用于贮存危险物品和材料的仓库除外）以及用于其他目的。

铁路用地和保护区的建立和利用办法，由俄罗斯联邦政府规定。

铁路建设选址要取得国家生态鉴定，取得环保许可证。

《俄罗斯联邦生态保护法》第 5 章第 30 条规定：对于某些环境保护活动实行许可制度。

实行许可制度的环境保护活动种类名录，由联邦法律规定。

第34条规定，对环境产生直接或间接不良影响的建筑物、构筑物、工程和其他项目的布局、设计、建设、改建、投产、运营、停工和清算，应当根据环境保护要求进行。

第7章第35条规定，建筑物、构筑物、工程和其他项目的选址，要在取得国家生态鉴定的肯定结论后遵照立法要求进行。

7. 法律规定及实践中常用的融资方式

从苏联到俄罗斯联邦，铁路建设的投资来源主要依靠国家财政预算计划拨款。随着经济体制的改革，俄罗斯铁路建设资金来源开始发生变化。

首先，俄罗斯将对铁路线路和设施进行分类，联邦财政对具有国家意义的一、二类新线建设投资，并对铁路能力改造进行补贴，由地区财政投资建设三、四类铁路。其次，俄计划并尝试吸引非国家的基本建设投资、直接投资、贷款和长期租赁，用于最有效的领域。俄罗斯政府开始制定原则、法律和经济机制，吸引非国家的、股份制的、私人的和境外的投资资金用于铁路运输业技术更新、现代化改造和发展。

《俄罗斯联邦铁路运输法》[①] 第2章第10款规定，设计、建设、改造（包括电气化）公共铁路运输及其设施，包括桥梁、隧道、铁路道口、部门动员潜力的形成和支持、民防系统等，购买用于远途客运铁路机车、专用车辆等，可以用基础设施所有者、承运商、其他自然人和法人的资金、基建投资限额内的联邦预算资金和符合联邦法律的用于上述目的的资金，以及法律不禁止的其他资金。

设计、建设、改造（包括电气化）地区和地方铁路设施（包括火车站、人行天桥、客运站台），购买货运车皮、集装箱、用于郊区通勤的电气客车，建设非生产性住房和设施，可以使用基础设施所有者、承运商、其他自然人和法人的自有资金，联邦主体预算资金和地方预算及法律不禁止的其他资金。

若上述项目已纳入联邦专项纲要，则设计、建设、改造、购买和维护上述铁路系统设施可以使用联邦预算资金。

---

① Федеральный закон о железнодорожном транспорте в Российской Федерации, 10 января 2003 г. No 17-ФЗ.

2006 年以来，在交通基础设施建设融资方面用得最多的是"联邦投资基金"。"联邦投资基金"是俄罗斯联邦为投资项目融资的国家财政资金，根据 2005 年 11 月 23 日第 694 号《关于俄罗斯联邦投资基金》政府令于 2006 年创设。根据俄罗斯《预算法典》第 179 条第 2 款界定："投资基金是联邦预算资金的一部分，用于对'公私合作伙伴关系'框架下的投资项目融资。"作为国家的投资政策工具，使用投资基金的主要目的是通过帮助建立联邦和地区交通、工程和电力基础设施来支持国家和地区优先投资项目。

投资基金的来源是在建立稳定基金过程中因石油价格提高而产生的差价和提前偿还外债所节约的利息部分。项目审批经过投资委员会、政府委员会和政府会议三个主要环节批准，规定国家在 5 年内将为价值不超过 50 亿卢布的商业项目融资。

政府委员会按以下比例在各部门分配投资项目：45%用于发展交通基础设施；30%用于发展工业部门；10%用于实施公共住房领域的项目；5%用于建立创新基础设施；10%用于国民经济其他领域。通过投资基金，国家对项目的扶持以三种模式实现：对项目的直接融资；参股将实施某种项目的公司；提供有别于财政部现行担保的国家担保。

投资基金拨款要求具备一定的条件。投资基金按照"公私合作伙伴关系"模式的要求对全国性和地区性项目拨款；私人投资对联邦项目的贡献率不得低于 25%，对地区项目不得低于 50%；在实施投资基金资助的地区项目时，地方预算须提供一定比重的拨款；任何希望得到投资基金资助的项目必须有符合投资基金数量和质量标准的投资咨询结论。

投资基金资助项目分为具有全国意义的联邦级项目和地区投资项目两大类。投资基金对联邦项目拨款的部门构成为：铁路 42%、公路 20%、矿产资源开采 19%、电力 14%、公共住房服务 4%、图纸设计 1%。投资基金对地区项目拨款的部门构成为：工业 30%、住房建筑 25%、农工综合体 14%、电力 14%、公共住房服务 10%、创新 6%、环保 1%。

投资计划目标是，在联邦级项目中，投资基金每投入 1 卢布，平均带动私人投资 2 卢布；在地区项目中，投资基金每投入 1 卢布，保证 10 年期内带来 6 卢布的税收收入；利用投资基金的地区项目对地区和地方预算、联邦项目对联邦预算的贡献为每 1 卢布带来 3 卢布以上的收益。

2008 年 9 月之前，投资基金由俄罗斯政府经济发展部管理，按规定只能对总价超过 50 亿卢布的项目提供资助。2008 年 9 月之后，投资基金管理权从经济发展部转交地区发展部，允许投资基金资助的项目对总价下调至 5 亿卢布。2014 年，地区发展部被撤销，其原来的功能被分散到财政部、经济发展部和文化部。2016 年，投资基金共投资 17 个项目。随着国际油价的下跌，俄罗斯储备基金消耗殆尽，2017 年联邦投资基金已经废止，由新成立的地区投资基金取代。①

从制度保证看，在俄罗斯经济发展部设立了投资政策和公私合作伙伴关系司，主管大项目的实施。俄罗斯国家杜马成立了经济和经营政策委员会公私合作伙伴关系立法专家委员会。俄罗斯国家开发银行成立了促进发展公私合作伙伴关系项目中心。

除俄罗斯投资基金外，截至 2017 年，中俄之间还建立 6 只基金，总金额达 360 亿美元，投资领域涉及铁路、公路、电网和油气管道等基础设施建设，以及矿产、农业、旅游等多个领域。

四 本节小结

俄罗斯是铁路运输大国。进入 21 世纪，俄罗斯铁路进行了以"政企分开、机构重组"为核心的改革。改革后的管理体制基本实现了"政企分离""网运分离"，铁路运营职能已从交通部剥离出来，交通部只负责制定和实施国家有关铁路发展的宏观政策和生产技术标准，铁路运营职能由新组建的国家铁路运输公司承担。目前铁路运营由联邦政府通过价格调节直接调控。

随着经济的全面复苏和快速增长，加快铁路建设被提上议程。2008 年，俄政府批准了《俄罗斯联邦至 2030 年铁路运输发展战略》，明确提出了铁路中长期发展政策。2007 年以来，俄罗斯相继赢得了冬奥会主办权、世界大学生运动会主办权、世界杯主办权，进入了为期 10 年的基础设施建设时期，道路交通系统成为其投资改造力度最大的领域。

---

① Путин упразднил Инвестфонд России，РБК，19 июл 2017，https：//www.rbc.ru/rbcfreenews/596f8ea79a7947449f00089d.

俄罗斯铁路建设运营均实行许可证制管理。2009 年之前，铁路建设资质许可证由政府部门颁发，2009 年后，政府退出建筑行业监管。自 2010 年 1 月 1 日起，建设许可证转由"铁路建设综合体行业自律组织"颁发；运营许可证由俄罗斯联邦运输监管署国家铁路运输监管局颁发。

俄罗斯铁路系统仍属国家垄断。铁路建设属于国家项目，法律要求通过招标确定建设、运营主体，招标信息公开发布。铁路运营属于自然垄断行业，目前尚未对外资开放。从发展前景看，入世或将促使俄逐步开放铁路运输服务。未来外资有可能通过特许经营从事铁路建设和运营服务。

俄罗斯铁路建设一般须经过立项、政府审批、纳入发展规划，以及用地、环保、建设资格审定等多个环节，需要获得俄罗斯环境技术和原子能监督局颁发的易爆生产设施运营许可证，还有大量技术标准和规范，环节复杂。

从实践看，目前俄铁路建设融资渠道发生变化，联邦财政仅对具有国家意义的一、二类新线建设投资，近期已制定政策吸引非国有资金、外资等来进行铁路技术改造和现代化。

第二节　俄罗斯公路基础设施建设运营及法律保障

一　公路基础设施现状及促进发展政策

公路是现代运输重要的方式，主要适用于中距离货物运输。截至 2016 年，俄罗斯公路网总里程为 145.22 万公里，其中联邦级公路 5.19 万公里，地区级公路 51.58 万公里，地方级公路 88.45 万公里。俄罗斯公路中硬面公路 104 万公里，公路网密度为每千公里 60.8 公里，汽车货运量占货运总量的 20%。俄罗斯欧洲部分国土公路密度最高，特别是莫斯科和圣彼得堡等大城市之间，在 20 世纪 80 年代就已建成比较好的城间公路。近几年来，在莫斯科等大城市周围，建成了环城高速公路。公路密度随着向北和向东逐步下降，西伯利亚和远东地区公路密度最低。长期投入不足及俄罗斯所处的纬度较高，冬季漫长，雨雪覆盖多方面因素，影响着国内公路的发展，按照 2012 年俄罗斯交通部数据，符合运输和运营标准的联邦公路网长度为

20.11 万公里（占 39.4%），超负荷运营的公路网长度达 13.8 万公里（占 27.1%）。在农区、极北地区、萨哈共和国、马加丹州、楚克奇民族自治区，公路网发展水平仍然很低。因缺少硬面公路，有 10% 的居民（1500 万人口）在春、秋季节无法与运输网络联通。道路状况不佳导致在俄产品中运输成本占 20%（发达国家仅为 8%），汽车运输成本比欧盟国家高 50%。由于公路状况不佳，每年造成的经济损失为 1.8 万亿卢布，相当于 GDP 的 3%，国家用于道路的费用支出远远超出国防费用的支出。俄罗斯公路的平均服役期为 10~12 年，维护费为每年 410000 卢布（合 11000 欧元）/公里。

目前俄罗斯公路主要由预算拨款建设和保养，国内没有付费公路。2010 年、2011 年，俄罗斯公路国家公司以委托管理方式转让 M4 顿河、M3 白俄罗斯、M3 乌克兰公路，将其纳入国际运输走廊统一管理，这三条公路的大部分路段用于保障进出口和地区间货物运输，纳入委托管理的公路长度为 2642.4 公里。①

按照《俄罗斯联邦至 2030 年交通发展战略》② 的规划，俄罗斯将增加公路建设运营里程，按照创新发展方案，到 2030 年俄罗斯公路里程将达到 170 万公里，为此需要大大增加公路建设和改造的速度，为保障发展潜在的经济增长点，尤其是配套开发西伯利亚和远东，将建设新的公路网。未来将发展高速公路网，首先要建设国际运输走廊。包括重点建设莫斯科—圣彼得堡—维堡、莫斯科—伏尔加格勒—阿斯特拉罕、莫斯科—瓦罗涅什—顿河畔罗斯托夫—新俄罗斯斯克、莫斯科—布良斯克—乌克兰边境、莫斯科—斯摩棱斯克—白俄罗斯边境等项目。2010~2015 年，新建 8000 公里联邦级收费公路，其中 3500 公里为国际运输走廊；新建和改造 1900 公里收费公路和高速公路，包括莫斯科—圣彼得堡公路、莫斯科州主环公路等。2016~2030 年，重点建设下列联邦级公路网：莫斯科—萨良斯克—乌里扬诺夫斯克—叶卡捷琳堡（中央至乌拉尔线）、圣彼得堡—沃洛格达—伊奥什卡

---

① O. B. Белозеров, зам. министра транспорта Российской ФедерацииПерспективы развития автомобильно-дорожной сети Российской Федерации до 2030 г. http://www.rostransport.com/themes/7062/.

② Траспортная стратегия Российской Федерации на период до 2030 года, распоряжением, Правительства Российской Федерации, 22 ноября 2008 г. № 1734-р.

尔—喀山—奥伦堡—哈萨克斯坦边境（欧洲至中国西部线）、圣彼得堡—科特拉斯—彼尔姆—汉特·曼西斯克—托木斯克（西北至西伯利亚线）等项目。同时建设和改造 7000 公里付费和快速公路，包括：莫斯科—顿河畔罗斯托夫—诺沃罗西斯科高速公路；M10 斯堪的纳维亚公路圣彼得堡—维堡—芬兰边境段，并组织收费行驶；莫斯科—图拉—阿廖尔—库尔斯克—白城—乌克兰边境公路路段；莫斯科—斯摩棱斯克—白俄罗斯边境公路路段；莫斯科—下诺夫哥罗德—喀山—车里亚宾斯克—叶卡捷琳堡公路路段；莫斯科—雅罗斯拉夫—沃罗格达公路路段；圣彼得堡—普斯科夫—白俄罗斯边境公路。

2010～2030 年，由于实施发展公路建设各项措施，将达到以下目标：使普通公路网密度从 2007 年的每千人 5.1 公里提高到 2030 年的每千人 10 公里，从每千平方公里 42.6 公里提高到每千平方公里 79 公里；达标联邦级公路在公路总长度中的占比从 2007 年的 37.5% 提高到 2030 年的 80%，I 级和 II 级公路的占比从 47.8% 提高到 80%。[①]

2018 年 10 月，俄罗斯批准至 2024 年干线基础设施现代化和扩建配套计划。按照计划，从 2019 年起开始建设莫斯科—下诺夫哥罗德—喀山高速公路，公路全长 729 公里，将在 2024 年完工。在当前资金短缺的情况下，将按特许权经营协议融资，预算外投资比重将占 30%～39%。莫斯科—喀山高速公路与计划中的莫斯科—喀山高速铁路有明确分工，火车以客运为主，汽车则用于货运。按照俄罗斯公路国家公司的设想，该公路或可延长至叶卡捷琳堡，将欧洲中心部分与乌拉尔连接。

二　公路建设运营管理体制及其改革

俄罗斯公路建设运营实行统一政策、分级管理的模式。

按照 1999 年 5 月 25 日第 651 号总统令（关于联邦执法机构结构），俄罗斯交通部公路署是对联邦道路进行业务管理、保证其专项和有效使用的联邦执法机关，是公路建设、改造、维修及维护的订货人，负责组织项目

---

① Траспортная стратегия Российской Федерации на период до 2030 года, распоряжением, Правительства Российской Федерации, 22 ноября 2008 г. № 1734-р.

竞标，解决并保证维护联邦公路所必需的主要材料和技术的采购问题。

公路署的主要任务是：制定俄罗斯公路发展战略；管理和发展联邦公路网，改善普通公路的运输开发状况；对联邦资产和用于公路的联邦预算拨款的专项使用情况，以及公路技术和质量是否符合环保安全标准等情况进行监管；在公路经济领域实行统一的经济、科技、创新、投资、干部和对外经济政策；与联邦和联邦主体的立法和政府机构协调发展联邦公共公路网；形成和完善标准法律基础、管理协调公路活动的形式和方法；进行公路结构改革；加强与发展公路领域的国家机构和国际机构的对外经济和科技联系，推动各部门和部委机构在建立国际运输走廊和国内公路基础设施参与国际一体化方面进行合作。

俄罗斯公路署与联邦主体各部、主管部门和行政机构、地区公路管理机构和社会组织紧密合作，由联邦、地区、市政及私人共同对公路进行多级管理。

根据俄联邦《公路及公路活动法》① 第 1 章第 5 条规定，自 2007 年开始，俄罗斯实行新的公路分级法。

目前，俄罗斯公路共分为四级。

（1）联邦级公路：将俄联邦首都莫斯科与毗邻国家首都、俄联邦主体行政中心联系在一起；根据俄联邦签署的国际协议被纳入国际公路清单的公路属于联邦级公路；联邦级公路清单由俄罗斯政府批准，产权归联邦所有。

（2）地区和市政一级公路：公路纳入地区或市政级公路的标准由俄联邦主体最高执法机关批准；纳入地区或市政一级公路清单的也包括联邦级公路及其路段；地区级公路产权归俄罗斯联邦主体所有。

（3）地方公路：地方公路系指在居民点交汇处除联邦、地区、市政和私人公路以外的公路，地方公路清单由地方资质机构批准；产权归居民点所有。

（4）私人公路：属于自然人和法人所有的公路是由自然人或法人用自

---

① Федеральный закон о автомобильных дорогах и о дорожной деятельности в Российской Федерации и о внесении изменений в отдельные законодательные акты Российской Федерации, 08.11.2007, № 257-ФЗ.

有资金在依法提供给这些人的地段建立的公路，或依据俄联邦法律转给这些人的公路。

除联邦公路署外，俄罗斯还成立国家公司专门负责联邦公路的建设运营管理。根据俄罗斯国家杜马 2009 年 6 月 26 日通过的《关于成立俄罗斯公路国家公司联邦法》[①] 及修改其他相关法律的决定，俄罗斯组建了俄罗斯公路国家公司。该法规定，俄罗斯公路国家公司系专门的非商业组织，对委托其管理的公路行使所有者的全权，管理联邦级汽车公路，支持和发展汽车公路网及公路附设的管网与相关基础设施，其职能还包括对联邦公路进行现代化改造、收取道路通行费、代表国家与私人投资商签订特许经营合约，这些私人投资商以后将成为用自己的资金建设和维修的公路的所有者。

预计将有 18300 公里的联邦级公路转给该公司管理，其中 6100 公里将建成公路干线和快速公路网，12200 公里超负荷运转的公路将逐步向收费公路过渡。

该法还规定，俄罗斯公路国家公司为俄罗斯联邦所有，不得转为第三者所有。公司注册资本金额将由俄政府确定，俄罗斯联邦为公司注册人，注册人权利和义务由俄政府行使。

三　公路建设运营中的法律保障

1. 总体立法情况

（1）俄联邦《公路及公路活动法》[②]（2007 年 11 月 8 日批准，第 257 号）。该法旨在调节与使用公路有关的所有关系，其中包括使用俄罗斯联邦付费公路。

（2）《关于成立俄罗斯公路国家公司联邦法》（2009 年 7 月 20 日生效）。本法旨在规定非商业性组织——俄罗斯公路国家公司的法律地位、组建和活动目的，其成立、改组和撤销的程序，以及在国家委托管理的公路上进行公路活动和该组织活动所需土地地块的使用特点。

---

① Федеральный закон о Государственной компании Российские автомобильные дороги, 20.07.2009, № 145-ФЗ.

② Федеральный закон Об автомобильных дорогах и о дорожной деятельности в Российской Федерации, 18.10 2007, № 257-ФЗ.

2. 对公路建设运营主体的法律要求

（1）作为公路建设、运营主体的条件。

俄工程建筑业实行勘探、设计和建设资质许可证制度，对公路建设、运营主体资格认定有严格的法律要求。俄联邦《公路及公路活动法》第3章第16条规定，公路的设计、建设、改造和基本投资根据俄联邦《城市建设法典》和本联邦法进行。依据俄联邦《城市建设法典》规定的程序颁发建设、改造公路的许可证。

俄在资质认定、许可获得的过程中行政干预过多，建设项目审批程序繁杂，新建设项目审批往往耗时一年甚至几年。

为了调整和治理工程建筑市场秩序，自2010年1月1日起，俄工程建筑业实行新的勘探、设计和建设资质许可证制度，原来由政府实施的监管职能转交给行业自律组织，由自律组织制定本行业的标准和规程，并监督执行（有关行业自律组织情况详见铁路建设部分）。

（2）公路建设运营主体的确定程序。

按照俄罗斯联邦《政府订货法》（即政府采购法，2005年7月21日第29号，2012年7月20日最后一次修订）规定，俄罗斯国家及政府项目必须通过招标进行。俄罗斯国家及各级政府的招标项目公开发布，发布渠道通过部门网站或者主要报刊。俄罗斯企业的招投标信息各自公布。有关信息也可通过提供招标信息服务的机构获得。目前，新建、改造公路工程的建设主体和建设材料供应商等，除政府指定外，主要通过招标程序确定。

根据俄罗斯《特许权经营协议法》第26条，对招标通告有如下规定。

其一，招标通告由招标委员会在招标文件指定期限内，但不得晚于递交投标申请最后期限前30天内，通过特许权出让方指定的正式刊物公布、通过因特网官方网站发布（在公开招标情况下），或根据签订特许协议决议书向指定人士发送并附带招标邀请（在非公开招标情况下）。

其二，招标委员会有权通过任意的公共媒体发布招标通告，包括电子形式，但此类发布不能替代本条第1款所规定的正式刊物公布和因特网官方网站发布。

其三，招标通告应包括以下内容：

——特许权出让方名称、邮政地址和电话号码；

——特许协议客体；

——特许协议有效期；

——对于投标者的要求；

——招标条件及其参数；

——向申请方送交招标文件的程序、地点和期限；

——如特许权出让方有偿提供招标文件，则规定该款项的金额、支付程序和期限，此款项的金额不应超过招标文件的工本费和通过邮局向申请方寄送的费用之和；

——招标委员会所在地；

——递交投标申请的程序和期限（期限起止日期和时间）；

——递交投标书的程序和期限（期限起止日期和时间）；

——投标申请开封的地点、日期和时间；

——投标书开封的地点、日期和时间；

——裁定中标人的程序；

——招标委员会成员签署招标结果纪要的期限；

——特许协议签订期限。

俄罗斯政府项目招标网站为 http：//zakupki. gov. ru。

俄罗斯联邦公路署 2006~2011 年国家项目合同清单发布网站为 http：//rosavtodor. ru/information/perechen_ gk_ fda. html。

（3）公路建设运营中的特许权经营。

外资参与俄罗斯公路建设运营需要与俄相关部门签署特许经营协议。

俄联邦《公路及公路活动法》第 6 章第 32 条规定，联邦级公路的道路经营由联邦资金、俄联邦法律规定的其他融资来源及法人和自然人资金，其中包括依照俄联邦《特许权经营协议法》规定的程序和条件吸引的资金进行。

第 38 款规定了按照特许权协议建设、改造和使用付费公路和含有付费路段的公路应依照本联邦法和俄联邦《特许权经营协议法》在特许权协议基础上进行。

依据俄联邦《特许权经营协议法》，建设、运营付费公路和含有付费路段的公路，应包括以下条件：

——规定和修改交通工具使用付费公路的付费程序和条件、税费程序；

——特许协议受让人必须及时提供有关付费公路或含付费路段公路、公路长度、交通工具使用该公路价格及可能选择免费公路的相关信息；

——受让人保证执行特许权协议规定的方法，其中包括对付费公路及含付费路段公路损坏风险的保险办法；

——在特许经营协议到期后将付费公路和含付费路段的公路转交出让人的程序。

关于付费公路的特许经营协议还应该包括以下条件：

——出让人必须承担用于设计、建设、改造付费公路和含付费路段公路的部分费用；

——制订付费公路和含付费路段公路项目文件的程序和周期；

——受让人对付费公路和含付费路段公路大修、修理和维护的义务；

——对保证付费公路和含付费路段公路通过能力和使用制度的要求；

——在付费公路和含付费路段公路使用过程中，未达到特许权协议规定的运行强度指标时，出让人必须对受让人进行补偿，以及计算和支付上述补偿的条件和程序；

——受让人重新计算使用付费公路和含付费路段公路的全部和部分收入的程序；

——如果出让人是付费公路和含付费路段公路收入的收取人，出让人必须对受让人在与建设、改造、基建、维修和维护付费公路和含付费路段公路有关的支出方面给予补偿；

——受让人与移交部分出让人权限和功能的机构和组织之间互动的程序和条件；

——中止特许权协议的理由和程序，确定出让人必须补偿和弥补受让人由于提前中止特许协议带来的亏损额；

——双方对未能执行或对特许经营协议执行不当的责任；

——延长特许权协议期限的程序和条件；

——解决双方争端的程序；

——与本联邦法、俄联邦《特许权经营协议法》及俄联邦其他法律文件不冲突的其他条件。

根据俄罗斯《特许权经营协议法》第 6 条，特许协议的有效期将参考特许协议客体的建设和（或）改造周期、投资规模、资金回收期以及特许协议规定的特许权受让方其他义务等因素在特许协议中予以确定。

根据《特许权经营协议法》第 22 条，签订特许协议的决议书由特许权出让方做出：

——除本条第 2 款规定的特许协议客体外，如果该客体的所有权归属于俄罗斯联邦，决议由俄罗斯联邦政府做出；

——对于保障国家安全及国防能力具有战略意义的特许协议客体，其决议由俄罗斯联邦总统授权俄罗斯联邦政府做出；

——如果特许协议客体的所有权归属于俄罗斯联邦主体，决议由俄罗斯联邦主体的国家政权机关做出；

——如果特许协议客体的所有权归属于市政当局，决议由地方自治机关做出。

对外资参与俄公路建设、运营有控股比例限制。根据俄罗斯《有关外资进入对国防和国家安全具有战略性意义行业程序》的联邦法（2008 年 4 月 16 日批准）规定，外资对联邦级地下资源公司的控股权不得超过 5%，对其他部门战略性公司的控股权不得超过 25%~50%。按照该法和《自然垄断法》规定的标准，俄罗斯公路运输被列入自然垄断和战略性行业。

虽然在法律层面，俄罗斯规定可以按照公私合作伙伴关系模式建设、运营公路，但迄今为止，国内还没有一个执行完的此类项目。目前只签署了少数实施这些项目的协议，它们或者处于融资结束阶段，或者处于设计阶段。建设西部快速路是目前启动的唯一的公私合作伙伴关系项目。该项目完成后将是一条付费公路，总造价 2127 亿卢布，吸引私人投资 829 亿卢布，发行由联邦国家担保的债券 250 亿卢布。

俄罗斯第一条按特许经营模式设计、建设、开发的正式收费公路——圣彼得堡西部高速路有 4 家外国公司参加投标。

（4）具有国防意义的公路建设许可。

根据《许可证法》，对具有国防意义的公路由直属于总统的国防部特殊建设署负责，该署还可承建联邦级公共公路。

根据俄罗斯《许可证法》第 2 条，从事国际客运、货运必须持有许可证。

3. 公路建设运营权的获得

公路建设一般需要经过立项、政府审批、纳入发展规划，以及用地、环保、建设资格审核等多个环节，需要获得俄罗斯环境技术和原子能监督局颁发的易爆生产设施运营许可证，还有大量技术标准和规范。同时由于公路属于分级管理，涉及联邦、地区、市政多级，环节复杂，具体操作时须咨询有关法律部门。

4. 外资对公路建设运营的参与

长期以来，俄罗斯公路建设一直由预算资金拨款国内公司完成，由于投资不足使公路建设远远跟不上经济发展的需要。为此，俄政府酝酿吸引外资参与公路建设。2012 年 5 月 7 日，再次当选的俄总统普京授权俄政府于 2012 年 12 月 1 日前建立吸引外商参与俄罗斯公路建设的机制，要求吸引具有现代技术和管理能力的外国公司参加俄联邦公路及地方公路建设项目的竞标（俄罗斯对其承包工程市场保护情况详见铁路建设运营中的法律问题部分）。

5. 公路建设运营的融资模式

——在执行合同的情况下，由联邦主体道路基金拨出以保证执行供货和为联邦主体需求提供服务取得的收入；

——由进行公路运营的联邦主体国库机构提供的付费服务；

——由地区预算法规定的用于下一财政年度或计划期的企业利润税的一部分；

——联邦主体预算法规定的其他收入。

2011~2013 年俄用于道路建设的资金增加 60%，2011 年联邦道路基金的规模为 3770 亿卢布，2012 年为 3480 亿卢布，2013 年为 4080 亿卢布。2012 年将建成和改造后的 3664 公里联邦级公路投入使用，对 5825.6 公里的公路进行了大修和维修。

俄交通部计划自 2014 年起向维护联邦道路网 100% 标准拨款制过渡。并指出立法规定对公路维修和维护的标准拨款原则是推进道路建设的重大步骤。借助联邦道路基金，在 2015 年前使俄 85% 的道路通过维修达到规范标准，同时计划新修 1.4 万公里公路，其中地区级公路 1 万公里，联邦级公路 4000 公里。

四 本节小结

俄罗斯公路状况不佳，导致产品运输成本高，国家对公路建设维护的费用支出远远超出国防费用支出。未来俄罗斯公路建设重点为发展高速公路系统和建设国际运输走廊。

俄罗斯公路建设属于国家项目，法律要求通过招标确定建设、运营主体，招标信息公开发布。公路建设一般需要经过立项、政府审批、纳入发展规划，以及用地、环保、建设资格审核等多个环节，需要获得俄罗斯环境技术和原子能监督局颁发的易爆生产设施运营许可证，还有大量技术标准和规范。

俄罗斯对公路建设、运营主体资格认定有严格的法律要求，实行勘探、设计和建设资质许可证制度。2009年后，政府退出建筑行业监管。自2010年1月1日起，俄公路设计、建设资质许可证制的权限已由原来的政府监管转交给行业自律组织，由自律组织制定本行业的标准和规程，并监督执行。

长期以来，俄罗斯公路建设一直由预算资金拨款国内公司完成，现开始酝酿吸引外资参与公路建设运营。外资参与俄罗斯公路建设运营需要与俄相关部门签署特许经营协议。外资参与建设运营的主要为付费公路和含有付费路段的公路。外资参与俄公路建设、运营有控股比例限制，控股权不得超过25%~50%。

俄罗斯公路建设运营实行统一政策、分级管理模式。俄罗斯联邦公路署代表国家制定统一政策，进行宏观管理。俄罗斯还成立了俄罗斯公路国家公司专门负责联邦公路的建设、运营和管理。目前，俄罗斯公路分为联邦、地区、地方和私人四级，前三级资金来源和管理机构属于相对应的政府，私人公路由私人出资建设并由政府转交其运营。

第三节 俄罗斯跨境油气管道建设运营及法律保障

管道运输具有连续性强、通达性强、可靠性强、不占土地资源、运营成本低、投资高、适应性差等特点，适合于固定货种、固定路线、持续性强的货物运输。对于俄罗斯这种拥有广袤国土又属寒带气候的油气生产国，管道运输自然成为货运量最大的战略性运输方式。油气行业是俄罗斯国家经济的命脉，而油气管网的建设、运营更是涉及国家的安全，因此俄罗斯一向高度重视对油气管道运输行业的规范和调控。

一　油气管道运输发展现状及促进政策

（一）概况

俄罗斯管道运输已有百年以上历史，1878 年俄罗斯开发建成第一条输油管道，长度 10 公里。自 20 世纪 50 年代末起，苏联开始积极发展管道运输，60~80 年代在大力开发西伯利亚油气田的背景下，管道运输进入发展繁荣期，建立了通往东欧国家的"友谊"管道。整个 90 年代，在俄罗斯国家陷入转型性危机的大背景下，管道建设进入停滞期。进入 2000 年后，在国际能源价格高企的拉动下，俄罗斯不断扩大石油天然气开采量。油气出口成为俄罗斯预算和外汇收入的主要来源。1992~2007 年，原油出口在开采量中的占比从 35.4% 提高到 52.7%。

俄罗斯油气产品主要向欧洲出口，目的地包括西欧、东欧、波罗的海沿岸国家、独联体国家、中国及亚太等 50 多个国家和地区。进入 21 世纪，随着国际能源市场格局的变化，俄罗斯实施了能源出口多元化政策，管道建设开始进入新的扩张期。为使油气运输管道基础设施能够满足油气产量增长和油气出口扩大的需要，俄罗斯石油管道运输公司（简称俄管道运输公司）投资改善和扩建国内及跨国管道网络。"蓝流天然气管道""波罗的海管道系统""东西伯利亚—太平洋原油管道"的建成是俄罗斯石油部门和整个俄罗斯经济的"真正突破"。截至 2012 年，俄罗斯石油天然气干线管道长度达 25 万公里，其中天然气管道 17.5 万公里，原油管道 5.5 万公里，成品油管道 2 万公里。俄罗斯管道以大口径（1220 毫米和 1420 毫米）为主，且多为东西走向。据 2016 年统计，俄罗斯石油天然气凝析油产量 5.47499 亿吨，同比增长 2.5%，其中对远邻国家出口 2.358 亿吨。干线管道是俄罗斯石油最主要的运输工具，从各年统计数据看，通过干线管道输送到国内外的原油占原油总产量的 90% 以上；在俄罗斯运输体系中管道运输占比超过 48%，略高于铁路运输 45% 的占比。[1]

---

[1]　Трубопроводный транспорт России，https：//ru. wikipedia. org/wiki/Трубопроводный _ транспорт_ России.

（二）已有和在建跨境或过境油气管道现状

根据欧洲能源宪章秘书处的定义，能源过境运输是指在能源国际贸易的运输过程中，能源原材料和能源产品经过一个或多个国家的国境、并至少穿越两个国境线（包括海港和内河港）的运输方式。现阶段，学术界将输送能源的国际油气管道分为过境管道和跨境管道。所谓跨境管道是指由油气管道直接连接起来能源供应国与能源进口国，其所辖管路并不必然涉及能源供应国与进口国之外的其他主权国家的领土。而过境管道则是指需要经过三个或三个以上甚至更多的主权国家的领土，其中至少要包括能源输出国、能源过境国和能源进口国三个方面的国家主体。换言之，即在能源过境管道运输中，至少要经历一个过境国和至少两次的跨境输送行为。按照上述界定，俄罗斯现有油气输送的国际管道中包括了过境和跨境两种类型。

1. 过境和跨境原油管道的建设运营及其主体

（1）友谊输油管道。

友谊输油管道是俄罗斯原油向欧洲出口的主要过境通道之一，建于20世纪60年代。单线长度8900公里，其中有3900公里在俄罗斯境内，中间有46个泵站、38个中间泵站和1个150万立方米的罐区。1959年12月18日，苏联、捷克斯洛伐克、匈牙利、波兰、民主德国等经互会成员签署了共同建设友谊输油管道的协议，1964年该管道一期建成。主干线从俄罗斯中部伏尔加河沿岸的萨马拉州向西延伸至白俄罗斯，在白俄罗斯的莫济廖夫市形成北部和南部支线，北部支线从白俄罗斯延伸至波兰和德国，南部支线从白俄罗斯经乌克兰延伸至捷克斯洛伐克和匈牙利。此外，该输油管道还从俄罗斯布良斯克州的乌涅恰市分出一条经过白俄罗斯通往立陶宛和拉脱维亚的支线。二期管道在1974年建成。在白俄罗斯境内2910公里，为过境管道。管道设计输送能力1.2亿吨，目前运力为8000万吨。

友谊输油管道在俄罗斯境内由俄罗斯石油管道运输公司的全资子公司"友谊干线管道股份公司"负责管理和运营，在白俄罗斯境内由白俄"波洛茨克原油管道运输友谊公司"和"戈梅尔原油管道运输友谊公司"负责运营。苏联解体后，俄原油管道运输公司与原苏联加盟共和国的各个运输公司依然保持紧密的伙伴关系，工作程序基本不变，信息完全互通。

（2）中亚方向原油管道系统。

该管道是俄罗斯向中亚地区炼厂供应原油的过境管道，管道起自俄罗斯鄂木斯克，到达哈萨克斯坦的巴甫洛达尔炼厂（此段输送能力 2940 万吨/年），再通往奇姆肯特炼厂（此段输送能力 2200 万吨/年），最终到达土库曼斯坦的查尔朱炼厂（此段输送能力 700 万吨/年）。管道在 1977~1983 年建设。

俄罗斯境内由俄罗斯管道运输公司负责管理，哈萨克斯坦境内由哈萨克斯坦国家油气公司的全资子公司"哈萨克原油输送公司"（KazTrans Oil）负责管理和运营。

（3）波罗的海管道运输系统（Ⅰ和Ⅱ）。

波罗的海管道运输系统是俄罗斯向北欧方向输送原油的管道，由两条管道构成。20 世纪 90 年代初，独立后的波罗的海三国对过境的俄罗斯石油制定了高昂的过境费，俄为此每年损失数亿美元。俄认为这不仅增大了俄过境运输的风险，同时也对原油管道安全造成隐患。为降低对爱沙尼亚、立陶宛和拉脱维亚等输送管道的依赖，降低友谊输油管道的负荷，俄从 1997 年正式开始建设波罗的海管道运输系统。由于波罗的海管道运输系统的终端是普里摩尔斯克港，管线全部在俄罗斯境内，严格讲，它不应算作跨境或过境油气管道。

一期管道东起雅罗斯拉夫尔，西到波罗的海边的普里摩尔斯克港，长 709 公里，将俄罗斯季曼—伯朝拉地区和西西伯利亚、乌拉尔和伏尔加河沿岸等地区生产的石油运至列宁格勒州的普里摩尔斯克港，然后再用油轮运至欧洲主要的石油贸易和加工中心。2006 年 4 月，工程全部竣工，设计输送能力为 3000 万吨/年。

二期管道根据 2008 年 11 月 28 日的俄罗斯政府第 1754 号决议修建，起自布良斯克州乌涅恰到列宁格勒州的乌斯季-鲁加，管道输送能力为 5000 万吨/年，全长 1300 公里，2012 年 3 月竣工投产。

波罗的海管道运输系统由俄管道运输公司开发建设，运营商包括"友谊管道"子公司、"上伏尔加干线输油管道公司""石油运输—波罗的海"

有限责任公司。①

（4）东西伯利亚—太平洋原油管道一期工程和中俄原油管道。

东西伯利亚—太平洋原油管道是面向亚太的过境输油管道。根据俄罗斯联邦政府 2004 年 12 月 31 日第 1737 号决议，俄管道运输公司开始实施"东西伯利亚—太平洋原油管道"（简称远东原油管道）一期工程。2008 年 3 月 12 日，俄能源部批准了一期工程的具体设计和建设时间表。

远东原油管道一期工程全长 2694 公里，建设有 7 个加压站，起点为伊尔库茨克州的泰舍特市，终点为阿穆尔州的斯科沃罗季诺市，设计输量 3000 万吨/年。一期工程于 2009 年 12 月建成投产。

中俄原油管道是远东原油管道一期工程的支线，也是一条跨境原油管道，根据中俄两国政府 2009 年 4 月 21 日签订的协议实施，起点为远东原油管道斯科沃罗季诺分输站，终点为中国漠河—大庆原油管道漠河首站，管线长度约 72 公里，其中俄境内陆上管道长约 63.4 公里，中国境内段 7.6 公里，设计输量为 1500 万吨/年。2010 年底，中俄原油管道建成投产，2011 年 1 月 1 日开始正式供油。

中俄原油管道没有过境国，直接通往中国市场，建设和运营总体原则是按照国境线划分，中俄各自负责各自境内的投资、建设和运营。

（5）里海财团管道系统（田吉兹—新罗西斯克管道）。

里海管道财团（CPC Caspian Pipeline Consortium）是为实现哈萨克斯坦里海石油经俄罗斯出口而成立的跨国公司，主要股东包括俄罗斯石油运输公司（控股 24%）、哈萨克斯坦国家油气公司（19%）、雪佛龙里海管道财团公司（15%）、荷兰 LUKARCO B. V.（12.5%）、美国美孚里海管道公司（7.5%）、KTK 公司（7%）等。

里海财团管道是一条跨境管道，于 1999 年 5 月 12 日开工建设，2001 年底开始运行，连接哈萨克斯坦西部的田吉兹油田和俄罗斯的新罗西斯克港，通过俄罗斯黑海的海运码头，将石油转载到油轮再运往世界市场。管道长 1580 公里，年输油能力 2820 万吨，2010 年增至 3500 万吨/年，计划增加到 6700 万吨/年，计划 2017 年开始第三次扩建。

---

① Балтийская трубопроводная система，http：//www.tial.ru/baltiyskaya-truboprovodnaya-sistema-2.

里海管道财团本身就是管道的运营商，负责管道的管理。

2. 过境和跨境天然气管道

（1）"兄弟"（Brother hoods）天然气管道。

"兄弟"天然气管道是俄罗斯经乌克兰中转向欧洲出口天然气的重要输气管道，也是最大的天然气过境运输干线管道，始建于 1967 年，总长超过 5000 公里。管道经乌克兰进入斯洛伐克后分为两条支线管道，一条支线向西经捷克共和国进入德国、法国和瑞士；另一条支线向西南进入奥地利并延伸至意大利、匈牙利和前南斯拉夫国家，管输能力为 1750 亿立方米/年。2011年，过境乌克兰输往欧洲、独联体的天然气量达到 1042 亿立方米/年。

（2）亚马尔—欧洲天然气管道（Yamal-Europe）。

亚马尔—欧洲天然气管道是一条跨国天然气出口管道，主要通过白俄罗斯中转向欧洲供应俄罗斯天然气，管道线路从俄罗斯亚马尔半岛的产气区经白俄罗斯和波兰，到达德国境内。管道从亚马尔半岛产气区至德国边界的长度为 4196 公里，其中俄罗斯境内 2932 公里。该管道于 1994 年开始动工，1999 年正式投入运营，2006 年管道输量达到设计输量 330 亿立方米/年。

亚马尔—欧洲天然气管道采取分段建设管理运营模式，由俄罗斯最大的原油天然气和成品油管道建筑公司之一 Ленгазспецстрой 修建，俄罗斯天然气工业股份公司（简称俄气公司）是俄罗斯境内段和白俄罗斯段的运营商；EuRoPol Gaz、俄气公司和波兰 PGNiG 合资公司负责波兰境内段的运营；德国境内段由俄气公司与 Wintershall Holding GmbH 合资企业 WINGAS 负责运营。①

（3）蓝流天然气管道（Blue Stream）。

蓝流天然气管道是俄罗斯不经过陆上中转国而通过铺设海底管道直接向黑海沿岸国家土耳其出口天然气的第一条管道。1997 年 12 月 15 日，俄罗斯与土耳其签订了政府间协议，在该协议框架下，俄罗斯天然气工业股份公司与土耳其的 BOTAS 公司签订了商业供气合同，总供气量达 3650 亿立方米，供气时间为 25 年，年均供气量约 150 亿立方米。蓝流天然气管道全长 1213 公里，共分三段，俄罗斯境内段长 373 公里，海底部分为复线，单

---

① Ямал—Европа，https：//ru. wikipedia. org/wiki/Ямал_ —_ Европа.

线长 396 公里，土耳其境内段长 444 公里。2001 年 9 月蓝流天然气管道开始施工，2005 年 11 月建成投运。管道设计输量为 160 亿立方米/年。管道总造价 33 亿美元，俄天然气工业股份公司借贷 17.6 亿美元。

蓝流天然气管道的运营商为俄气出口公司和土耳其 BOTAS 公司，前者负责俄境内运营，在土耳其境内的运营由土耳其 BOTAS 公司负责。

蓝流天然气管道海底段的建设、运营和管理由意大利埃尼（ENI）集团和俄天然气工业股份公司成立的合资公司 Blue Stream Pipeline（股权为各占50%）负责。海底段投资建设费用 17 亿美元，Blue Stream Pipeline 公司自有资本金占 20%，其余资金主要是以出口天然气收益作为抵押向银行的贷款。

（4）北流天然气管道（Nord Stream）。

北流天然气管道是俄罗斯"直供欧洲"的第二条管道，其目标市场是德国、英国、荷兰、法国、丹麦等。北流天然气管道穿越波罗的海到达德国，海底段从俄罗斯的维波尔克到德国的格拉伊夫斯瓦尔德，长 1224 公里，为复线设计，海底敷设最深度为 210 米，总设计输量为 550 亿立方米/年，总投资额 74 亿欧元。管道将俄罗斯的输气管网与西欧的输气管网直接连在一起，不经过中转国家，其目的是降低对过境国的依赖。管道于 2005 年 12月动工，2010 年底建成。2011 年 11 月 8 日第一条管线投运，设计输量 275亿立方米/年，2012 年 4 月 18 日开始双线供气。

"Nord Stream AG"为北流天然气管道的运营商。2005 年，俄罗斯天然气工业股份公司与德国 BASF AG 和 E. ON AG 公司在柏林签署北流天然气管道建设的原则协议，并成立了合资公司"Nord Stream AG"，俄气公司持股51%，BASF AG 公司的子公司 Wintershall Holding 和 E. ON AG 的子公司E. ON Ruhrgas 分别持股 15.5%。2008 年，荷兰 Gasunie 公司持股 9%，法国GDF Suez 公司持股 9%。[①]

（5）南流天然气管道。

南流天然气管道是个未能实施的项目，原计划从俄境内黑海沿岸的卢斯卡亚压气站穿过黑海到达保加利亚，海底管道长度约 900 公里，深度超过2000 米，设计输量 630 亿立方米/年，计划 2015 年底建成。南流天然气管

---

① Северный поток，https：//ru. wikipedia. org/wiki/Северный_ поток.

道在欧洲的陆上线路可能通过匈牙利、塞尔维亚、希腊、保加利亚、克罗地亚、斯洛文尼亚和奥地利等国家，目前存在多个方案，尚未最终确定。截至 2011 年底，俄罗斯已与匈牙利、塞尔维亚、希腊、保加利亚、克罗地亚、斯洛文尼亚、奥地利、土耳其 8 个国家签署了建设过境管道的政府间协议，俄气公司与塞尔维亚、匈牙利、希腊、保加利亚和斯洛文尼亚 5 个国家的企业成立了建设过境管道的合资企业。预计项目总造价为 160 亿欧元。

2011 年 9 月，俄气公司、意大利埃尼公司、法国电力公司、德国巴斯夫集团签署南流天然气管道项目股东协议，根据协议，上述 4 家公司分别拥有项目 50%、20%、15%、15% 的股份，负责管道运营。

2014 年 4 月 17 日，欧洲议会通过决议，放弃修建南流天然气管道。2014 年 12 月 1 日，俄总统普京在土耳其谈判期间表示，由于欧盟的非建设性立场，俄罗斯无法继续实施南流管道项目，同时，俄罗斯与土耳其签署了建设相同容量的天然气管道，以及扩建"蓝流管道"的备忘录。2016 年，蓝流天然气管道被土耳其流天然气管道项目取代。[1]

二 干线管道建设及运营的法律基础

(一) 立法变化

1. 总体立法情况

迄今为止，俄罗斯没有制定干线管道运输法，也未制定干线管道保护法。

苏联时期，政府制定了几十个油气管道行业的行政管理规定，但没有上升为法律。苏联解体后，1995 年，俄罗斯国家杜马（下院）和联邦委员会（上院）审议通过了俄罗斯联邦《石油和天然气法》，但时任总统叶利钦行使否决权驳回了该法案。在联邦法律难以通过的情况下，许多联邦主体通过了自己的石油天然气专门法。1997 年，鞑靼斯坦共和国通过了《石油天然气法》，1998 年，亚马尔-涅涅茨自治区通过了《关于稳定和刺激开采和增加自治区石油产量》法，1999 年，秋明州通过了《石油天然气法》。

---

[1] Южный поток, https://ru.wikipedia.org/wiki/Южный_ поток.

1999 年 3 月底，俄罗斯通过《天然气供给法》，解决了天然气管道运输中的有关问题。1999 年 9 月 21 日，俄罗斯第二届国家杜马一读①通过了《干线管道运输法》。当年 12 月，第三届杜马选举产生，新一届杜马高度重视油气管道的立法问题，并专门成立了能源、运输和通信委员会负责相关行业的法案编制工作。此后，杜马专门就此法案举行了听证会，政府、油气公司、学术界、社会民众对法案提出了许多意见。由于在几个关键问题上涉及多方利益，相关分歧难以协调，至今有关干线管道运输法的法案仍没有提交二读程序。

在干线管道运输法缺失的情况下，涉及管道建设、运行中的土地使用、管道安全、生态环保、管道检测、技术标准等方面的问题，主要由《民法典》《土地法典》《行政违法行为法》《刑法》《天然气供给法》《自然垄断法》《自然环境保护法》《危险工业体工业安全法》《大陆架法》的相关条款及上百部政府的行政法规、部门规章调节。为解决干线管道保护问题，1992 年 4 月，俄罗斯能源部颁布《干线管道保护规则》，对管道铺设、公路及电力、供暖等基础设施的建设，以及管道运行保护区、事故处理、管道维修、管道运营商的权限等问题进行了较为详细的规定。

涉及干线油气管道建设运营的主要政府法规有：《关于对有关行为实施许可制度的决议》（2002 年 2 月 11 日第 135 号），《关于对电力、供暖网络和石油、天然气、油气加工产品运送、储存、加工和销售运营领域实施许可制度的决议》和《关于对沿干线管道运送石油、天然气和油气加工产品实施许可制度的规则》（2002 年 8 月 28 日第 637 号），《关于对工业安全进行鉴定行为实施许可制度的决议》（2006 年 6 月 22 日第 389 号），《关于对易爆生产设施运营实施许可制度的决议》（2007 年 1 月 17 日第 18 号）等。

2. 主管职能部门的立法

对于干线油气管道的建设、运营进行管理的政府部门主要是俄罗斯能源部、自然资源部和环境技术和原子能监督局，上述机构制定了多部规章和具体实施条例。

---

① 俄罗斯法律制订程序是：国家杜马经过一读、二读、三读后通过法案，然后由联邦委员会审议通过，最后提交总统签署颁布，总统有权行使否决权驳回法案，并且可以不陈述理由。

俄罗斯能源部制定的规章和规则有《干线管道保护规则》（1992 年 4 月 29 日）和《干线成品油管道技术运营规则》（1999 年 10 月 12 日第 338 号）。

俄罗斯自然资源部和环境技术和原子能监督局制定的规章和规则有《工业安全鉴定规则》（1998 年 11 月 6 日第 64 号）、《石油和天然气工业安全规则》（2003 年 6 月 5 日第 56 号）等。

3. 围绕《干线管道运输法》草案的争议

《干线管道运输法》草案有 8 个章节共 33 条，分别为：总则（第 1~4 条）、干线管道运输的国家调控基础（第 5~10 条）、干线管道运输系统运行和发展的法律基础（第 11~15 条）、干线管道运输领域的经济关系特征（第 16~18 条）、建设和运营干线运输管道客体的土地使用调节（第 19~22 条）、干线管道运输领域的工业和生态安全法律基础（第 23~29 条）、干线管道运输客体上的动员准备和生产特征（第 30~31 条）、附则（第 32~33 条）。

关于此法案的主要分歧点如下。

一是管道使用权分配问题。苏联解体后，俄对油气行业进行私有化改革，产生了很多石油公司，目前，规模大小不同的油气公司有上百家。多年来，俄石油企业向国外出口原油可获得比在国内销售更好的经济效益，但出口方向的总体管道输送能力并不能满足所有石油公司的需求。出口石油存在多个方向，如通过普里摩尔斯克港、新罗西斯克港、图阿普谢港或通过友谊输油管道等，不同出口方向的管输费、出口价格和管道输送能力也不尽相同。因此，如何公正合理地按非歧视性原则分配管道使用权涉及多方利益，是俄油气行业长期争论的问题。俄政府对此高度重视，自 1995 年起即专门成立管道利用跨部门委员会每季度对管道使用权进行分配，并通过了多部文件规定以保障不同企业（包括天然气行业的独立生产商）无差别获得管道输送配额的权利，如 2001 年 5 月 3 日通过的《关于保障非歧视性进入天然气管道运输系统的问题》等。但如何在法律层面进一步对此敏感问题予以明确和调节，仍存有争议。

二是原油质量造成的价差问题。俄罗斯油田众多，石油公司产出原油的质量也不尽相同，如鞑靼斯坦、巴什基尔地区生产的石油主要是硫含量较高的重油（API 度 20~25，含硫量 2.0%~5.6%），而西西伯利亚地区产出的原油主要是硫含量 0.57% 左右的轻油，轻油价格要高于重油。不同质量的原油进入干线管道系统后，经过混合，从管道终端以"乌拉尔"品牌，在同一出口方向按同一价格出口。这种现象导致了生产不同质量原油公司间的矛盾。如何解决这个问题，各方意见不一。

三是管道建设投资与管输费问题。俄罗斯 50% 以上的干线石油管道的使用年限已超过 27 年（正常标准是 30 年），而 15% 在运营的干线天然气管道已超过设计使用年限。据俄罗斯专家估算，如果要维持现有的原油输送能力，则须投资 1000 亿~1300 亿美元改造当前管道系统或新建管道。俄罗斯政府鼓励石油生产商对管道建设进行投资，并考虑在计算管输费时对后者的投资进行返还。但如何确定计算方法以激发生产商的投资积极性，各方没有统一的认识。

（二）油气管线建设运营中的法律保障

1. 对油气管线建设运营主体的法律要求

油气干线管道的运营需要获得有关部门颁发的许可证。2001 年 8 月 8 日，俄罗斯杜马通过第 128 号《关于对有关行为实施许可制度的联邦法》（即特许经营法）。此法第 5 条授权俄罗斯联邦政府发布实施许可制度的细则、确定颁发许可证的机构和需要获得许可的具体行为种类。该法第 17 条规定了一些需要获取许可的具体行为，其中包括沿干线管道运送石油、天然气和油气加工产品，包括干线管道的设计、建设和维修。

根据上述联邦法，2002 年 2 月 11 日，俄罗斯联邦政府通过第 135 号《关于对有关行为实施许可制度的决议》；同年 8 月 28 日通过《关于对电力、供暖网络和石油、天然气、油气加工产品运送、储存、加工和销售运营领域实施许可制度的决议》（第 637 号）和《关于对沿干线管道运送石油、天然气和油气加工产品实施许可制度的规则》。根据上述决议，沿干线管道输送石油、天然气和油气加工产品需要获得由俄罗斯能源部颁发的许可证。

2. 干线油气管道建设运营主体及其法律基础

俄罗斯油气管网长度和运量位列美国之后，居世界第二位。俄油气管网包括原油管道运输系统、成品油管道运输系统和天然气管道运输系统，属于国有资产。根据俄罗斯《自然垄断法》[①] 第 4 条的规定，沿干线管道运送原油和成品油、沿干线管道输送天然气属于自然垄断行为，由自然垄断主体来实施。按照这一规定，俄油气管网由两家国有垄断企业负责建设运营，其中干线原油管道和成品油管道由政府控股的俄罗斯原油管道运输公司（"Транснефть"）负责，干线天然气管道由政府控股的俄罗斯天然气工业股份公司（"Газпром"）负责。

（1）俄罗斯原油管道运输公司（ОАО АК "Транснефть"）。

由政府 100%控股（指投票权股份，占总资本 78.1%），其前身是苏联石油工业部石油运局。俄原油管道运输系统由 5 万多公里的干线输油管道和 410 个加压站组成，年输送能力超过 4.6 亿吨/年。成品油管道运输系统由 1.95 万公里管道和近 100 个加压站组成，年输送能力为 5000 万吨。根据 1992 年 11 月 17 日第 1403 号总统令和 1993 年 8 月 14 日第 810 号政府令，决定成立俄罗斯原油管道运输公司。2007 年，俄政府通过对公司增资的方式将其所持运营和管理成品油管道的俄成品油管道运输公司（ОАО АК "Транснефтьпродукт"）的股份转交给该公司，借此使其具有管理成品油管道的权限。

作为石油管道运输产业的自然垄断法人，俄罗斯原油管道运输公司的行为受《自然垄断法》的约束，其日常经营受到能源部、反垄断署的监督。在实施管道建设时，管道运输公司还受到自然资源部、环境技术和原子能监督局等部门的监督以及《环境法》《环境影响评价法》等法律的约束。尽管俄罗斯原油管道运输公司也参与政策决策，代表政府管理干线原油管道，但它不是决策者，仍然是政府管道运输政策的执行者。俄政府对干线原油管道的管理主要通过管道使用权分配制度和运输价格决定制度来实现。俄政府利用这两种制度对原油的出口量和出口方向进行调整，以实现干线管道利用的最优化和原油出口利益的最大化。[②] 管道使用权的分配制度是政府直接调解的表现，运输价格决定制度是运用价格杠杆进行间接调节的表现。在这一管

[①] Федеральный закон "О естественных монополиях", 17 августа 1995 г.. 最新修订于 2017 年 7 月 29 日。

[②] 刘旭:《俄罗斯干线原油管道管理体制及对亚太国家出口的运输政策》,《国际石油经济》2009 年第 3 期。

理制度中，政府是决策者，管道运输公司是执行者，石油公司是参与者。

（2）俄罗斯天然气工业股份公司（ПАО "Газпром"）（简称俄气公司）。

俄气公司是俄罗斯的跨国能源集团公司，成立于 1990 年，由当时的苏联天然气工业部改组为国有的天然气开采康采恩。按照 2016 年 12 月 31 日的公司股权结构，联邦政府控股 50.23%。[①] 俄罗斯的天然气管道运输系统，也称统一供气系统，是一个集天然气生产、加工、输送和地下储存设施于一体的工业和技术综合体。统一供气系统总长度达 15.95 万公里，装备 218 座压缩站，拥有 3641 座天然气分销站，年输送能力约为 7000 亿立方米。统一供气系统由俄罗斯天然气工业股份公司所有和负责运营。

俄罗斯天然气市场主要由俄气、诺瓦泰克和俄罗斯石油三家公司负责供气，但俄气是俄罗斯唯一的天然气输送管网运营商，既负责运营由全长约 17 万公里的高压输气主干管道组成的统一天然气输送系统，又负责运营由全长约 75 万公里的中压和低压输气管道组成的支线管网及城市燃气管网。2013 年之前，俄气公司对俄罗斯所有天然气出口拥有垄断权，2013 年之后，仅留有管道天然气出口垄断权。

3. 油气管道建设运营主体的确定程序

（1）国内油气管道建设运营主体应符合的条件。

油气管道建设、运营均实行许可证管理。根据 2002 年 2 月 11 日俄联邦政府第 135 号《关于对有关行为实施许可制度的决议》，以及 2004 年 6 月 16 日俄联邦政府第 286 号《关于联邦建设和住房公共设施署职责的决议》规定，干线管道属于一级责任设施，其施工和建设均须获得由俄罗斯联邦建设和住房公共设施署颁发的许可证。

沿干线管道输送石油、天然气和油气加工产品的许可证有效期为 5 年。到期后，许可证持有人可根据规定的程序提起延期申请。

（2）获取许可证的程序。

为获取许可证，申请人须提交以下文件：

——书面申请，包括企业名称、组织形式、地址；

——创建文件复印件和法人注册登记证明；

---

① Газпром，https：//ru.wikipedia.org/wiki/Газпром.

——负责管道运营和维修的公司分管领导相关资质证明复印件；

——证明申请人员工相关资质的证明文件复印件。

审批机关收到申请人提交的符合规定的文件后，在 60 天内决定颁发或拒绝颁发许可证。

上述俄罗斯联邦政府第 135 号和第 637 号决议曾要求干线管道的运营需要获得俄罗斯自然资源部和环境技术和原子能监督局颁发的许可证。但 2005 年 7 月 2 日第 80 号联邦法取消了管道运营需要获得许可的规定。尽管如此，因为干线管道属易爆设施，所以根据上述关于获取许可的法律、俄罗斯联邦 1997 年 7 月 21 日第 116 号《危险工业体工业安全法》和俄联邦政府 2006 年 6 月 22 日第 389 号《关于对工业安全进行鉴定行为实施许可制度的决议》规定，运营干线管道仍需要获得俄罗斯自然资源部和环境技术和原子能监督局颁发的易爆生产设施运营许可证。许可证有效期 5 年，到期后，许可证持有人可根据规定的程序提起延期申请。

（3）既有过境和跨境油气管道建设运营模式。

在过境和跨境油气管道建设实践中并不存在一个固化统一的运营管理模式，根据管道是否跨境/跨国，国际油气管道建设运营大致可分为三种情况：上中下游一体化模式、独立运营模式和分段合作管理模式。从俄罗斯既有的国际油气运输管道的建设运营看，以第二、三种模式为主。俄罗斯—中国输油管道即为典型的分段合作管理模式。

分段合作管理模式也是分段建设运营模式，即管道经过的各个国家和地区独立承担本国或本地区境内的管道建设与运营，不以参股方式参与其他各方境内管道的建设和运营，也不以间接方式对其他方境内管道拥有所有权。各个国家之间签订政府间合作协议，并指定本国的执行部门；同时由各国技术及管理专家共同组成管道专家委员会，具体协调整条管道的技术及衔接问题；各段管道建设与运营的全部资金由各方自行筹措，在未来经营中以各段的管输费进行补偿。

俄罗斯—中国输油管道是典型的分段合作管理模式。中俄原油管道不经过境国，由俄罗斯直接通往中国市场，建设和运营总体原则是按照国境线划分，各自负责各自境内的投资、建设和运营。2008 年，中国石油天然气股份有限公司（简称中国石油或中石油）与俄罗斯管道运输公司签署了

《关于斯科沃罗季诺至中俄边境原油管道建设与运营的原则协议》。根据协议，双方将在俄罗斯原油管道一期工程的基础上，共同建设和运营从俄罗斯远东城市斯科沃罗季诺经中国边境城市漠河到大庆的中俄原油管道。其中俄罗斯境内管道由俄罗斯管道运输公司负责建设和运营，所有权归俄方；中国境内段管道由中国石油负责建设和管理，所有权归中方。俄罗斯境内的俄罗斯管道运输公司与上游原油卖方签订运输合同，中方境内管道运输企业与原油买方签订运输合同。① 根据中俄原油管道及现有俄罗斯天然气跨境管道的有关做法，可以推测中俄天然气管道的建设、运营可能有两种模式：一是各自负责各自境内的建设和运营；二是通过建立合资公司来建设和运营。

4. 外资对油气管线建设运营的参与

在讨论《干线管道运输法（草案）》时，俄罗斯联邦杜马自然资源委员会副主席、天然气联盟主席亚泽夫指出，目前俄罗斯干线管道使用年限平均超过 30 年，折旧超过 50%，亟须扩大投资，包括引进外资。亚泽夫还提议，俄境内的干线管道可以为国家所有或私有，但国家的股比不应低于70%，外资的比例不应高于 20%。

目前，俄罗斯对外资进入管道建设没有特殊的限制，但实际情况是俄境内的干线管道均由俄原油管道运输公司和俄天然气工业股份公司所有和运营，跨国管道可以采取合资的形式。

（三）油气管线建设运营的用地及投资管理

1. 干线油气管道的建设用地

俄罗斯联邦涉及土地的基本法律是《俄罗斯联邦土地法典》② （简称《土地法典》）。《土地法典》对土地所有制形式、土地使用权种类、土地权利的产生方式、土地权人的权利和义务、土地征用及损失赔偿、土地地块登记注册、土地使用监督、土地使用违法责任等基本事项进行了规定。俄罗斯土地分为国家所有和私人所有，其中国家所有又分为联邦所有、联邦

---

① 于震红、寇忠、关洪超：《海外油气管道运营模式探讨与案例分析》，《国际石油经济》2011 年第 9 期。

② "Земельный кодекс Российской Федерации"，25. 10. 2001. No. 136-Ф3，2018 年 9 月 1 日最新补充修订，http://legalacts.ru/kodeks/ZK-RF/。

主体所有和市政所有。

第16章"工业、能源、运输、通信、广播、电视、信息用地，保障宇航活动用地，国防、安全用地及其他专门用地"，在"运输用地"部分包含了油气干线管道用地的原则。

第90条第6款规定，为了保障管道运输设施的组织和运营活动，可以提供地块用于原油管道、天然气管道和其他管道系统地面设施的布置，用于地上和地下建筑物、构筑物、工程、设施和其他管道设施的运营、维护、建设、改造、维修必需的地面设施的布置。

第6款还提出，供气管网所在的保护区的界线，根据按规定程序批准的建筑规范和规则、管道干线保护规则和其他规范性文件确定。在上述地块上，在对其进行日常利用时，在确定的距供气管网最小距离范围内，不允许建设任何建筑物、构筑物和工程；不允许阻碍供气管网所有人或其授权的组织对供气管网执行其服务和维修工作、排除事故和消除灾难后果的工作。

干线管道的建设用地方式有以下几种形式：

——原为国有的土地无偿划拨给管道公司或为其无偿定期使用；

——原为私有的土地被征用后转让给管道公司使用，管道公司对私有土地所有者进行赔偿；

——私有的土地租赁给管道公司使用，管道公司支付租金，在管道建成后将土地归还给原所有者并负责恢复地貌。

《土地法典》第49条规定，在无其他可选方案情况下，可征用土地（包括回购）用于国家或市政需要的联邦能源系统和地区层级能源系统的建设，用于保障自然垄断主体行为的联邦和地区层级的线路设施的建设，用于市政层级电力、燃气、供暖、供水设施的建设。

2. 对跨国干线管道的审批和融资管理

以东西伯利亚—太平洋原油管道（简称远东原油管道）项目为例看项目的报批、融资和建设过程。

俄石油管道运输公司立项、完成项目可研后，须提交给俄能源部审批。

环保方面，需要获得俄罗斯自然资源使用监督署（Росприроднадзор，归俄罗斯自然资源部管理）关于远东原油管道设计和建设的环评批复。

2004年12月31日，俄罗斯政府通过《关于东西伯利亚—太平洋管道系统设计和建设的决议》（第 1737 号），同意俄能源部和俄原油管道运输公司关于修建从泰舍特至科兹米诺港年输量为 8000 万吨的原油管道的建议。管道的建设阶段由俄原油管道运输公司报俄能源部协商经济发展部、自然资源部共同确定。2008 年 3 月 12 日，俄能源部批准远东原油管道一期设计和建设日程表。2008 年 4 月启动建设，一期工程包括 2694 公里干线管道、7 个泵站、斯科沃罗季诺分输站和科兹米诺港，2009 年 12 月一期建成投产。

管道的投资计划由俄原油管道运输公司通过俄能源部报俄政府燃料能源问题委员会审批确定。远东原油管道一期建设初期批准的建设资金额为 2170 亿卢布（约合 70 亿美元），由于管材价格上涨和通货膨胀的因素，2009 年调整后的投资额约为 3900 亿卢布（约合 125 亿美元）。投资资金则由俄原油管道运输公司自己负责承担，以其自有资金或借贷资金完成建设。俄政府燃料能源问题委员会是一个跨部门协调组织，由负责能源问题的政府副总理协调，成员包括能源部、自然资源部、经济发展部、交通部、财政部、联邦安全局、联邦物价局、矿产资源署、技术监督署、国家杜马能源委员会、汉特曼斯克自治区以及俄石油公司、俄天然气工业公司、俄原油管道运输公司等各大能源企业代表。

（四）对国际油气管道运输的管理与调节

国际油气管道运输涉及出口国、过境国、进口国等多方面的实质性合作，包括国家主权、经济问题、法律问题、技术规范、安全、环保等多方面的因素，需要由国际公法和国内法两个层面的法律协调。

1. 国际公法层面有关国际油气管道运输的一般性原则

在国际公法中，涉及国际油气过境或跨境运输的国际公约主要如下。

（1）《国际联盟盟约》（1919 年巴黎和会通过），以国际盟约的形式确定各成员国间交通自由和过境自由。

（2）《过境自由公约》（1921 年国际联盟在巴塞罗那召开的通行与过境会议上通过），在各成员国之间做出关于过境关税方面的合理规定，现已成为世界各国调整一般过境权的最主要法律渊源。

（3）《日内瓦海洋公约》（1958 年联合国第一次海洋法会议通过），规定所有国家均有在公海和大陆架铺设管道的权利。

（4）《国际海洋法公约》（1982 年联合国第三次海洋法会议通过），对海底管道活动及陆地的管道过境制度做出规定。

（5）《能源宪章条约》（1998 年生效），作为第一个具有法律约束力的、覆盖投资保护和贸易的多边协定，首次将过境运输条例应用于能源网络。

通过对上述国际公约、条约及国际习惯法的归纳，可以确定三条关于国际油气管道运输的国际法原则，即过境自由原则、非歧视原则、不妨碍原则，这为管道运输提供了一些基本的法律原则参考。

2. 政府间协议的约束

国际油气管道管辖具有事实上和法律上的独特性，在缺乏一个全局性的司法管辖机构来保障管道运营管理的情况下，需要通过政府间合作来构建跨境管道运输的法律保障体系。首先在国际条约基础上通过签订双边（或多边）政府间协议，来明确有关国家的权利和义务，之后再签订企业间合作合同，以此作为管道建设和运营的法律依据。

如在修建"蓝流天然气管道"时，1997 年 12 月 15 日俄罗斯与土耳其政府、2008 年 1 月 19 日俄罗斯与保加利亚政府分别签订了双边协议，规定了缔约方的权利和义务，成为解决潜在纠纷的重要依据。

在建设亚马尔—欧洲天然气管道时，以波兰段为例，曾经签署以下系列法律文件：

（1）1992 年俄波签订的《俄波睦邻友好合作协定》，双方在过境运输基础设施（包括管道与电网等）方面加强合作；

（2）1993 年 8 月俄波签署的《俄波两国关于建设自俄罗斯经波兰境内向西欧运输天然气管道的协定》；

（3）1995 年 2 月俄波签订落实 1993 年 8 月协定与明确管道职责的议定书，波兰确定了管道建设时间表；

（4）2003 年俄波两国签订补充协议，对 2003～2022 年的供气量以及一期的输送能力、融资和 2003～2018 年管输费做了明确的规定。

（5）2009 年 10 月俄波达成新的协议，将原政府间协议延长至 2037 年，并对合资公司的管理方式和过境费做了约定。

3. 政府在国际油气运输管道建设运营中的作用

国际油气运输管道建设运营中起决定作用的是政府，最终由政府决定管道建设方案和运营方案，这既是行政决策的过程，也是利益博弈的过程。油气输出国、油气管道过境国、油气输入国在国际油气贸易中都以实现本国利益最大化为目标，这种利益诉求也充分体现在跨境和过境管道的协商、谈判和运营的激烈博弈中。博弈涉及多方面因素和条件，既有本国的情况，也有相关国家的利益诉求，既有政治上的考虑，也有经济上的因素。从国家层面看，博弈的主体是各国政府，博弈的过程是各国政府行政决策的过程，博弈的结果就是管道方案的出台。

三　本节小结

俄罗斯一向高度重视对油气管道运输行业的规范和调控，在干线管道运输法缺失的情况下，涉及管道建设、运行中的土地使用、管道安全、生态环保、管道检测、技术标准等方面的问题，主要由《民法典》《土地法典》《行政违法行为法》《刑法》《天然气供给法》《自然垄断法》《自然环境保护法》《危险工业体工业安全法》《大陆架法》的相关条款及上百部政府的行政法规、部门规章调节。

俄油气管网系统包括原油管道运输系统、成品油管道运输系统和天然气管道运输系统，由俄罗斯原油管道运输公司和俄罗斯天然气工业股份公司两家国有垄断企业负责建设和运营。俄罗斯油气管道建设、运营均实行许可证管理。干线管道的设计、建设和维修，沿干线管道输送石油、天然气和油气加工产品需要获得由俄罗斯能源部颁发的许可证。

俄政府对干线原油管道的管理主要通过管道使用权分配和管道运输价格决定两种制度实现。管道使用分配制度是政府直接调节的表现，运输价格决定则是运用价格杠杆进行间接调节的表现。

跨境管道建设还需要签订双边（多边）协议来进行协调。涉及管道建设，包括跨境管道建设的具体事项，需要政府批准，出台政府决议。俄境内的油气管道运营主体为俄原油管道运输公司和俄气公司，而境外段则由当地油气运输公司负责管理和运营。

俄罗斯对外资参与管道建设和运营受《自然垄断法》调节，境内管道实际不允许外资进入，跨国管道可以采取合资的形式建设、运营，以国境线划分，各自负责各自境内的投资、建设和运营。

第四节　俄罗斯跨境电网建设运营及法律保障

一　电力市场发展现状及促进政策

俄罗斯拥有欧洲最大、世界第四大的电力系统。其电网由国内 77 个地区电网组成，其中 68 个地区电网形成 7 个联合电网，即西北电网、中部电网、北高加索电网、伏尔加河电网、乌拉尔电网、西伯利亚电网和远东电网。除远东电网外，其余 6 个电网已经形成互联同步电网。

俄罗斯电源主要是火电、水电和核电。据 2016 年数据，俄罗斯发电装机为 2.441 亿千瓦时，其中火电 1.602 亿千瓦时（65.6%），水电 0.481 亿千瓦时（19.7%），核电 0.279 千瓦时（11.4%）。全年发电量为 10641 亿千瓦时，其中火电 6280 亿千瓦时（59%），水电 1867 亿千瓦时（17.5%），核电 1964 亿千瓦时（18.5%）。[①]

从电力装机容量地域布局看，俄罗斯大致可分为欧洲、西伯利亚和远东三部分。目前电力工业装机容量的 72% 在欧洲地区，主要是火电和核电，以及伏尔加河上的梯级水电站；西伯利亚地区能源有一半是水电，还有 7 个 100 万千瓦以上的火电厂；远东地区的电力装机占俄罗斯装机比重的 7%，只有几个小的火电厂。欧洲地区的火电厂主要用天然气发电（80%），西伯利亚和远东的火电厂主要用煤发电（85%）。

俄罗斯电力系统的首要问题是电力设施老化，面临巨大投资压力。与欧洲国家相比，俄罗斯的电网和发电基础设施老化率均处于高水平。俄罗斯有一半以上的发电设备运行超过 30 年，20 世纪 90 年代，俄电网老化率为 30%~40%，2000 年以来达到 50%~60%，部分地区甚至达到 90%，其中西伯利亚地区的情况尤为严重。近年来，在西伯利亚远东经常发生电力中断和不同地区突然停电的情况，2017 年 5 月，远东地区的大规模事故曾造成 150 万人无照明。[②] 据俄罗斯联邦电网公司估计，未来 10 年中，输电网

---

① О промышленном производстве в 2017 году // Росстат，2017.

② Степень изношенности электрических сетей в России составляет около 70%，https://www.elec.ru/news/2017/12/27/gk-moskabelmet-stepen-iznoshennosti-elektricheskih.html.

改造所需资金将达到 1000 亿美元。

根据 2009 年 11 月 13 日俄罗斯联邦政府正式批准的《2030 年前俄罗斯能源战略》[①]，俄国家长期能源政策主要包括能源安全、能源效率、预算效率和能源生态安全等方面的内容。俄罗斯须制定和落实不同领域的国家能源政策。电力行业发展的战略目标是：保证全国和地区能源安全；满足经济和国内居民按竞争价格对电力的需求，保证对电力投资的回报率；保证在正常和特殊情况下俄罗斯电力供应体系的可靠安全；对部门进行创新性更新，旨在保证生产、运输、电力分配和使用中的高效率。

要实现电力发展的战略目标必须解决下列任务：使发电、供电能力平衡发展，保证全国和各地区电力供应的安全水平；通过连接和合并分离的电力体系进一步发展俄罗斯统一电力体系；扩大建设和使电力行业固定资产（电站和电网）现代化来保证经济和社会的电力需求；发展零售电力市场的竞争关系，保证相关商品和服务价格收费的经济合理性；超前发展核电、煤电和可再生能源（包括水电），降低生产部门对天然气的依赖，使国内能源电力结构多元化；扩大推广新型环保高效清洁的燃煤工艺，高效联合循环发电，新一代电网和其他能够提高部门效率的新技术；保证电力体系的生命力，制度要可靠，要有安全性和可管理性，以及必要的电力质量；通过提高地方能源资源利用效率、发展电力经济、减少进口轻质油来发展非集中供电区的小型电力；通过部门发展技术创新、降低建设发电和传输成本、发展电力和相关部门的竞争；创建电力发展的国家管理体系，制定和实施控制价格机制；在采用最优工艺基础上降低电力对环境的消极影响。

根据俄罗斯能源部通过的《2016～2022 年统一电力系统发展蓝图和规划》[②]，到 2022 年，俄电力总需求量达到 10671.33 亿千瓦时，比 2015 年电力需求量增加 588.82 亿千瓦时，增长 5.8%。计划投入 40109 兆瓦发电装置，其中核电 12315 兆瓦，水电及水电+抽蓄能水电 4810 兆瓦，热电 22984 兆瓦。俄能源部预期，所投入的装机量能够与统一电力系统的发电量实现平衡。俄罗斯还计划到 2020 年之前新建 11 座核电站，对 10 座现有核电站进行现代化改

---

① Энергетическая стратегия России на период до 2030 года, 13 ноября 2009 г. No. 1715-р.

② Схема и программа развития Единой энергетической системы России на 2016-2022 годы.

造和扩建。其中，计划新建的核电站包括，阿尔汉格尔斯克漂移核电站，摩尔曼斯克科拉2号核电站，列宁格勒2号核电站，新沃罗涅日2号核电站，以及在特维尔、下诺夫哥罗德、车里雅宾斯克和托木斯克、科斯特洛马州、滨海边疆区、楚科奇自治州（在佩韦克附近建漂移核电站）新建的核电站。

2015~2016年，在俄罗斯国家技术倡议框架下，战略倡议署与俄罗斯经济发展部以及相关部门共同制定了"能源互联网"路线图，并于2016年9月由俄罗斯总统直接管辖的经济现代化和创新发展委员会正式批准。该路线图文件旨在发展俄罗斯智能能源系统和服务，确保俄罗斯未来15~20年在全球能源高新技术市场上的领先地位。路线图文件将会实施一系列技术试点项目，领域包括提高电网传输的可靠性和灵活性、发展电能智能分配、促进电力消费者服务等方面。2016年12月，俄罗斯正式启动了第一个试点项目——电网数字区域-琥珀电网公司，预计该项目将会从整体上提高加里宁格勒地区配电可靠性和质量，减少半数能耗。

二 俄罗斯电力系统改革及现行管理体制

（一）电力系统改革

苏联时期，国有电力工业实行政府部门（动力电气化部）和地区电管局的二级管理体制。发电厂、输变电企业、供电企业、热力网企业是地区电管局的下属单位，具有法人地位，实行内部经济核算。1988年后，地区电管局被撤销，组建电力联合公司。原属地区电管局领导的发电厂和其他企业不再具有法人地位，电力联合公司所管辖范围与所在地区或自治共和国的管辖范围完全一致，成为另一种政府部门和电力联合公司对电力工业的二级管理体制。

苏联解体后，1992年成立了"俄罗斯统一电力系统"股份公司（简称俄电公司），逐步建立起由政府部门和股份公司对电力工业实行政府部门职能管理，以及股份公司依靠合同、股份控制和托拉斯控制的管理体制。

俄电公司是国家控股公司，控制了除核电以外全国85%以上的电网，现有线路超过200万公里，负责整个国家电网的运行和发展，也是世界第四大电网系统公司。俄罗斯电网线路大多处于严重老化状态，急需升级换代。

在 20 世纪 90 年代的经济转轨中，俄罗斯电力工业受到了冲击，出现投资严重不足、生产技术指标和财务指标不断恶化、国家对电力工业调控功能弱化、电力系统可控性和有效性降低、电力设备制造潜力和技术水平下降等诸多问题。由于无人投资，俄电公司十几年未建一座电站，设备落后且严重老化，企业用电需求得不到满足，严重阻碍了俄经济发展。

为解决上述问题，俄罗斯电力系统进行了大规模改革。迄今为止，共进行四次改革，前两次改革因为准备不充分并不成功，第三次提出的改革方案力度太大，受到多数专家反对。2000 年 12 月开始，俄罗斯启动第四次电力改革，一直延续至今。2001 年 5 月 19 日，俄罗斯政府通过了电力改革基本方针草案。这一方案的出发点是：必须保证国家利益，使统一的电力供应系统能够可靠运转。同时坚持两个主要原则：一是在电力改革进程中，政府保持对电力工业的控制，特别是对电网（输配电）、调度等环节的控制，将已私有化的地区电网公司由国家按照市场价格赎回；二是上网电价与销售电价实行联动，供购双方直接见面，建立完整的电力市场竞价模式，让终端用户享受到电力改革带来的好处。改革首先从俄电公司内部开始，用 4 年左右时间，构建新的市场主体。到 2008 年 7 月，俄罗斯电力行业重组已经完成，干线电网和电力调度由国家电网公司和电力系统调度公司控制，水电公司依然为国家所有，而原俄电公司旗下的火力发电站组建成 14 个地区性电力公司和 6 个电力批发公司，它们或招标出售或通过上市募集资金。电力行业的发、输、配、售、调度、交易各环节完全独立，垄断企业俄电公司退出电力生产和销售领域，仅作为俄电力市场的系统运营商。2012 年，俄政府又宣布将重新实施输配电一体化改革。

（二）现行管理体制

俄罗斯《电力法》第 5 章第 20 条规定，国家依法对电力系统进行调节和监管，其基本原则是：保证对俄罗斯电力系统技术管理的统一，使统一电力系统和技术上分离的地区电网运行可靠安全；有效管理电力行业的国家产权；使电力供应商和消费者经济利益平衡；保证消费者得到电力和热力并保护其权利；保证不会不合理地提高电力和热力价格；为吸引投资发展俄罗斯电力系统创造必要条件；发展电力竞争市场，限制个别电力主体的垄断活动；保证用户不受歧视地得到电力自然垄断主体的服务和批发市场交易系统行政管理服务；保持电力行业的国家调节，因为在该行业内缺少竞争或竞争条件有限；保证使电力消费者得到批发和零售市场及电力主体的活动信息。

电网管理体制主要探讨的是输电和配电的组织形态。目前国际上的电网管理体制主要包括两种模式：一是输配分开模式，即输电和配电业务分别由不同公司运营和管理，不存在产权联系；二是输配一体化模式，即输电和配电在一个企业内部，可以是一个集团下的不同业务公司，也可以是企业内部的不同部门。

一国的电网管理体制选择受电网发展历史格局、经济社会发展阶段，尤其是电力工业和电网发展等具体国情的影响，不存在统一模式。经济快速发展阶段，输配一体化管理是最优制度选择。输配是电力业务链上紧密联系的环节，输配电网具有很多共用系统和部门，在经济快速发展和电网快速扩张阶段，可以通过统一规划、统一建设和统一运行有效减少输配电网间的协调，最大限度地提高电网建设运营效率。据统计，全球150个发展中国家和转型国家中，有137个国家保持了输配电一体化管理。

如前所述，俄罗斯电力管理体制经历多次改革，并不断进行动态调整和优化。俄罗斯在2008年7月完成了电力行业的改革。在发电领域，组建了掌管核电站的统一发电公司——"核能电力、热力生产康采恩"（开放型股份公司），撤销"俄罗斯统一电力系统"开放型股份公司，在其基础上组建了"统一电力系统联邦电网"公司、"俄罗斯水电"开放型股份公司、"统一电力系统运营商"开放型股份公司、"跨地区配电网控股"开放型股份公司、"东方电力系统"开放型股份公司（专门管理远东电网）、"统一电力系统国际"开放型股份公司（专门从事电力进出口）和诸多供电公司，以及一系列科研、设计、配套服务和维修组织。

在供电领域，搭建了电力批发市场的商业基础设施，批准成立电力批发市场的运营商——"交易系统管理员"开放型股份公司，建立了将各电力和热力领域生产输配电主体与大型消费公司联合一体的自我调节性组织。启动了电力批发市场竞争机制，国家逐步退出价格调节，向市场自由定价机制过渡。

2012 年，俄罗斯政府又酝酿重归输配一体化，将跨区域的配电集团（MRSK）与俄联邦输电网公司（FGC）合并，组建集输电和配电一体化的国有电网公司。2013 年 11 月 3 日，普京签发第 437 号总统令，批准俄罗斯电网股份公司通过股票增发扩大资本金，并明确俄联邦在俄罗斯电网公司注册资本中的国有比例不低于 61.7%。至此，俄罗斯组建了"俄罗斯电网股份公司"（简称俄电网公司），实现对俄电力系统输配电网的统一运营管理。组建后的俄罗斯电网股份公司将控股管理联邦电网股份公司以及原跨区配电网股份公司下属的 11 家跨区配电公司、5 家地区配电公司。

俄罗斯政府推进输配电合并，是期望通过产权合并和一体化管理，促进电网发展、提高运营效率、提高供电质量和可靠性。俄政府表示，输配电合并后可以通过实施统一的电网技术标准和管理政策，优化投资项目，促进俄电网的发展和现代化，解决"最后一公里"的用户供电问题，提高供电质量；通过企业内执行统一的投资、预算、经济和人力资源政策，更加有效地控制成本、提高企业运行效率和财务能力。俄电网公司成立以来，经济效益和安全水平稳步提高。2013 年，事故率降低 10%，排除故障、恢复送电速度显著提高。俄西北联邦区、中部联邦区、南部联邦区及远东地区灾害天气应急处理与电力系统灾后重建工作，证明了俄电网统一指挥运营的显著成效。近年来，一些重大体育赛事促使俄罗斯电网升级改造。为举办索契冬奥会，2008~2012 年俄实施了索契"五年电力计划"，对索契城市配网供电系统进行全面维修改造。截至 2013 年 11 月，完成冬奥会电力项目 68 个，共投入资金 1220 亿卢布（约合 37 亿美元），索契电力装置变电容量增加到 1024 兆瓦。[①]

三　电网建设运营的法律保障

1. 总体立法

俄罗斯联邦《电力法》（2003 年 3 月 26 日第 35 号）[②]。该法旨在规定电力领域经济关系的法律基础、确定调节这些关系的国家授权机构、电力

---

① 　Олимпиада включит свет жителям Сочи, 13 декабря 2013, https://ria.ru/20131213/983969581.html.

② 　Федеральный закон Об электроэнергетике, ФЗ 35 от 26.03.2003.

领域主体和电能及热能消费者的基本权利和义务。制定《电力法》的依据是俄罗斯联邦《宪法》《民法典》，以及其他有关的联邦法律、俄罗斯总统令等。

2. 对电力领域建设运营主体的界定

根据俄罗斯联邦《电力法》第1章第3条界定，电力领域的主体为：从事发电、售电、供电、电力运营调度管理、电力营销、组织电力买卖活动的人员。

第12条第2款规定，电力运营调度管理程序由俄罗斯政府规定。

第4条规定，系统运营商及其人员不得从事发电、买卖电力的活动。

根据俄罗斯《许可证法》，从事电网建设、运营必须具备以下条件：从事许可证管理活动范围内所有设备认证；企业拥有自己的产权，或依法应有的符合技术标准和开发要求的生产场地和设施；拥有技术设备和库存；企业拥有接受过专门高等或中等教育的职工和按规定程序经过专业培训的专家；公司或企业总部有对供电安全及电网维修安全负责的人员，企业有适应冬季工作的证书等。

俄罗斯《电力法》实施之前，对从事电网建设、开发、运营实行许可证管理。随着俄罗斯电力改革的推进，其市场逐步放开，电力行业实行许可证管理的范围已缩小，从事电网建设、运营已不需要许可证。

此外，从事电力领域的活动应该符合《电力法》规定的规范和要求。为了取得电力批发市场主体地位并在该市场工作，需要实施过渡阶段电力批发市场规则规定的技术性措施，并签署接入批发市场交易系统的合同。从事电力传输服务的电网机构应使自己的活动遵守非歧视性进入电力传输服务市场并提供此类服务的规则。电力零售市场的活动，批发市场和零售市场主体的相互关系由电力改革过渡时期零售市场运作规则调节。

3. 电网建设运营主体的确定程序

根据俄罗斯联邦《政府采购法》，俄罗斯国家、市政及预算机构的项目必须通过招标进行。俄罗斯国家及各级政府的招标项目公开发布，发布渠道通过部门网站或者主要报刊。俄罗斯企业的招投标信息各自公布。有关信息也可通过提供招标信息服务的机构获得。目前，新建、改造电网工程的建设主体、建设材料供应商除政府指定外，主要通过招标程序确定。

根据俄罗斯《特许权经营协议法》第 26 条，对招标通告有如下规定。

（1）招标通告由招标委员会在招标文件指定期限内，但不得晚于递交投标申请最后期限前 30 天内，通过特许权出让方指定的正式刊物公布、通过因特网官方网站发布（在公开招标情况下），或根据签订特许协议决议书向指定人士发送并附带招标邀请（在非公开招标情况下）。

（2）招标委员会有权通过任意的公共媒体发布招标通告，包括电子形式，但此类发布不能替代本条第 1 款所规定的正式刊物公布和因特网官方网站发布。

（3）招标通告应包括以下内容：特许权出让方名称、邮政地址和电话号码；特许协议客体；特许协议有效期；对于投标者的要求；招标条件及其参数；向申请方送交招标文件的程序、地点和期限。如特许权出让方有偿提供招标文件，则规定该款项的金额、支付程序和期限；此款项的金额不应超过招标文件的工本费和通过邮局向申请方寄送的费用之和；招标委员会所在地；递交投标申请的程序和期限（期限起止日期和时间）；递交投标书的程序和期限（期限起止日期和时间）；投标申请开封的地点、日期和时间；投标书开封的地点、日期和时间；裁定中标人的程序；招标委员会成员签署招标结果纪要的期限；特许协议签订期限。

4. 电网建设运营权的获得

在电力设施建设方面，俄罗斯能源部能源监督署制定了严格的技术和环保标准，对建设和改造电厂实行许可证制度，同时还需要获得俄罗斯环境技术和原子能监督局颁发的易爆生产设施运营许可证，还有大量技术标准和规范。

内外资从事电网建设运营除需要进行招投标外，还要受许可证管理。俄罗斯自然资源部和环境技术和原子能监督局 2004 年 8 月 26 日第 13 号命令规定，根据俄罗斯联邦《许可证法》，对部分活动实行许可证管理，其中电网、供热网开发建设必须取得该局发放的许可证。

根据俄罗斯能源部 2002 年 9 月 16 日第 309 号部令、2003 年 1 月 9 日第 2 号部令，电网开发（电力接收、传输、分配，电网的技术服务和维修）必须取得国家环境技术和原子能监督局的许可证。

5. 外资对电网建设运营的参与

俄罗斯电力市场允许外资进入，从法律层面看，俄罗斯《特许权经营协议法》第1章第4条"特许权经营协议的对象"规定，有14大类活动属于特许经营对象，其中第10大类为电力和热力生产、传输及配送的工程设施；第11大类为社会基础设施系统和其他社会生活项目，包括供水、供热、供气、供电、排水、废水净化、生活垃圾加工利用（掩埋）、城乡照明设施、美化工程等。

从经济和社会发展对电力的需求看，最近10多年，俄罗斯的电力需求持续增长，年均增速保持在2%~3%。按电力需求年增长2.2%计算，到2030年俄罗斯电力消耗将超过15930亿千瓦时；根据电量消耗增长最大值3.1%预测，到2030年最大电力消耗安全值将超过18600亿千瓦时。而以现在年发电量仅为9570亿千瓦时计算，有将近6300亿~9000亿千瓦时的缺口。为满足不断增长的需求，吸引新的投资进入电力市场成为俄罗斯政府迫切需要解决的问题。俄罗斯希望通过鼓励竞争和建立更加透明的市场规则来创造有利条件来吸引私人投资者（包括外商投资），对国家电力生产能力进行重建和补充，以满足消费者日益增长的电力需求。

从实际操作层面看，外资可以通过股权收购、组建合资公司、参与国家电网私有化等方式进入。具体案例有：2007年9月11日，意大利国家电力公司（Enel）宣布收购原属于"俄罗斯统一电力系统"股份公司的俄罗斯第五电力批发总公司股份。此前Enel已经先后两次累计收购了该电力批发总公司29.9%的股份，两次收购价分别为每股0.17美元和每股0.16美元，均高于市场价的15%。Enel公司收购俄电力公司股份投资总额约30亿美元。

2007年5月24日，德国最大的能源集团E.ON宣布，由该集团与俄罗斯能源企业STS合资组建的一家新公司E.ON-STS Energia正式成立，德国E.ON和俄罗斯STS各持50%股份，合资公司位于西伯利亚的秋明州。俄罗斯STS公司拥有的发电业务将并入新公司。

电力改革中，俄罗斯除对核电和水力发电厂进行限制之外，对火力发电进行了全盘私有化（包括建设新的电厂）。2010年11月27日，俄罗斯政府批准了《2011~2013年联邦资产私有化预测计划和私有化基本方针》，包括俄电网公司在内的10家超大型国企被列入私有化清单，俄电网公司拟出售 4.11% 的股份，提出欢迎外资参与私有化。此次私有化虽因故被推迟，但提出了外资进入的思路。

总体来看，在俄电力市场开放过程中，一些外国大公司参与了与俄方的谈判，但最终未能成交。外国公司最不满意的是购买电力资产所附带的强制性投资条件，即必须按照俄政府规定的电力发展规划进行投资，扩大电力生产规模，否则将被处以高额罚款。

外资参与俄电网建设运营有控股比例限制。根据俄罗斯《有关外资进入对国防和国家安全具有战略性意义行业程序》的联邦法（2008 年 4 月 16 日批准）规定，外资对联邦级地下资源公司的控股权不得超过 5%，对其他部门战略性企业的控股权不得超过 25%~50%。按照该法规定的标准，俄罗斯电力部门地区电网组织被列入战略性企业。

2012 年 5 月 22 日，普京开始自己第三届总统任期后签署命令，将"俄罗斯水电股份公司""统一电力系统联邦电网公司""系统操作员股份公司""地区间电力分配网络公司"4 家主要电力公司列入战略性企业名单。根据法律，列入战略性清单的企业实行特殊的私有化程序。这一做法实际上又提高了外资进入的门槛。

6. 电网建设运营的融资模式

从历史沿革看，俄罗斯电网建设一直由国家预算拨款。电力体制改革后，电网公司实际上仍是国有股份占绝对优势的股份制公司，干线电网建造、维修仍由联邦预算拨款。近年来，俄为扩大吸引外资和私人投资，提出了公私合作伙伴关系模式，主要的做法包括：利用联邦投资基金带动地区和私人投资，通过特许权经营等，但目前尚无成功的案例。

7. 其他特殊规定

俄罗斯联邦《电力法》第 1 章第 12 条第 3 款规定，俄罗斯统一电力系统股份公司是俄罗斯国家电网的系统运营商。在俄罗斯统一电力系统股份公司改革期间，俄罗斯联邦在该公司注册资本中的占比不得低于 52%。依照法律规定，完成改革后，俄罗斯联邦在该公司注册资本中占比应提高到 75%+1 股（投票决定权股，即金股）。

第 6 章第 30 条规定，电力的进、出口制度依照《国家对外贸活动调节法》制定。

四　本节小结

俄罗斯拥有欧洲最大、世界第四大的电力系统。电力行业发展的战略目标是：保证全国和地区用电安全，保证电力销售竞价上网，保证发、输、配电高效率。

自 1992 年起，俄罗斯电力管理体制经历多次改革，并不断进行动态调整和优化。2008 年 7 月完成了电力行业的彻底分拆，实行输配电分开模式，2012 年，俄罗斯政府又酝酿重新实行输配电一体化模式。

俄罗斯《电力法》实施之前，对从事电网建设、开发、运营实行许可证管理。随着俄罗斯电力改革的推进，其市场逐步放开，电力行业实行许可证管理范围已缩小，从事电网建设、运营已不需要许可证。

电网建设属于国家项目，法律要求通过招标确定建设、运营主体，招标信息公开发布。

俄罗斯电网建设一直由国家预算拨款。电力体制改革后，干线电网建造、维修仍由联邦预算拨款。近年来为扩大吸引外资和私人投资，允许进行特许权经营。电力市场允许外资进入，外资参与俄电网建设运营有控股比例限制，控股权不得超过 25%～50%，目前在俄电力行业无论是特许权经营还是外资直接收购均无成功案例。

第三章　哈萨克斯坦基础设施建设运营现状及其法律保障

第一节　哈萨克斯坦铁路基础设施建设运营及法律保障

哈萨克斯坦是世界最大的内陆国家，面积 272.49 万平方公里，人口 1700 万，拥有丰富的矿产资源，盛产石油、小麦，自古以来就是欧亚运输线路的自然交会处，古代连接东西文明的丝绸之路就经过这里。哈萨克斯坦没有出海口和出海通道，因而尤其重视发展陆地运输。为开辟出海通道，哈萨克斯坦积极参与创建过境运输通道，尤其是连接欧亚大陆的运输走廊。基础设施建设是"一带一路"优先推进方向，也是丝绸之路建设与哈萨克斯坦"光明之路"计划对接的重要领域，哈方多次表示欢迎中国企业积极参与哈交通基础设施建设，加快推进跨境铁路和公路项目，两国基础设施领域合作具有巨大的潜力和发展前景。

一　铁路运输发展现状及促进政策

1. 发展现状

苏联时期，哈萨克斯坦铁路是全苏庞大的铁路系统的一部分，铁路技术指标、现代化程度以及运输能力在苏联地区位居第三，仅次于俄罗斯和乌克兰。苏联解体后，哈萨克斯坦铁路系统开始独立运行。独立初期，其国内的铁路并没有构成封闭式的路网配置，而是分成南—西北线，南—北线，南—东南线三大块，各条线路在境内互不相连。转轨时期经济的滑坡严重影响了哈铁路网的建设，铁路系统的现代化发展陷于停顿。由于运营收入下降，哈铁路部门甚至无法自筹资金购买车厢，只在个别路段进行了现代化改造。

哈萨克斯坦认识到，作为独立国家，必须建立一个配置更加合理的独立自主的铁路网，为此交通运输领域应按国家经济发展战略的要求超前发展。进入 2000 年后，哈萨克斯坦先后通过了《哈萨克斯坦共和国 2004～2006 年铁路改造规划》①《哈萨克斯坦共和国 2015 年运输发展战略》②《哈萨克斯坦铁路至 2025 年发展战略》，计划在 10 年内（2006～2015）分两个阶段在交通运输领域实施 80 个大的投资项目，总金额 300 亿美元。预计到 2020 年，使机车老化率从 2012 年的 68% 下降到 40.2%，干线铁路老化率从 64% 降至 40%，货运列车平均速度从 49 公里/小时提高至 55 公里/小时；经哈萨克斯坦的铁路过境运输量从 1630 万吨提高到 3220 万吨；铁路运输成本在产品出口成本中占比下降 20%；电气化铁路里程在哈萨克铁路总里程中占比提高至 40%，在货运和客运领域各培养 5 个或更多市场份额不少于 7% 的独立的大型运营商。

通过实施这些战略和规划，哈萨克斯坦的铁路改造、建设和发展开始加速，建设了独立后的第一条铁路——总长 184 公里的阿克苏—杰格连线路，将哈北部与西部连接。2004 年又建成长度 402 公里的赫洛姆陶—阿尔滕萨林铁路，这是哈独立后建成的最大铁路项目，至此哈国内形成了封闭的铁路网。2008 年建成了莎尔—乌斯基卡缅诺格尔斯克铁路，这是哈萨克斯坦最大的特许经营的铁路，该线路的建成使哈东部铁路摆脱了必须两次过境俄罗斯才能与国内其他地区连接的状况。③ 2013 年 5 月 12 日，又开通了从哈萨克斯坦巴拉沙克到土库曼斯坦谢尔赫佳卡（Болашак—Серхетяка）的新国际通道，新修铁路总长度达 1182 公里。

---

① Программа реструктуризации железнодорожного транспорта Республики Казахстан на 2004–2006 годы, постановлением Правительства Республики Казахстан от 6 февраля 2004 года. No 145.

② О Транспортной стратегии Республики Казахстан до 2015 года, Указ Президента Республики Казахстан от 11 апреля 2006 года. No 86. Утратил силу Указом Президента Республики Казахстан от 19 марта 2010 года. No 958, https: //tengrinews. kz/zakon/prezident _ respubliki_ kazahstan/tpansopopt/id-U060000086_ /.

③ Железная дорога-на пороге существенных реформы, набирает скорость развития, Аналитический обзор ATFBank Research, Декабрь 2010.

独立后哈萨克斯坦修建铁路的数量比独联体其他国家同期修建铁路的总和还多,截至 2014 年,哈萨克斯坦铁路运营里程达 14800 公里,其中复线铁路 4900 公里(占比 33%)、电气化铁路 4200 公里(占比 28%)。铁路成为哈国家综合运输体系中的主力,承担了货运总量的 48%,[①] 对经济社会发展具有重要意义。在全境铁路网分布上,南部和东部地区铁路总长度超过 4000 公里,占比 27.5%;西部地区 3900 公里,占比 26.9%;中部和北部地区 6300 公里,占比 4.5%。

2014 年,在国际油价暴跌的冲击下,哈萨克斯坦经济遭受重挫,为促进能源型经济结构转型,恢复增长,纳扎尔巴耶夫总统在当年国情咨文中提出"光明之路"计划。2015 年 4 月 6 日,哈萨克斯坦正式发布《2015~2019 年"光明之路"基础设施发展国家计划》,首要任务是建立有效的交通物流基础设施,核心是大力推动基础设施建设,特别是完善道路基础设施,以首都阿斯塔纳为中心,形成公路、铁路和航空一体的紧密相连的交通网络。

2. 发展目标

哈萨克斯坦十分看重自身的地理位置和过境运输国地位,不仅把交通基础设施建设作为参与国际分工的基础,更把其作为经济结构调整的重要抓手,除大力发展国内短距离铁路外,还不断加大投资进行铁路的新建和改造,力争成为中亚地区的物流交通枢纽。2001 年 4 月 27 日,哈提出《哈萨克斯坦共和国国际运输走廊发展构想》[②],首次将打造国际过境运输走廊的目标具体化。2010 年,哈又提出《哈萨克斯坦共和国至 2020 年交通体系基础设施的发展和一体化国家纲要》[③],确定了构建哈萨克斯坦现代化交通基础设施及使其与国际运输体系一体化和实现过境潜力的目标。2013 年,在世界银行协助下,哈萨克斯坦交通通信部制定了《哈萨克斯坦至 2020 年

---

① Государственная программа развития и интеграции инфраструктуры транспортной системы Республики Казахстан до 2020 года, Указом Президента Республики Казахстан, 13 января 2014 года № 725.

② О Концепции развития международных транспортных коридоров Республики Казахстан, Постановление Правительства Республики Казахстан от 27 апреля 2001 года № 566.

③ О Государственной программе развития и интеграции инфраструктуры транспортной системы Республики Казахстан до 2020 года. 19 марта 2010 года № 957.

国家交通基础设施发展规划》，对铁路、公路、水运、航空等基础设施改造和建设进行了详细规划，主要目标是建立现代化交通基础设施，提高本国交通体系的竞争力，发掘本国过境潜力，保障哈经济进一步增长，创造新就业岗位以及提高交通安全水平和服务质量，满足居民对交通领域的需求。

据哈萨克斯坦投资和发展部数据，2016～2017年，在"光明之路"计划框架下共实施16个交通基础设施项目，在铁路运输领域，通过实施这一计划，不断完善哈萨克斯坦连接中国、俄罗斯、中亚、南高加索和欧洲的水陆交通枢纽设施，使其中转运输和出口能力大大增强，为打造欧亚地区交通物流中心奠定坚实基础。

二 跨境铁路及物流情况

1. 跨境铁路

目前哈萨克斯坦境内有六条铁路与邻国接壤，形成国际运输走廊，目前都在进行改建和扩建当中，具体如下。

（1）北部铁路走廊。西欧—中国、朝鲜半岛和日本，途经俄罗斯、哈萨克斯坦，货物运输时间10个昼夜。哈萨克斯坦境内路段为：多斯托克—阿克托盖—萨雅克—莫英德—阿斯塔纳—彼得罗巴甫洛夫斯克，长度为1910公里。

（2）南部铁路走廊。东南欧—中国和东南亚，途经土耳其、伊朗、中亚国家。哈萨克斯坦境内路段为：多斯托克—阿克托盖—阿拉木图—舒阿里斯—萨里亚加什。

（3）高加索—中亚—亚洲铁路走廊。其中，哈萨克斯坦境内路段为多斯托克—阿拉木图—阿克套。

（4）北—南铁路走廊。北欧—海湾国家—俄罗斯和伊朗—哈萨克斯坦。该走廊抵达哈萨克斯坦后分成两条线：一条经阿克套港口抵俄罗斯乌拉尔地区；一条从阿克套抵阿特劳。

（5）中国—哈萨克斯坦—土库曼斯坦—伊朗—波斯湾走廊。从中哈边境霍尔果斯到德黑兰，全程10297公里。该铁路2009年开始施工，2014年12月3日全线开通。该铁路使从中国经中亚到西欧的贸易路线缩短约10000公里路程。哈总统纳扎尔巴耶夫认为，这条铁路是通往亚太的"新丝绸之路"。

2. 跨境物流

跨境物流进展主要表现在"一带一路"与"光明之路"对接领域。2016 年 9 月，中哈签署了《中华人民共和国政府和哈萨克斯坦共和国政府关于"丝绸之路经济带"建设与"光明之路"新经济政策对接合作规划》，交通基础设施领域是双方合作重点。近年来，中哈基础设施建设和运输物流合作正在稳步推进，并开始取得初步成果。

中哈两国铁路联网为哈萨克斯坦实现成为欧亚大陆运输走廊的愿望奠定了良好的基础。自 2012 年 12 月 22 日霍尔果斯铁路口岸正式开通运营至 2017 年 7 月，铁路口岸累计进出口货物 508 万吨①，预计到 2020 年进出口过货量将达 2000 万吨。

2011 年 1 月，"渝新欧"国际铁路全线开通。这是从中国重庆经新疆出境，再经哈萨克斯坦、俄罗斯、白俄罗斯、波兰至德国杜伊斯堡的首趟中欧班列，全程 11179 公里，由沿途六个国家铁路、海关部门共同协调建立的铁路运输通道。目前，"渝新欧"解决了六大关键问题：其一，实现了沿途各国一次报关、一次查验、全线放行的便捷通关；其二，解决了宽轨、标准轨之间的转换；其三，自主研发了电子锁，实现了运输产品全程安全监控；其四，成立了由德铁、俄铁、哈铁、中铁和重庆市政府"四国五方"共同组建的"渝新欧"（重庆）物流公司，建立了各国铁路的信息沟通机制和快速处理突发事故机制；其五，实现了全程统一运单，进一步节约了运行时间、简化了程序；其六，基本解决了电子产品冬季试运输方案。通过以上措施，"渝新欧"已实现常态运行。仅 2016 年，经"渝新欧"班列运送出口的货物货值就达 180 亿元人民币，发货达 4.2 万个标箱，且近几年一直以每年约 25% 的速度增长。② 在"渝新欧"示范带动下，郑州、武汉、成都、西安、合肥等中国中西部内陆城市，近几年也纷纷拓展面向欧亚的跨国物流。目前经新疆阿拉山口和霍尔果斯口岸出境的中欧班列已开通 11 条，成为丝绸之路经济带国际物流运输骨干。

2014 年 5 月，中哈连云港物流合作基地一期投产运营，这是丝绸之路

---

① 《新疆霍尔果斯铁路口岸开通至今累计过货逾 500 万吨》，中国新闻网，http://news.hexun.com/2017-07-04/189899358.html。

② 《"渝新欧"货流年均增 25% 成中欧贸易重要通道》，人民网-重庆频道，2017 年 6 月 23 日。

经济带上首个落地的中外合作实体项目。中哈连云港物流合作基地自 2013 年 9 月开始筹建，2014 年 5 月项目一期建成正式启用至今，已成为中亚国家对日、韩及东南亚国家转口的重要货物中转基地。截至 2015 年底，港口转运货物总量达 25 万个标准集装箱。该基地是丝绸之路经济带建设的第一个实体项目，具有风向标式的引领意义，直接影响到上合组织成员国的后续跟进。

2014 年 12 月 25 日，哈萨克斯坦"霍尔果斯—东大门"经济特区陆港正式投入使用，这是哈境内最重要的物流中心，业务范围包括集装箱服务、仓储服务、货物分类及包装等。通过陆港，来自中国等亚太国家和地区的货物将过境哈萨克斯坦运往俄罗斯和欧洲各国，不但能缩减运输距离和时间，还将给哈方带来巨大的经济效益。哈方对陆港寄予厚望，希望通过其能大幅提高哈中贸易额，并扩大中国与里海国家之间的贸易往来。

2016 年 2 月 18 日，中哈俄开通新疆至俄罗斯的多边国际道路运输线路，自此，中方货车经行哈萨克斯坦共和国后不再需要卸货、报关、中转等环节，可直接驶至俄罗斯联邦口岸。这也是落实"一带一盟"国家战略对接的具体进展。

2017 年 2 月 5 日，哈萨克斯坦小麦首次过境中国连云港发往东南亚地区，标志着中哈粮食过境安全大通道正式打通。通过从中国过境运输，哈萨克斯坦小麦的价格相比同级澳麦每吨约低 45 美元，澳麦运抵东南亚的运输时间大约需要 30 天，而哈麦通过铁海联运过境至东南亚地区仅需要 20 天左右，交货期限大大缩减，不仅大大提升了哈麦较同类小麦在货价和运线方面较强的市场竞争力，同时，也解决了中亚、中欧班列运载出去多返回少、返程空载比例大的难题。

三 铁路建设运营管理体制及其改革

1. 成立哈萨克斯坦国家铁路有限公司（简称哈国铁）

早在 1997 年，哈萨克斯坦就启动了铁路系统改革，在当时三个铁路管理机构的基础上成立了哈国铁。此后施行了两套结构调整方案，对行业进行了具有深远影响的改革。在第一阶段，成立了纵向一体化的哈萨克斯坦国家铁路有限公司，逐步剥离和转移社会职能机构和辅助性企业等非主营资产，改革后，车辆修理和铁路维护成为独立运作的企业，实行以下运行模式：拥有全国的铁路干线资产和干线铁路运营权；参与国家购买和建造客车车厢的实施计划，负责新铁路项目的修建；除由国家预算补贴客运部分亏损外，货运的部分盈利也用于弥补客运亏损；每年调整客、货运费率，形成既满足市场需求又兼顾收支平衡的经营格局。

2. 放开铁路运营市场

哈萨克斯坦的《铁路运输法》规定，干线铁路网的经营人具有垄断地位，为承运人提供使用权，而承运人之间具有相互竞争的关系。

《哈萨克斯坦共和国 2015 年运输发展战略》规定，提供运输服务和维护基础设施应该由私人部门进行，国家将鼓励吸引私人资本实施基础设施项目。在实施铁路运输基础设施项目中将广泛采用公私合作伙伴关系模式（PPP），为吸引私人投资参与建设新的基础设施项目可采用不同的合作方案。继续实行市场自由化政策，限制国家参与运营商和其他市场主体的活动，创造条件发展车厢运营商市场。保证对所有的经营主体进入运输服务和基础设施服务市场提供平等条件。运输服务市场将进一步民营化和自由化，国家促进私人部门参与实施对私有的机车和基础设施的生产、更新和现代化，为此将创建良好的经济条件，包括实行灵活的技术标准政策和国库政策。

2010 年哈政府通过的《2010～2014 年发展运输基础设施纲要》规定，完善国家对基础设施实施者的调控。在铁路运输领域，将基础设施和运输活动分割开来，允许独立的承运人使用基础设施，将国家价格调控机制变更为由承运人根据市场情况提供服务的自我调控机制。

3. 实行客运特许经营机制和承运人补贴

受苏联模式的影响，哈国铁受国家定价机制的限制，在某些大宗资源性物资的运输方面一直呈现政策性亏损的经营局面，虽然亏损面比重在货运收入中呈逐年减少趋势，但数字仍然十分可观。作为改革的一环，哈政府实施了客运特许经营以及地方预算对承运人的补贴机制。为保障铁路在新机制和新条件下运行顺畅，国家有关部门研究相应的法规和管理条例，其中包括新费率的计算方法，引进新的生产和财政独立核算方法等。

对出现的政策性经营亏损，政府对哈国铁实施国家补偿。根据国家于

2001 年 12 月 8 日制定的《铁路运输法》和 2004 年 2 月 6 日颁布的第 145 号政府令，政府对铁路客运的亏损实施政府补贴。政府根据哈国铁提出的补贴计划，按年度制订补贴资金计划表。在货物运输方面，国家部分放开了对某些大宗货物运输定价的限制，这成为哈国铁的主要利润来源。

四 铁路建设运营中的法律保障

1. 针对铁路建设运营的专门立法

哈萨克斯坦的《铁路运输法》[①]（2001 年 12 月 8 日批准）。该法共 12 章 96 条，旨在调节承运人、承运过程参加者、国家机构、旅客、发运人、接收人、货物发运人、货物接收人及其他自然人和法人在客运、行李、货物、货物行李运输和铁路邮寄中的公共关系。

2. 铁路建设运营主体及其确定程序

（1）作为铁路建设运营主体的条件。

哈萨克斯坦共和国对铁路建设、运营实行许可证管理。

根据《哈萨克斯坦共和国许可证法》[②]（简称《许可证法》）第 2 章第 9 条规定，必须强制（实施）许可证制度的活动种类包括"通过铁路、轮船、海轮、飞机运送旅客和货物，通过汽车过境运送旅客和货物，各种方式运送危险货物，空中工作"。第 25 章第 24 款规定："没有相应的许可证而从事活动或违反许可的定额和规则，应承担法律规定的行政和刑事责任。"

根据修订后的哈萨克斯坦《建筑、城建和建设法》[③]《许可证法》，哈萨克斯坦提高了获取建筑许可证的要求。现采用三个等级的许可证：

一级许可证可以允许建设各种复杂等级的建筑项目。建筑公司必须具有这一领域 10 年以上的工作经验。

二级许可证有权利建设中等复杂程度的建筑以及三级许可证所允许的

---

① Закон Республики Казахстан О железнодорожном транспорте, 8 декабря 2001 года № 266-Ⅱ, http：//online. zakon. kz/document/？ doc_ id=1026596.

② Закон Республики КазахстанО лицензировании, 11 января 2007 года № 214. Утратил силу Законом Республики Казахстан от 16 мая 2014 года № 202-Ⅴ, http：//adilet. zan. kz/rus/docs/Z070000214.

③ Закон Республики Казахстан Об архитектурной, градостроительной и строительной деятельности в Республике Казахстан, 16 июля 2001 года № 242-Ⅱ, http：//online. zakon. kz/Document/？ doc_ id=1024035.

项目。建筑公司要有 5 年以上的工作经验。

三级是基础等级，三级许可证可以建设简单的建筑，对工作经验没有要求。

此外，新的法规还要求对专业人员进行考核。所有负责技术监理、项目检验、楼体技术检查和国家建设督察的专业人员都在接受考核之列。

（2）铁路建设运营主体的确定程序。

哈萨克斯坦铁路建设、运营实行许可证管理和招标制。

哈萨克斯坦《铁路运输法》规定，对与铁路运输经营活动有关的服务、工程、产品必须实施资格证书管理，对个别经营活动实施许可证制度管理，对车辆进行国家登记注册。

哈萨克斯坦《许可证法》规定，对铺设铁路路基和路面建设、对铁路供电网的安装均实行许可证管理。

哈萨克斯坦承包工程市场分为基础设施、工业建筑和民用建筑三大类，细分市场可分为公路、铁路、空运、管道运输、电力能源、电信、工业园区、住宅八个行业。哈萨克斯坦对大中型工程建设项目须采取招标方式进行，工程承包招标信息刊登在当地报纸《Бюллетень》（每周五期）上，同时哈萨克斯坦政府采购网 http：//goszakup.gov.kz 也会登载《Бюллетень》的全部招标信息。

哈萨克斯坦没有《招标法》，规定招投标的主要法律文件包括《国家采购法》《地下资源开采作业中商品、工程服务采购规定》《"萨姆鲁克-卡泽纳"基金会商品、工程服务采购规定》① 等。《国家采购法》第 1 章第 1 条

---

① "萨姆鲁克-卡泽纳"国家福利基金 2008 年由萨姆鲁克国有资产控股集团和卡泽纳稳定发展基金两家单位合并而成，是哈参照新加坡淡马锡控股集团管理模式而组建的国有资产经营管理机构，负责管理哈所有的大中型国有企业，其中包括国内大型国有企业、主要投资机构、金融组织，涵盖了哈国内几乎所有支柱产业和金融服务领域，总资产约占哈国民生产总值的1/4。基金下辖的 39 家国有大公司中包括哈萨克斯坦国家石油天然气公司、哈萨克斯坦国家铁路公司、哈萨克斯坦电网公司、哈萨克斯坦国家工程公司、"萨姆鲁克-电力"公司、哈萨克斯坦电力市场运营公司、哈萨克斯坦开发银行、国家出口信贷和投资保险公司、哈萨克斯坦投资基金等。国家福利基金按法律性质属于国有的法人企业，基金的唯一股东是哈萨克斯坦政府，不列入政府序列。国家福利基金董事局成员由政府总理、副总理、总统办公厅副主任（或总统经济顾问）、财政部部长、经济和贸易发展部部长、工业与新技术部部长、油气部部长，以及 2 名独立董事组成，董事局主席由政府总理担任。基金执行总裁通常都任过政府副总理，如第一任总裁克里姆别托夫是现任政府副总理，第二任总裁库利巴耶夫是纳扎尔巴耶夫总统的二女婿，现任总裁（第三任）舒克舍夫是前政府第一副总理。

规定，国家采购须通过竞标进行。

根据规定，招投标程序包括两轮。

第一轮：对投标申请进行法律和技术资格审核（30天时间）。审查投标文件是否与标书要求相符；评议投标报价和付款条件；交货期的规定；工程保证期的评审；技术服务中心的保证情况。

发布资质鉴定合格公告：公布允许进入第二轮投标的企业名单。

进入第二轮投标的企业应在10天内完成报价工作。需要特别指出的是，按照哈萨克斯坦法律规定，凡哈萨克斯坦本国企业报价，供应设备的可享有最高不超过15%的报价优惠（即其书面报价减去15%后视为实际投标价）；提供服务的可享有最高不超过5%的报价优惠。

第二轮：评委对标书进行评标，3天内出最后结果。如果流标，宣布评标结果；如果完标，公布中标通知。

投标人需提供以下投标文件。

资质文件：投标公司章程，法人国家登记证明（营业执照），统计部门颁发的"统计卡"（统计证），增值税"一般纳税人证"，银行"投标保函"（各招标部门的要求不同，有的要求标的金额的1%～2%，最高的可达10%。有效期通常为90天），当年财务收支平衡表［资产负债表，如果在每财政年度末（4月30日）前投标，应提供当前财政年度之上一年的；4月30日之后，应提供刚结束的前一财政年度的］，银行开出的无欠债证明，税务登记证，税务完税证明（地税局出具），增值税完税证明（国税局出具），配套设备生产商的支持函和投标授权书，法人注册信息单（工商局出具，但有的招标部门不需此项）。

技术文件：根据招标公告的要求准备。

公证和认证：上述资质文件和技术文件都必须到指定的翻译公司翻译成哈文，中国公司参加投标的必须到中国外交部认可的涉外公证处进行公证，然后送至中国外交部领事司或者各省被授权外办及代办单位进行领事认证，最后送至哈萨克斯坦驻华使馆进行认证。

哈萨克斯坦建筑承包市场竞争激烈，哈本国也拥有不少竞争力较强的企业。这些公司熟悉本国的商业环境与政策法规，成为外国公司较强劲的竞争对手。如"哈萨克斯坦运输建筑联合体"主要负责铁路、公路及其专用线、地铁、无轨及有轨公交线路、隧道、桥梁的建设与维修。与交通有关的建设项目，如铁路修理厂、车辆厂、铁路电气化等均由该公司承建。

（3）铁路建设运营权的获得。

从实践看，铁路建设一般须经过立项、政府审批、纳入发展规划，以及用地、环保、建设资格审核等多个环节，需要获得政府颁发的经营许可证，还有大量技术标准和规范。具体操作时须咨询有关法律部门。

3. 铁路建设运营中的特许权经营

哈萨克斯坦《特许权经营法》规定，其特许经营覆盖哈国内所有经济部门（领域），但列入哈萨克斯坦总统确定清单中的对象除外。外资从事通道建设、运营要获得特许经营权。

根据哈萨克斯坦《特许权经营法》第 1 章第 1 条，特许权出让人为代表国家的哈萨克斯坦政府、地方执法机关、被授权签署特许经营合同的国家机构。特许经营权通过出让人与受让人签署书面合同的方式转让，特许经营合同按照哈萨克斯坦法律规定的程序进行国家登记注册。

《特许权经营法》第 3 章第 23 条规定，特许经营合同有效期为 30 年。延长特许经营合同需要满足以下条件：一是在受让人完成所承担的义务条件下，可以通过签署新的特许经营合同来延长期限，所延长期限经双方协商确定，以必要的形式完成义务的受让人有权在无竞标基础上签署新协议；二是签署新期限的特许经营协议时，其合同条件经双方同意可以改变。

具有以下中止义务的理由时特许经营合同可以中止：特许经营合同到期；受让人消失；哈萨克斯坦民法或特许经营合同规定的其他情况。

铁路建设工程为特许经营对象。为实施《特许权经营法》，哈政府通过相关配套政府决议，包括《关于批准在 2007~2009 年提供特许经营的对象清单》《实施特许经营项目的标准》《提供、审查和筛选特许经营对象及竞标规则》等。

根据这些文件，提供特许经营对象分三个阶段进行。第一阶段：制定特许经营项目清单（清单由负责制订经济计划的国家全权部门参考由自然人和法人在最近 3 年内提出的私人倡议制订，清单由哈萨克斯坦共和国政府批准）。第二阶段：进行特许经营竞标，通过对提交特许经营项目的公开竞标选择受让人，竞标组织方必须于竞标前 60 天在哈萨克斯坦境内定期出版的印刷物上公布举行竞标的信息。第三阶段：确定受让人并签署特许经营协议，组委会认定其特许经营项目为最好的参与者为竞标获胜方，竞标组织方根据组委会决定与其签署特许经营合同。

特许经营合同期限为 30 年，在受让人完成所承担的义务条件下，经双方协议，可在无竞标基础上通过签署新合同延长特许经营期限。

竞标组织者须将有关选择特许经营受让人竞标结果的信息，用本国语言和俄语刊登在哈境内定期出版的刊物上。

为了支持特许经营，根据国家与企业达成的互利决定，项目可按不同的特许经营方式执行，其中包括 BOT 方式。

4. 外资对铁路建设运营的参与

哈政府制定了国内基础设施、工业和住宅等领域的发展规划，鼓励外资进入。为扩大吸引外资，2003 年 1 月 8 日出台了《哈萨克斯坦共和国投资法》和《哈萨克斯坦吸引外国直接投资的优先经济领域清单》，1994 年 12 月颁布的《外资法》和 1997 年 2 月颁布的《国家支持直接投资法》同时废止。新法律虽然保留了通过立法设立禁止投资领域的权力，但并未明确禁止外资进入的特定产业。自此，不论内资还是外资，在哈萨克斯坦投资都将享受统一的特惠政策，这一政策导向也为放开铁路建设和运营市场提供了宏观环境。

目前众多国际工程承包企业已经参与哈各行业的工程建设，外国承包商约占其承包工程市场的 21%（主要以土耳其的承包公司为主）。

5. 法律规定及实践中的铁路建设运营融资方式

哈铁路的运营主要由国有股份公司负责，每年对铁路投入的资金有限。而铁路等基础设施建设工程耗资巨大，单靠国家预算拨款很难解决资金短缺问题。为解决这一问题，哈出台了相应政策，提出将采取国家和私人合作的形式进行投资。哈国铁希望在筹资模式上采取多渠道筹划的组合融资方式，其中包括国家预算拨款、银行借款和吸引私人投资等方式，并对资金的使用进行科学的优化，追求最佳的投入产出比。

（1）吸引国际贷款。

《哈萨克斯坦共和国 2015 年运输发展战略》规定，在国家对运输基础设施项目拨款的同时，应吸引其他国内和国际金融组织发展机构参与。目前，参与哈铁路建设的主要金融投资者包括日本国际协力银行（JBIC）、美国进出口银行、欧洲复兴开发银行、西班牙国际银行、纽约银行、亚洲基础设施投资银行等。哈萨克斯坦—乌兹别克斯坦、西欧—哈萨克斯坦—中国西部国际运输走廊改建工程获得了欧洲复兴开发银行和亚洲开发银行的资金支持。

2016年，在执行"光明之路"新经济计划中，有23个项目使用了国外贷款，总金额为260亿坚戈，包括用于基础设施投资。

（2）采用公私合作伙伴关系模式实现项目融资。

国家、铁路公司和私人资本按占股方式合作。其中国家提供土地、建设和运营优惠条件，铁路部门即哈萨克斯坦国家铁路公司提供部分资金、设计、技术支持、专家等，私人资本主要提供投资。在近几年开展的各项融资模式当中，国有资金和私有资金携手合作机制已经取得初步成效。

（3）采取特许权经营模式。

2005年"沙尔—乌斯季—卡缅诺戈尔斯克"153公里长的铁路线建设就是以特许经营权方式引入建设资金的成功实例。为开展此项目，哈萨克斯坦颁发了《关于签署建设开发'沙尔—乌斯季—卡缅诺戈尔斯克'新铁路线的特许经营协议》第668号政府令。在该特许经营项目中，哈萨克斯坦交通通信部为哈政府作为特许经营出让人，《Досжан темир жолы》股份公司为特许经营受让人，特许经营期限23年。

（4）利用国家石油基金投资。

从2014年起，哈萨克斯坦开始利用国家石油基金为基础设施项目融资，在就业保障、交通设施的建设与维修，以及城市和乡村的规划发展等方面发挥了重要作用。创立于2000年的哈萨克斯坦国家石油基金（资金来源于石油出口的创汇收入）到2016年总额已近200亿美元，相当于哈萨克斯坦国内生产总值的14%。

五　本节小结

哈萨克斯坦没有出海口和出海通道，尤其重视发展陆上运输，独立后哈萨克斯坦修建铁路的数量比独联体其他国家同期修建铁路数量的总和还要多。哈萨克斯坦铁路发展战略的重点是打造封闭的铁路网和建设国际运输走廊。

哈萨克斯坦对铁路建设、运营实行许可证管理和招标制。铁路运输实行强制许可证制，大型工程承包招标信息公开发布。哈萨克斯坦工程建筑市场竞争激烈，哈萨克斯坦《政府采购法》规定，在相同条件下，"哈国当地公司"具有"优先中标权"。"哈萨克斯坦运输建筑联合体"基本垄断工程建筑项目。

哈政府制定了国内基础设施、工业和住宅等领域的发展规划，并鼓励外资进入。不论内资还是外资，在哈萨克斯坦投资都将享受统一的特惠政策，外国承包商约占其承包工程市场的 21%。

哈萨克斯坦铁路改革步伐较大，哈国铁已将非主营资产剥离，铁路运营市场已放开。在铁路运输领域，基础设施和运输已经分开，允许独立的承运人使用基础设施，将国家价格调控机制变更为由承运人根据市场情况提供服务的自我调控机制。

为解决资金短缺问题，哈萨克斯坦出台了相应政策，采取多种方式吸引投资，包括吸引国际贷款、公私合作伙伴关系、特许权经营、石油基金贷款等。

第二节 哈萨克斯坦公路基础设施建设运营及法律保障

一 公路发展现状及促进政策

1. 发展现状

领土广阔、缺乏出海口、居民点和自然资源分布不平衡的特点使公路成为哈萨克斯坦最主要的运输和交通手段，哈萨克斯坦也成为世界上货运量最大的经济体之一，拥有的公路网数量仅次于俄罗斯，在独联体居第二位。截至 2014 年，哈公路总里程为 128300 公里，其中普通公路 97400 公里（共和国级公路 23500 公里，地方公路 73900 公里）。哈公路部门每年直接吸纳 5 万人就业，其中 4.3 万人从事维修，0.7 万人从事开发。[1]

哈萨克斯坦境内现有六条国际公路，总长 8258 公里，承担着欧亚大陆

---

[1] O Государственной программе развития и интеграции инфраструктуры транспортной системы Республики Казахстан до 2020 года. 19 марта 2010 года № 957.

之间过境货物运输的重要任务，具有极其重要的意义。这六条公路如下：

——塔什干—希姆肯特—塔拉兹—比什凯克—阿拉木图—霍尔果斯，长1150公里；

——希姆肯特—克孜勒奥尔达—阿克托别—乌拉尔—萨马拉，长2029公里；

——阿拉木图—卡拉干达—阿斯塔纳—彼得罗巴甫洛夫斯克，长1724公里；

——阿斯特拉罕—阿特劳—阿克套—土库曼斯坦（边界），长1402公里；

——木斯克—巴甫洛达尔—塞米巴拉金斯克—迈卡普沙盖，长1094公里；

——阿斯塔纳—科斯塔奈—车里雅宾斯克，长891公里。

长期以来对公路建设没有足够的重视，加上苏联时期铺路的标准低，造成哈萨克斯坦公路发展滞后，公路运输费用在最终产品价值构成中占比高达11%，而发达市场经济国家的这一指标为4%~4.5%，哈萨克斯坦经济比发达经济体承担的运输成本高1倍多。哈萨克斯坦公路运营中的主要问题如下。

（1）公路等级差。

哈萨克斯坦现有的大部分公路均为仅覆盖了一层沥青的"硬面公路"，相当于中国的三级公路或者乡村的简易公路，平整度低、路况差，容易造成交通事故。在全部普通公路中，国家级公路里程为2.35万公里，地方道路里程为7.01万公里。普通公路中硬质路面公路8.4万公里，占90%。硬面公路密度为30.9公里/千平方公里。改善过路面的（沥青混凝土、粗碎石、土沥青）公路占硬质路面的68.3%。

（2）人为关卡多。

中亚地区公路运输遇到的人为障碍大。亚洲开发银行在中亚的一项调查表明，干线公路的平均速度仅为39公里/小时，比欧盟的标准低50%；56%的支出为"非正常支出"，主要原因是海关、边防和路警的卡、要。

（3）跨州中转货量小。据欧亚开发银行的数据，目前亚太地区输欧货物90%以上走的是海路，铁路和公路的跨洲货运量只占5%。从中亚地区的货运结构来看，70%是公路运输，20%是铁路运输，10%是多式联运。公路货物运输产品中占第一位的是蔬菜水果，第二位是机械设备，第三位是建材、食品等，主要方向是俄罗斯、中国及中亚各国的区域内物流。

2. 发展目标

哈萨克斯坦在发展欧亚中转运输方面具有得天独厚的条件，为了使运输适应国家整体经济发展的需要，将运输"潜在能力"转化为现实能力，哈萨克斯坦政府开始大规模改造和完善哈现有的交通基础设施。根据《哈萨克斯坦至 2015 年运输战略》①，将分两个阶段（2006～2011 年、2011～2015 年）实施基础设施建设计划，10 年内共投资 260 亿美元。目标是根据国家远景经济发展战略超前发展交通和通信基础设施，通过实施战略使交通运输体系过渡到质上全新的水平，形成合理的交通网。基础设施拨款向全部自负盈亏原则过渡，形成基础设施进一步稳定发展和保持高技术水平，实现哈萨克斯坦运输综合体与世界运输体系的一体化，使运输基础设施和环保领域的标准基础及监管体系符合国际标准。

2010 年 2 月，哈政府在《哈萨克斯坦至 2020 年发展战略规划》② 基础上制定了《2010～2014 年国家加速工业创新发展纲要》③，将交通运输领域的建设确定为未来 5～10 年国家工业化建设的优先方向。其中公路建设发展目标是：2012 年前，部分路段实行收费制，实行欧Ⅲ环保标准，国际联运实行数字化运行管理；2014 年前，完成"欧洲西部—中国西部交通运输走廊"（全长 8445 公里）建设；2015 年前，改造公路，使 85%以上的国家公路、70%以上的企业自有公路处于良好状态；2020 年前，新建和改造 1.6 万公里公路。

2014 年，哈萨克斯坦批准了《至 2020 年国家交通基础设施发展规划》④，公路领域的主要任务是完成连接国内各地区公路干线项目，这些项

---

① О Транспортной стратегии Республики Казахстан до 2015 года，Указ Президента Республики Казахстан от 11 апреля 2006 года N 86. Утратил силу Указом Президента Республики Казахстан от 19 марта 2010 года № 958，http：//adilet. zan. kz/rus/docs/U060000086.

② О Стратегическом плане развития Республики Казахстан до 2020 года Указ Президента Республики Казахстан от 1 февраля 2010 года № 922. Утратил силу Указом Президента Республики Казахстан от 15 февраля 2018 года № 636，http：//adilet. zan. kz/rus/docs/U100000922 3О.

③ О Государственной программе по форсированному индустриально-инновационному развитию Республики Казахстан на 2010－2014 годы и признании утратившими силу некоторых указов Президента Республики Казахстан，Указ Президента Республики Казахстан от 19 марта 2010 года № 958，http：//adilet. zan. kz/rus/docs/U100000958.

④ Об утверждении Плана мероприятий по реализации Государственной программы развития и интеграции инфраструктуры транспортной системы Республики Казахстан до 2020 года，Постановление Правительства Республики Казахстан от 12 февраля 2014 года № 81. Утратило силу постановлением Правительства Республики Казахстан от 7 апреля 2017 года № 180，http：//adilet. zan. kz/rus/docs/P1400000081.

目包括：其一，完成欧洲西部-中国西部国际交通走廊改造工程（即"双西公路"）；其二，完成"中—南""中—东""中—西"方向的三个大型项目；其三，完成国家公路网及其他国际公路建设和改造任务，包括阿斯塔纳—科斯塔奈—车里亚宾斯克、塔斯克斯肯—巴赫特、鄂木斯克—迈卡普恰盖、阿拉木图—乌沙拉尔—多斯托克、萨马拉—乌拉尔斯克—阿克托别、阿斯特拉罕—阿特劳—阿克托别、俄罗斯边境（阿斯特拉罕）—阿特劳—阿克套—土库曼斯坦等路段。

3. 大项目建设

加快建设欧洲西部—中国西部交通运输走廊。"双西公路"途经中国、哈萨克斯坦和俄罗斯三国数十座城市，总长 8445 公里，其中中国境内段 3425 公里，俄罗斯境内段 2233 公里，哈萨克斯坦境内段 2787 公里。中国和俄罗斯境内的路段状况较好，改造工程重点在哈境内。哈萨克斯坦境内线路走向为：霍尔果斯—阿拉木图—塔拉兹—希姆肯特—克孜勒奥尔达—阿克托别，在哈边境城市马尔图克附近的哈、俄边境口岸"扎伊桑"与俄罗斯公路网连接，共穿越哈五个州，沿线总人口 460 万，占哈总人口的 1/3。

该运输走廊中需要改建的线路为 2452 公里，约一半路段设计为双车道一级公路，接近城市和人口稠密地区时改为四车道。工程分为两期，一期改建公路 2123 公里。其中霍尔果斯—阿拉木图公路段拟采用特许经营方式招标投资者，特许经营有效期为 25 年。"双西公路"哈国段沿途将建设 4 个国际物流中心和 12 个地区物流中心。除此之外，"双西公路"将充分运用先进的技术设备，建立起信息化、智能化的物流服务体系，为客户提供及时、到位的高水平服务，并仿效欧盟模式，建立统一的通关程序。

2009 年 9 月，"双西公路"全线动工，2017 年底，"双西公路"中国段正式通车，哈萨克斯坦境内段基本完工，俄罗斯境内段则刚开始建设，计划于 2020 年前完成项目建设。2018 年 9 月，"双西公路"中国—哈萨克斯坦段"碰头"联通，从霍尔果斯到达哈萨克斯坦阿拉木图，比之前减少了 4 个小时，运输成本从每车 2000 美元减少到 1300 美元。据世界银行预测，"双西公路"全线通车后，将成为中亚地区最重要的货物运输大干线。中国和西欧国家间公路货运量将提高 2.5 倍，仅车辆维修每年将为沿线国家带来

3 亿美元收入。"双西公路"联通对亚欧铁路运输也是有力补充和完善，铁路、公路双通道的实现，对亚欧贸易的循环带来积极的影响。届时，公路沿线将出现新的企业和配套设施，有望为当地提供就业机会。

二 公路建设运营的法律保障

1. 针对公路建设运营的专门立法

哈萨克斯坦共和国《公路法》① （2011 年 7 月 17 日批准，第 254 号）。该法旨在调节哈萨克斯坦国家公路管理，以及根据国家利益建设、开发、发展和使用公路中的法律、组织和经济基础。

2. 对公路建设运营主体的法律要求

（1）作为公路建设运营主体的条件。

根据哈萨克斯坦《公路法》第 16 款规定，从事公路活动实行许可证制度，公路活动的许可证管理根据哈萨克斯坦《许可证法》进行。自然人和法人在没有许可证或违反许可条件进行道路活动时须承担哈萨克斯坦法律规定的责任。

哈萨克斯坦《许可证法》② 第 2 章第 11 条规定，在哈萨克斯坦，对 28 类活动实行许可证制，其中第 7 类为运输。第 3 章第 33 条规定，从事建筑设计、城市规划和建设实行许可证制度，其中包括设计居民点交通基础设施发展图（街道道路网、居民点内的城内和城外交通），所有级别的公路、桥梁和过街桥（包括交通大拱桥和多层次交汇站）等。

（2）公路建设运营主体的确定程序。

哈萨克斯坦《公路法》第 3 章第 14 条第 1 款规定，公路发展计划由管理经营性公路和私人公路的国家机关依照所批准的共和国规划和地方规划实施。城市和其他居民点街道和道路网发展计划由相应的地方执法机构实施。

---

① Закон Республики КазахстанОб автомобильных дорогах, 17 июля 2001 года № 245 – Ⅱ, http：//online. zakon. kz/Document/? doc_ id = 1024144.

② Закон Республики КазахстанО лицензировании, 11 января 2007 года № 214. Утратил силу Законом Республики Казахстан от 16 мая 2014 года № 202 – Ⅴ, http：//adilet. zan. kz/rus/docs/Z070000214.

第 2 条规定，道路领域的商品、工作和服务的国家采购，根据哈萨克斯坦《政府采购法》进行。

第 3 条规定，公路的设计、建设由具有进行此类活动许可证的自然人和法人按特许权经营进行。

哈萨克斯坦运输基础设施建设主体通常采取招标方式确定。建设承包招标信息刊登在当地报纸《Бюллетень》（每周五期）上，同时哈萨克斯坦政府采购网 http：//goszakup.gov.kz 也会登载《Бюллетень》上刊登的全部招标信息（详见铁路建设运营部分论述）。

3. 公路建设运营管理体制

哈萨克斯坦公路建设运营由国家统一管理。

根据哈萨克斯坦《公路法》界定，哈萨克斯坦的公路分为普通公路、经营性公路、城市和居民点的街道三大类。

普通公路分为国际、共和国、州和地区四级。公路等级划分程序和条件由哈萨克斯坦政府确定。

国际和共和国普通公路清单，包括国防公路清单由哈萨克斯坦政府授权的国家公路管理机构批准。州和地区普通公路清单由州执法机关与国家授权的公路管理机构协商后批准。城市街道清单由城市地方执法机构批准。区公路清单由地区执法机构与州授权的公路管理机构协商后批准。

在哈萨克斯坦，公路可以归国家或私人所有。国有并作为共和国主要交通途径的公路不得私有化。

哈政府负责：

——在哈领土协调和实行统一的国家公路政策；

——对中央和地方执法机关在公路和道路领域的活动给予一般性指导，对这些机构执行国家有关公路法律要求的情况进行监管；

——批准公路级国防道路使用规则、国际和共和国普通公路网清单、维修和维护公路的拨款标准、交通工具通过哈萨克斯坦国境的收费程序和标准；

——批准公路网和道路活动远景发展规划；

——批准经营收费公路和桥梁通道的程序和条件；

——开展公路领域国际合作；

——批准公路领域的技术规程。

4. 公路建设运营权的获得

哈萨克斯坦《公路法》第3章第14条规定，公路发展计划由管理经营性公路和私人公路的国家机关依照所批准的共和国规划和地方规划实施。城市和其他居民点街道-道路网发展计划由相应的地方执法机构实施。道路领域的商品、工作和服务的国家采购，该方向的科学研究根据共和国《政府采购法》进行。公路的设计、建设由具有进行此类活动许可证的自然人和法人按特许权经营进行；用于建设和改造公路的技术文件要按规定程序通过国家鉴定，其中包括环保鉴定；对现有公路进行基建和中期维护，要按国家授权的公路管理机构规定的程序进行部门鉴定。

哈萨克斯坦《公路法》第3章第9条规定，公路、道路的建设材料，公路设计、建设（改造、维修）和运营均为技术调节对象。

从实践看，公路建设一般需要经过立项、政府审批、纳入发展规划，以及用地、环保、建设资格审核等多个环节，需要获得政府颁发的经营许可证，还要遵守大量技术标准和规范。同时由于公路属于分级管理，环节复杂，具体操作时需要咨询有关法律部门。

5. 公路建设运营中的特许权经营

哈萨克斯坦《特许权经营法》① 规定，其特许经营覆盖哈国内所有经济部门（领域），但列入哈萨克斯坦总统确定清单中的对象除外。外资从事通道建设、运营要获得特许经营权，

根据哈萨克斯坦《特许权经营法》第1章第1条，特许权出让人为代表国家的哈萨克斯坦政府、地方执法机关、被授权签署特许经营合同的国家机构。特许经营权通过出让人与受让人签署书面合同的方式转让，特许经营合同按照哈萨克斯坦法律规定的程序进行国家登记注册。

《特许权经营法》第3章第23条规定，特许经营合同有效期为30年。延长特许经营合同需要满足以下条件：其一，在受让人完成所承担的义务条件下，可以通过签署新的特许经营合同来延长期限，所延长期限经双方协商确定，并以必要的形式完成义务的受让人有权在无竞标基础上签署新协议；

---

① Закон Республики Казахстан " О концессиях", 07.07.2006. № 167 – Ⅲ ЗРК, https：// pavlodar.com/zakon/? all = all&dok = 03308.

其二，签署新期限的特许经营协议时，其合同条件经双方同意可以改变。

具有以下中止义务的理由时特许经营合同可以中止：特许经营合同到期；受让人消失；哈萨克斯坦民法或特许经营合同规定的其他情况。

公路建设工程为特许经营对象。为实施《特许权经营法》，哈政府通过了相关配套政府决议，包括《关于批准在 2007～2009 年提供特许经营的对象清单》《实施特许经营项目的标准》《提供、审查和筛选特许经营对象及竞标规则》等。

根据这些文件，提供特许经营对象分三个阶段进行。

（1）制定特许经营项目清单。

清单由负责制定经济计划的国家全权部门参考由自然人和法人在最近 3 年内提出的私人倡议制定，清单由哈萨克斯坦共和国政府批准。

（2）进行特许经营竞标。

通过对提交特许经营项目的公开竞标选择受让人；竞标组织方必须于竞标前 60 天在哈萨克斯坦境内定期出版的印刷物上公布举行竞标的信息。

（3）确定受让人并签署特许经营协议。

竞标组委会认定其特许经营项目为最好的参与者为竞标获胜方，竞标组织方根据组委会决定与其签署特许经营合同。

特许经营合同期限为 30 年，在受让人完成所承担的义务条件下，经双方协议，可在无竞标基础上通过签署新合同延长特许经营期限。

竞标组织者须将有关选择特许经营受让人竞标结果的信息，用本国语言和俄语刊登在哈境内定期出版的刊物上。

为了支持特许经营，根据国家与企业达成的互利决定，项目可按不同的特许经营方式执行，其中包括 BOT（建设-经营-转让）方式。

2010 年 1 月 12 日，哈萨克斯坦出台政府令，批准了拟于 2010～2012 年实施的政府特许经营权项目。政府令刊登在 1 月 12 日出版的《哈萨克斯坦真理报》上。哈萨克斯坦交通运输部将负责上述项目的评标组织工作。该政府令自官方媒体发布 10 天后生效。

截至目前，哈境内以特许经营方式共实施了 6 个公私合作伙伴关系项目，主要在国际机场终端站建设、住房建设、铁路建设等领域。在公路建设领域尚无按此类模式完成的项目。

6. 外资对公路建设、运营的参与

哈萨克斯坦对外资进入本国基础设施建设领域持鼓励态度，允许外资参与公路建设和运营。

2003 年 1 月 8 日，哈萨克斯坦共和国新《投资法》① 出台，1994 年 12 月颁布的《外资法》② 和 1997 年 2 月颁布的《国家支持直接投资法》③ 同时废止。自此，不论内资还是外资，在哈萨克斯坦投资都将享受统一的特惠政策，这一政策导向也为放开公路建设和运营市场提供了宏观环境。

外资参与哈公路建设、运营以特许经营方式参加，同时对公路建设市场实行许可证管理。

哈萨克斯坦《许可证法》第 2 章第 9 条规定了许可证的种类，从许可证主体看，哈萨克斯坦许可证分为两种：一是颁发给哈本国自然人和法人的许可证；二是颁发给外国人、无国籍人士、外国法人和国际组织的许可证。

从活动数量看，分为三种许可证：一是总许可证，可从事多种活动，不限制有效期；二是一次性许可证，在允许的期限内从事某些活动；三是专业许可证，从事银行业和保险业活动。

7. 公路建设运营的融资模式

《哈萨克斯坦至 2015 年运输战略》提出，在国家对运输基础设施项目拨款的同时，应吸引发展机构（哈萨克斯坦开发银行、创新基金），以及其他国内和国际金融组织发展机构（欧洲复兴开发银行、亚洲开发银行、世界银行、美洲开发银行等）参与。通过提供刺激固定资本更新的优惠措施为发展私营部门创造良好环境。将通过国家预算和积极采用公私合作伙伴关系模式、特许经营、通过在私人倡议基础上建立合资企业来实现项目融资。自 1996 年开始，哈同世界银行、亚洲开发银行、欧洲复兴开发银行、

---

① Закон Республики Казахстан " Об инвестициях", 8 января 2003 года № 373 - Ⅱ（с изменениями и дополнениями по состоянию на 01. 12. 2015 г.），http：//online. zakon. kz/document/? doc＿id＝1035552.

② Закон Республики Казахстан " Об иностранных инвестициях", 27декабря 1994 года，http：//adiletzan. kz/rus/docs/Z940009000.

③ Закон Республики Казахстан 28 февраля 1997 года № 75 - 1 О государственной поддержке прямых инвестиций (с изменениями, внесенными в соответствии с Законом РК от 2 августа 1999 г. № 466- Ⅰ).

伊斯兰开发银行等国际金融组织签署了一系列贷款协定，获得大笔资金用于公路改造。1999年后，随着国内经济的改善，政府也加大了基础设施建设投资，公路建设进入加速恢复发展时期。

哈萨克斯坦《公路法》规定，哈萨克斯坦共和国可以按照本法和《特许权经营法》规定的程序建设付费公路。由国家授权的公路管理机构对付费公路建设和开发进行管理。付费公路可以用国家预算资金或以特许经营合同为基础建设，在后一情况下，可按哈萨克斯坦《特许权经营法》规定的程序将公路转交法人组织收费来运行开发。特许权受让人可以联合所有的建设、设计、金融、投资和其他不同所有制的公司，也可吸引外国投资者。为了建设付费公路，受让人可以利用哈萨克斯坦法律不禁止的任意融资来源。

对普通公路拨款按照预算法规定的标准进行，要求保证运行安全，符合环保标准，并保证汽车维修和道路维护。

对经营性公路的发展、维修和维护由运行这些公路的组织和私人的自有资金保证。

"双西公路"交通走廊建设的融资模式，为国家财政拨款、国际融资、特许权受让方投资三结合的方式。"双西公路"项目工程总造价预算为8252亿坚戈（约合70多亿美元）。其中，国际融资4220亿坚戈（35亿美元），余下部分由哈国家财政拨款（1260亿坚戈）以及获得特许经营权的投资方解决（2670亿坚戈）。

国际融资部分包括：世行21.25亿美元，用于修建自哈南部的希姆肯特—克孜勒奥尔达—阿克托别州共计1062公里路段；亚洲开发银行3.4亿美元，用于江布尔州达拉斯—卡尔塔依129公里路段改造；伊斯兰开发银行1.7亿美元，用于南哈州边境—塔拉兹51.8公里路段改造；欧洲复兴开发银行1.8亿美元，用于俄哈边境至阿克托别102公里路段改造。2009年和2010年，哈财政分别拨款312亿坚戈和1040亿坚戈，约合2亿美元和7亿美元。

外资亦可以总承包模式参与哈国公路建设。在中国"一带一路"与哈国"光明之路"国家发展战略对接的背景下，哈国家公路公司提出9000公里重点公路路段的修建与改造计划，意图打通中国到欧洲的物流通道。2015年9月1日，哈国家公路公司与中国进出口银行签署了《哈萨克斯坦公路领域项目融资安排协议》，中国进出口银行将提供 26 亿美元的优惠出口买方信贷，用于实施哈境内的 5 条国家级公路改造项目。2016 年 5 月，中国中信集团与哈萨克斯坦国家公路公司正式签署《塔尔迪库尔干—乌斯基卡缅诺格尔斯克 764 公里国家级公路改造项目 EPC 总承包合同》及《乌沙拉尔—多斯托克 180 公里国家级公路改造项目 EPC 总承包合同》，由中信建设与当地公司组成总承包商联合体，中信建设为联合体主导方，负责全部的项目管理、勘察设计以及 KM287～KM685 的建设和安装工作。合同工期 54 个月，2018 年三四月份开工，由中国进出口银行提供优惠出口买方信贷，道路全长 764 公里，

三　本节小结

哈萨克斯坦公路发展滞后，同时存在等级差、人为关卡多、跨州中转货量小等问题。为了使运输适应国家整体经济发展的需要，哈政府开始大规模改造和完善哈现有的交通基础设施。

哈萨克斯坦公路建设运营由国家统一管理，对从事公路活动实行许可证制度，自然人和法人在没有许可证或违反许可条件下进行道路活动时须承担哈萨克斯坦法律规定的责任。运输基础设施建设主体通常采取招标方式确定，建设承包招标信息公开发布。

哈萨克斯坦允许外资参与公路建设、运营。公路建设工程为特许经营对象。外资参与哈公路建设、运营以特许经营方式参加。

哈萨克斯坦由政府制定统一的公路政策，对公路执法机关实施法律政策情况进行监督。哈公路分为国际、共和国、州和地区四级。其建设资金来源和公路运营情况均由哈各级相应政府统一规定。

从实践看，公路建设一般需要经过立项、政府审批、纳入发展规划，以及用地、环保、建设资格审核等多个环节，需要获得政府颁发的经营许可证，还有大量技术标准和规范。

哈萨克斯坦公路建设多以项目融资方式实现。自 1996 年开始，哈同世界银行、亚洲开发银行、欧洲复兴开发银行、伊斯兰开发银行等国际金融组织签署了一系列贷款协定，获得大笔资金用于公路改造。1999 年后，随着国内经济的改善，政府也加大了对基础设施建设的投资，公路建设进入

加速恢复发展时期。

第三节　哈萨克斯坦油气管道建设运营及法律保障

一　油气管道建设运营现状及促进政策

1. 发展现状

哈萨克斯坦是世界第十二大、独联体第二大、里海地区第三大油气资源国。

哈国土面积的 62% 为油气区，能源工业是哈萨克斯坦规模经济的支柱产业，石油和天然气出口占其外汇收入的 60%~70%，占国内生产总值 GDP 的 30%。1991 年独立后，哈石油工业快速发展，石油年产量持续增长。与石油生产规模相比较，哈萨克斯坦国内对原油和石油产品的消费需求量并不很大，85% 以上的原油用于出口。哈萨克斯坦是一个远离港口的内陆国家，主要依靠管道将油气资源输往国际市场，同时也是土库曼斯坦、乌兹别克斯坦油气资源的过境国。截至 2016 年 1 月 1 日，哈干线管道总长度达 23271 公里，其中天然气管道 15255.5 公里，石油管道 8015.1 公里。[①] 哈石油管道平均运营时间在 10~20 年以上。

作为产油大国，哈萨克斯坦的管道基础设施并不能满足国内和出口油气的需要。哈大部分油气储备和开采主要分布在西部的曼格拉克半岛和里海洼地，而消费者（大城市和工业中心）则位于东南部和北部工业区。作为苏联经济体系的遗产，西部开采的石油通过俄罗斯的管道输往国际市场，而国内东部地区的需求则从西伯利亚进口来满足。哈已有的输油基础设施不能满足石油产量的增长和出口的需求，如果没有新管道的投产，运输能力的不足将会成为开发新油田和增加石油产量的主要瓶颈，因此哈萨克斯坦政府提出建设新的有效输油管网的规划。独立以来，哈萨克斯坦大力发展管道基础设施，增加管道运力，自 1993 年起，管道运输在哈综合运输体系的排位已从第三提至第二。[②]

---

① Трубопроводный транспорт，https：//ru. wikipedia. org/wiki/Транспорт_ в_ Казахстане.

② Виды транспорта в Казахстане，https：//www. kazportal. kz/vidyi-transporta-v-kazahstane/.

2. 发展目标

虽然哈萨克斯坦高度重视能源部门的发展，独立之初就提出能源立国的思路，但其国内并没有专门的能源资源总体发展战略，其能源发展战略主要体现在能源品种发展纲要中，如里海油气发展战略、电力发展战略、天然气发展战略和石化工业发展规划等。确保能源安全、调整能源结构、实施能源外交是能源发展的指导思想，干线油气运输管道的建设发展服从这一总体战略的要求。

（1）确保能源安全。

能源安全的核心是确保国家对战略资源的控制，增加大型能源企业中的国有股份；加强对上下游企业的控制力度，增强国家干预市场的能力；增加产量，确保各种能源品种产量稳定增长；提高资源综合开发利用水平；改善基础设施，建立石油天然气出口管道体系，避免依赖一个邻国或者受制于一个用户的垄断价格，实现出口多元化；减少与邻国的能源矛盾，确保国家的周边安全，保证国内各类能源品种进出口渠道畅通，保障自身能源安全和能源供应。

（2）调整能源结构。

主要有两大任务：首先是根据本国实际调整能源消费结构，合理使用各种能源；其次是在大力发展能源加工业的同时调整能源工业所占比重，增加非原料工业比重，合理使用石油收入，合理配置资源，减少对外部世界的依赖，促进国民经济合理平衡发展。

（3）实施能源外交。

与世界上的主要石油公司建立长期伙伴关系，以引进资金、技术，促进石油天然气工业的快速发展，并带动整个国家经济的发展和社会问题的解决；利用石油天然气资源加强与世界大国的关系，并通过与西方和大国石油企业的合作来巩固哈的国家独立和加快经济复苏；通过吸引外资来加强哈石油天然气工业的基础设施，以满足自己的需求和提高在世界市场上的竞争力。

2014 年国际油价暴跌后，哈萨克斯坦通过大规模推出对外招标计划吸引外资，加大新区勘探开发的力度，并在 2015 年对 50～100 个矿产勘探许可证进行招标，这是自 2010 年提出修改《地下资源使用法（草案）》以来最大规模的一次招标活动，吸引更多国际大公司参与该国油气投资。[①]

二 哈萨克斯坦的跨国干线油气管道系统

(一) 已建跨国石油管道

哈萨克斯坦现有原油出口体系包括：油气管道、具有储存和罐装能力的港口和港口设施、租赁的外国油轮、辅助舰船、铁路油气灌装站和油罐车。跨国油气管道是哈萨克斯坦现有原油出口体系的重要组成部分。随着哈萨克斯坦通往国际市场的石油管线的建成，哈萨克斯坦的石油出口量增长迅速。目前哈萨克斯坦主要原油出口管线有：北部经阿特劳—萨马拉管道至俄罗斯新罗西斯克港出口到欧洲市场；西部经里海国际石油财团管线出口；南部拟通过经土库曼斯坦和伊朗的南部管道出口到波斯湾；[②] 东部经中哈原油管道（阿塔苏—阿拉山口）出口到中国。哈国主要的跨国干线石油管道如下。

1. 阿特劳—萨马拉输油管道

阿特劳—萨马拉输油管道建于苏联时期，1968 年开始修建，1970 年完工，1978 年投入运营，全长 695 公里。近年来，经过改造，该管线年输油能力约为 1500 万吨，原油经俄罗斯运往黑海港口敖德萨和新罗西斯克。

2009 年 11 月，哈俄两国签署了《对 2002 年石油过境运输政府间协议的变更和补充》会谈纪要，拟发展并巩固两国间石油运输领域的互利合作，2014 年以前拟将阿特劳—萨马拉石油管线年输油能力由 1500 万吨提高至 2500 万吨。

2. 里海财团管道

里海财团（CPC）由俄罗斯、哈萨克斯坦、阿曼政府和一个由石油生产商组成的财团共同成立。里海财团管道 2001 年底开始运行，连接哈萨克斯坦的田吉兹油田和俄罗斯黑海的新罗西斯克港。管道长 1580 公里，年输油能力 2800 万吨，计划增加到 6700 万吨。该管线在哈境内总长 452 公里，共有 2 个泵站：阿特劳站和田吉兹站，是哈石油出口的主要通道之一。

---

① 《2014 年国内外油气行业发展报告》，http://www.so.com。
② 该管道 2005 年完成可研后未实际建设。

3. 中哈原油管道

肯基亚克—阿特劳石油管道、肯基亚克—库姆科尔石油管道、阿塔苏—阿拉山口石油管道统称为中哈原油管道，是从哈西部里海通向中国的长距离跨国原油管道。中哈原油管道协议于 1997 年签署，管道于 2005 年底建成，2006 年 5 月投入商业运营。按照协议，管道运营初期年输油 1000 万吨（占中国进口原油的 8% 左右），2010 年升至年输油 2000 万吨（占 15%）。通过该管道向中国输送的原油中，50% 来自哈萨克斯坦的扎纳诺尔油田和阿克纠宾油田，50% 来自里海地区的俄罗斯油田。中哈原油管道公司负责运营该跨国管道，该公司是中石油和哈国家油气公司的合资公司，双方各占 50% 的股份。

4. 鄂木斯克—巴甫洛达尔—奇姆肯特—查尔朱管道

该管道主要是向哈萨克斯坦炼厂供应俄罗斯原油，管道起自俄罗斯的鄂木斯克，到达哈萨克斯坦的巴甫洛达尔炼厂（此段输送能力 2940 万吨/年），再通往奇姆肯特炼厂（此段输送能力 2200 万吨/年），最终到达土库曼斯坦的查尔朱炼厂（此段输送能力 700 万吨/年）。管道在 1977～1983 年建设。目前，从哈萨克斯坦通往土库曼斯坦查尔朱的管道已停输。

在哈萨克斯坦境内石油运输领域，除了跨国管道外，还有两条与跨国管道连接的管道由两家外资公司拥有和运营。

5. 阿克赛—大卡干—阿特劳管道

该管道长 635 公里，设计年输油能力 700 万吨，由卡拉恰甘纳克作业公司拥有并运营。该公司的股东是 ENI-AGIP 财团（32.5%），BG（32.5%），雪佛龙公司（20%），卢克石油公司（15%）。

6. 肯基亚克—阿特劳石油管道

该管道长 448.5 公里，设计年输油能力 600 万吨，由西北管道公司运营。该公司是中石油与哈国家油气公司的合资公司，中方参股 49%，哈方拥有 51% 的股份。

从实际的管理和运营情况看，哈国境内石油干线管道的所有者和运营商并不完全为国家石油公司所垄断，跨国石油出口干线管道主要是由哈国有石油公司与外国石油公司的合资公司所有、管理和运营。境内输送外资参与项目生产原油的干线管道，也可以由项目作业者或专门成立的合资公司所有和运营。

（二）跨国天然气管道

哈萨克斯坦天然气长输系统基本是苏联时期建成，是俄罗斯统一供气管网的组成部分，多为过境管道，主要用于过境出口俄罗斯、土库曼斯坦、乌兹别克斯坦的天然气，大部分已运营了 30～40 年，管道老化较为严重。过境运输天然气量占整个哈萨克斯坦干线天然气管道输量的 85% 左右。

1. 中亚—中央天然气管道

中亚—中央天然气管道是俄罗斯统一天然气管网的组成部分，也是附属部分。

这条管道运输系统建于 1967～1985 年，管道经土库曼斯坦、乌兹别克斯坦、哈萨克斯坦到达哈俄边界的亚历山德罗夫–加伊泵站，全长 4000 公里，哈萨克斯坦境内 823 公里。管道设计输送能力为 670 亿立方米/年，由于物理损耗，目前输气能力下降至每年 500 亿立方米的水平。

苏联时期，这一管网由苏联天然气工业部统一运营。苏联解体后，该管线由土、乌、哈三国拥有，土天然气运输公司运营其境内的管道，该管线在哈境内由俄哈双方的合资公司"俄哈天然气"合资公司（Kaz PocGas，双方各占 50% 股份）所有和运营。但是，俄罗斯天然气工业公司直接经营着乌国段管线，确保中亚天然气向俄罗斯和出口市场的过境运输。

哈萨克斯坦自产气的出口即通过中亚—中央天然气管道，出口的天然气主要来自里海地区曼格斯套州油气田、田吉兹油田和卡拉恰甘纳克气田。根据 2001 年 11 月哈俄政府间协议，2002 年双方成立了"哈俄天然气"合资公司，该公司的主要职责是负责为奥伦堡天然气处理厂采购卡拉恰甘纳克所产天然气，以及通过俄罗斯向其他国家出口哈产天然气。

2. 奥伦堡—诺沃波斯科夫管道和"联盟"天然气管道

"奥伦堡—诺沃波斯科夫"与"联盟"两条天然气管道平行铺设，其支线同卡拉恰甘纳克气田连接，全长 760 公里，其中哈境内长 328 公里，两条管线分别于 1976 年、1978 年投产，主要任务是将俄罗斯奥伦堡天然气加工厂的天然气经哈萨克斯坦西北地区的乌拉尔斯克和奇扎压缩站输送至俄罗斯亚历山大罗夫盖气站（位于俄罗斯萨拉托夫州的亚历山大罗夫盖市），再由该站继续向乌克兰以及欧洲地区输送。该管道由俄天然气工业股份公司负责运营。

两条管线初期总设计运力为年输送 420 亿立方米天然气（奥伦堡—诺沃波斯科夫管线 140 亿立方米，"联盟"管线 280 立方米），但由于物理损耗，奥伦堡—诺沃波斯科夫管线年运力为 100 亿立方米，"联盟"管线为 200 亿立方米/年。

3. 布哈拉—乌拉尔天然气管道

布哈拉—乌拉尔天然气管线全长约 4500 公里，哈境内长 1175 公里。该管线同样于苏联时期开始铺设，1965 年投产。设计运力 190 亿立方米/年，该管线将乌兹别克斯坦布哈拉州的加兹里油气田产出的天然气向俄罗斯南乌拉尔地区工业中心供应，管线实际运力为 70 亿立方米/年。

4. 布哈拉—塔什干—比什凯克—阿拉木图管道

该管道起自乌兹别克斯坦布哈拉，终点为哈萨克斯坦阿拉木图。乌兹别克斯坦通过该管道向塔吉克斯坦、吉尔吉斯斯坦和哈萨克斯坦南部出口天然气。哈每年通过该管道进口 30 亿~40 亿立方米天然气，以满足南部地区的用气需求。

5. 中亚—中国天然气管道（简称中亚天然气管道）

中亚天然气管道起始于土乌边境，经乌兹别克斯坦、哈萨克斯坦到达中国的霍尔果斯，与我西气东输二线相连。全线长度 1822 公里，其中哈国境内 1300 公里，双管并行敷设，设计输气能力为 300 亿立方米/年。管道于 2008 年 6 月开工建设，2009 年底实现单线投产通气；2010 年 10 月，实现 A、B 线双线建成通气。

在哈国境内，该管道由亚洲天然气合资公司（中石油和哈国家油气公司各占 50% 的股份）负责管理和运营。

（三）在建和拟建的出口管道

为了不断提高本国的油气产量，落实至 2030 年的发展规划，扩大现有出口系统和建立新的出口管道是哈萨克斯坦今后的迫切任务。

2010 年 12 月 21 日，中哈能源合作又一重大项目——中哈天然气管道二期工程（哈南线，别伊涅乌—奇姆肯特天然气管道）举行开工仪式。该管道全长 1475 公里，设计年输气能力为 100 亿立方米，可扩至年 150 亿立方米。该管道工程由中石油与哈方联合共建，根据企业间协议，别伊涅乌—奇姆肯特天然气管道由哈萨克斯坦天然气运输股份公司和中国石油中亚天然气管道有限公司组建的合资公司负责管道的建设与运营。

管道将根据气源供应情况分阶段实施。第一阶段完成巴卓伊至奇姆肯特段1164公里管道以及博佐依首站的建设任务，年输气能力达到60亿立方米，并主要用于当地居民的生活用气，惠及沿线村庄和居民，带动哈萨克斯坦南部地区经济发展。第二阶段完成别伊涅乌—巴卓伊段311公里管道及配套压气站建设任务，年输气能力达到100亿~150亿立方米，未来将与中亚—中国天然气管道相连，可实现向中国供气。2013年11月29日，该管道工程项目经过验收组严格评审，顺利通过哈萨克斯坦国家验收。该管道建设具有重要意义，一方面可满足哈国南部经济发展和人民生活的需要，另一方面一部分天然气通过中亚天然气管道出口中国，同时为阿克纠宾油田提供通畅的天然气外输通道，带动该油田扎纳诺尔、乌里赫套等区块气田气的开发，为油田长期稳定生产和提升经济效益起到重要作用。

此外，为了实现石油出口通道多元化，哈还计划分阶段扩大里海管道财团的输油能力至6700万吨/年；建立哈里海运输系统，将卡沙甘和田吉兹油田输送到里海，再连接到巴库—第比利斯—杰伊汉管道；提高中哈原油管道的输油能力至2000万吨/年；参与濒里海天然气管道建设，提高土库曼斯坦天然气向俄的过境运输量，并增加哈气出口100亿立方米/年。

三　干线油气管道建设运营的法律保障

1. 总体立法情况

哈萨克斯坦独立后，对石油工业进行了重组，颁布了一系列法规，吸引外国投资，促进本国经济发展。1995年颁布了《石油法》[①]。为加强对本国资源的控制，哈政府分别于2004~2005和2007年对1996年颁布的《地下资源及其利用法》[②]进行修订，并于2008年下半年实行新的《地下资源

---

① Закон Республики Казахстан О нефти, 28 июня 1995 года № 2350, http：//online. zakon. kz/Document/？ doc_ id＝1003801.

② Закон Республики Казахстан О недрах и недропользовании, 27 января 1996 года № 2828, http：//online. zakon. kz/Document/？ doc_ id＝1004071.

及其利用法》。

目前，哈萨克斯坦油气管道的设计、建设和运营管理，以及土地使用、管道安全、生态环保等方面的问题，主要由《民法典》①《土地法典》②《行政违法行为法典》③《自然垄断法》④《矿产和矿产使用法》⑤《建筑、城建和建设活动法》⑥《运输法》⑦《生态法典》⑧等法律和法规调节。

为了规范管理并将分散在各法律法规中的规定进行统一，2011 年哈萨克斯坦油气部起草了《干线管道法（草案）》，并于当年 9 月提交给哈政府总理办公室。经向油气企业、社会各界广泛征求意见后，哈政府于 2012 年 3 月 30 日正式将上述法案提交给哈议会下院审查。5 月 31 日，哈下院经过二读通过该法案；6 月 14 日，哈萨克斯坦上院批准通过该法案。

2. 国家拥有对干线油气管道的绝对所有权

哈萨克斯坦《干线管道法》⑨共包括 7 个部分、30 章，分别是：总则（第 1~7 章）、干线管道领域的国家调节和管理（第 8~10 章）、干线管道的设计、施工、运营和停运（第 11~15 章）、干线管道的安全（第 16~17 章）、为干线管道输送产品提供服务（第 18~25 章）、干线管道用地（第

---

① Гражданский кодексРеспублики Казахстан，Постановление Верховного Совета Республики Казахстан от 27 декабря 1994 года № 269-Ⅻ внесены изменения в соответствии с Указом Президента РК от 30 декабря 1995 г. № 2738.

② Земельный кодекс Республики Казахстан，20 июня 2003 года № 442 - Ⅱ，http：// online. zakon. kz/Document/？ doc_ id =1040583.

③ Кодекс Республики Казахстан об административных правонарушениях，5 июля 2014 года № 235-Ⅴ，http：//online. zakon. kz/Document/？ doc_ id =31577399.

④ Закон Республики Казахстан О естественных монополиях（с изменениями и дополнениями по состоянию на 24. 05. 2018），9 июля 1998 года № 272-Ⅰ，http：//online. zakon. kz/ Document/？ doc_ id =1009803.

⑤ Закон Республики Казахстан О недрах и недропользовании，27 января 1996 года № 2828，http：//online. zakon. kz/Document/？ doc_ id =1004071.

⑥ Закон Республики Казахстан от 16 июля 2001 года № 242 - Ⅱ «Об архитектурной，радостроительной и строительной деятельности в Республике»，http：//online. zakon. kz/ Document/？ doc_ id =1024035.

⑦ Закон Республики Казахстан О транспорте，21 сентября 1994 года. No 156，http：// adilet. zan. kz/rus/docs/Z940007000_ .

⑧ Кодекс Республики Казахстан Экологический кодекс Республики Казахстан，9 января 2007 года № 212-Ⅲ，http：//online. zakon. kz/document/？ doc_ id =30085593.

⑨ Закон Республики Казахстан О магистральном трубопроводе，22 июня 2012 года № 20-Ⅴ，http：//adilet. zan. kz/rus/docs/Z1200000020.

26~28 章）和附则（第 29~30 章）。该法提出了"跨国干线管道"的概念，但并无针对跨国油气管道建设的专门规定和要求。

《干线管道法》对国家对干线管道的所有权做了明确规定：该法第 7 章第 2 条规定：禁止干线管道归属自然人、合伙人及按照外国法律注册登记的法人所有，即哈境内的干线管道应该归属按照哈国法律注册登记的法人所有。

第 7 章第 3 条规定：哈国政府对新建干线管道项目拥有优先参股不低于 51% 的权利，以及优先赎买现行干线管道所有权转让份额或干线管道所有者-法人股票（股份）的权利。政府有权放弃优先权，即在收到商业建议 2 个月内做出拒绝优先参股 51% 以上或购买转让股份的权利。该章第 6 条规定，政府有权将优先权转让给国家公司或国家运营商。

通过《干线管道法》的制定，哈国家加强了对油气干线管道这一战略设施的管控，突出强调维护哈国家的利益，这是哈国干线管道立法领域的一个重大变化。未来中方若在哈建设新的油气干线管道，有可能受到哈《干线管道法》关于国家优先参股权的制约，除非哈国家放弃优先权。

3. 油气管线建设运营主体的法律要求

（1）哈萨克斯坦国家油气公司为干线管道的国家运营商。

哈萨克斯坦《干线管道法》提出了国家运营商的概念。根据该法第 6 章规定，国家运营商拥有对哈萨克境内相应产品（石油管道、天然气管道、成品油管道）优先提供运营服务的权利，即干线管道所有人拟吸引有关企业提供运营服务时，应对首先按照不低于其他企业的条件向国家运营商提出建议，以书面形式向国家运营商提出服务条件。如果国家运营商在接到通知后的 1 个月内放弃，则干线管道所有人有权将提供运营服务的权利和义务转交给其他运营服务机构。

目前哈国家油气公司（КазМунайГаз-КМГ／KMG）是哈油气勘探、开采、加工和运输领域的国家运营商。其根据哈萨克斯坦 2002 年 2 月 20 日第 811 号总统令，以及落实总统令的 2002 年 2 月 25 日第 248 号政府决议，在兼并原哈萨克斯坦石油控股公司和石油天然气运输公司的基础上成立。哈财政部国有资产和私有化委员会代表政府出任公司注册人。哈萨克斯坦国家财富基金（萨姆鲁克—卡泽纳基金）控制 90% 的股份，哈萨克斯坦中央银行控股权为 10%+1 股。目前，哈国家油气公司（КМГ）控制哈国石油干线管道运输的

65%、阿克套港口油轮运输的 77%、天然气干线管道运输的 95% 及原油加工的 82%。① 公司下属的三级子公司 ICA（Intergas Central Asia）负责哈境内所有干线天然气管道的运营和技术服务，包括向哈境内用户供气的管道和过境哈国的跨国天然气管道。ICA 公司的母公司为哈输气公司（KazTransGas，KMG 的全资子公司）。公司的全资子公司 KTO（KazTransOil）负责哈境内所有干线原油管道的运营和技术服务。由此可见，哈国家油气公司不仅是哈石油管道的主要运营商，也是管道运输服务市场的垄断性实体。

另外，哈萨克斯坦对油气干线管道的设计、建设、运营也实行许可证管理。根据哈萨克斯坦《许可法证》第 12 条、第 33 条规定，设计、建设和运营干线天然气管道、干线原油管道、成品油管道均须获得许可证。

（2）跨国管道须由专门政府间协议确定建设运营商。

以里海财团管道为例，哈萨克斯坦和俄罗斯政府为该管道建设运营通过专门决议，根据该决议，财团有权决定该管道输油收费标准，并收取国内经该管道的输油费。财团还可规定和调节哈境内用户加入里海财团管道的标准。根据管道股东签署的总协议，该管道专门输送股东开采的石油。管道运输股东的石油量不一定与其在股本中的份额相符。管道股份的 50% 属于生产商，50% 归俄罗斯、哈萨克斯坦和阿曼所有。如果股东未用完分配给其的管道输送量份额，必须先向其他股东提供未使用的输油额度，首先是制造公司，然后是国家股东。②

中哈原油管道是中国在哈参与投资兴建的第一条跨国原油管道。根据中国政府和哈萨克斯坦政府 2004 年 5 月 17 日签订的《油气领域全面合作发展的框架协议》和中国石油天然气集团公司（CNPC）与哈萨克斯坦国家石油公司（KMG）2004 年 5 月 17 日签订的《阿塔苏—阿拉山口石油管道建设基本原则协议》，于 2004 年 7 月 6 日正式成立了中哈管道有限责任公司（Kazakhstan-China Pipeline Limited Liability Partnership，简称 KCP），KCP 为哈萨克斯坦法人单位，注册地为哈萨克斯坦阿拉木图市，参股人为 CNPC 下属的中国石油天然气勘探开发公司（CNODC）和 KMG 下属的哈萨克斯坦国

---

① Общая информация，http：//www.kmg.kz/rus/kompaniya/obshaya_ informaciya.
② Обзор нефтегазовых трубопроводов Казахстана，http：//www.investkz.com/journals/28/387.html.

家石油运输股份公司（KTO），双方各持 50%的股份。①

中哈原油管道属于管道独立运营模式的典型案例。管道独立运营模式也称独立管道公司模式，即上游油气田勘探开发、中游输油气管道建设与运营、下游油气销售均按照不同业务范围成立独立的合资公司。管道公司一般由油气产品购买国公司与资源国公司、管道过境国公司或其他投资公司合资组成一个独立的管道合资公司，进行管道项目的建设和运营。合作伙伴按照协议出资，利润按投资比例进行分配。

四　本节小结

哈萨克斯坦境内一部分跨国油气管道是苏联时期所建，独立后，里海财团管道和中哈原油管道的建成使哈具有了独立出口的新通道。哈拥有丰富的油气资源，出口通道多元化是哈发展的重要战略，哈天然气管道主要是过境管道。

哈萨克斯坦通过《干线管道法》加强国家对油气干线管道的管控。哈萨克斯坦对油气干线管道的设计、建设、运营实行许可证管理，设计、建设和运营干线天然气管道、干线原油管道、成品油管道均须获得许可证。从实际的管理和运营情况看，哈国境内石油干线管道的所有者和运营商并不完全为国家石油公司所垄断，跨国石油出口干线管道主要是由哈国有石油公司与外国石油公司的合资公司所有、管理和运营。境内输送外资参与项目生产原油的干线管道，也可以由项目作业者或专门成立的合资公司所有和运营。

哈萨克斯坦油气产业上、中、下游均对外资开放，外资帮助建设新的输油管道，但外资进入门槛逐步提高，国家开始加强对管道的控制。法律规定，政府对新建干线管道项目拥有优先参股不低于 51%的权利，优先赎买现行干线管道所有权转让份额或干线管道所有者-法人股票（股份）的权利。政府有权放弃优先权，即在收到商业建议 2 个月内做出拒绝优先参股 51%以上或购买转让股份的权利。政府有权将优先权转让给国家公司或国家运营商。国家运营商拥有对哈萨克境内相应产品（石油管道、天然气管道、成品油管道）优先提供运行服务的权利。

---

① 于震红、寇忠、关洪超：《海外油气管道运营模式探讨与案例分析》，《国际石油经济》2011 年第 9 期。

无论内资还是外资，在管道的设计、建设和运营管理、土地使用、管道安全、生态环保等方面的问题，均受《民法典》《土地法》《行政违法行为法》《自然垄断和市场调节法》《矿产和矿产使用法》《建筑、城建和建设活动法》《交通法》《生态法》等法律和法规调节。

第四节 哈萨克斯坦电网建设运营及法律保障

一 电力系统发展现状及促进政策

1. 发展现状

哈的电力产业起步较晚，20世纪60年代中期才形成独立的电力工业。当时修建了一批大型电站，并铺设了当时全世界独一无二的超高压配电网，成为中亚电力生产大国。截至2016年底，哈全国共有大小各类型电站102个，装机总容量20844.2兆瓦。电力结构以火电为主，火力发电占比83.3%，水电占比11.9%，新能源占比不足0.5%，尚无核电发电。2016年哈发电量940.7亿千瓦时，同比增长3.3%。哈萨克斯坦与周边国家基本上继承了苏联时期形成的中亚统一电力网，自北向南连接了俄罗斯、哈萨克斯坦、乌兹别克斯坦和吉尔吉斯斯坦的主要用电负荷中心，用电由位于乌兹别克斯坦的统一调度中心统一调配。

哈电力工业脱胎于苏联的电力工业体系，独立后虽重新规划电力工业布局，完善电力基础设施建设，但基本上没有摆脱苏联时期在该地区的电力生产和供应模式，也相应存在许多问题，突出表现在：哈拥有巨大的电力潜能，但未能充分释放出来。哈最大的潜力是发展核能，其铀探明储量占全球的40%，却没有核电站。哈不同地域电力资源不平衡，西北部地区电力较为丰富，集中了79.2%的发电能力，产出的电力主要输往本国中部地区及出口俄罗斯，西部占比10.8%，南部地区占比10%，电力短缺。此外，哈发电设备和送配电线路老旧，年久失修，生产效率不高，输电线路和设备的老化率已达到70%~80%，近1/3的低压电网已超过使用寿命，需要改造和更新。根据世界经济论坛《2015~2016年全球竞争力报告》，哈萨克斯坦供电质量在144个国家中排名第74位。

2. 未来规划

自 1999 年开始，哈萨克斯坦已通过多个电力领域发展纲要和规划，提出哈国家电力产业的发展目标：一是全国形成统一的电力体系，2020 年前电力生产能够 100% 满足国内需求；二是同俄罗斯和中亚国家实现联网发电；三是建立电力市场的竞争机制；四是改造现有电力企业，并使其生产和管理现代化，提高工作效率；五是发展新能源，改善电力结构，2020 年前替代能源占能源消耗总量的比重超过 3%，最终目标是保障国内电力供应，发展出口潜力和形成有竞争力的电力市场；六是改善电网结构，合理配置电力资源，建设和运营核电站及巴尔哈什热电站，对现有发电和配电基础设施进行现代化改造。

3. 中哈电力合作

中哈在电力行业中的合作从绿色能源开发和节能产品开发应用领域起步。哈国在铀矿、风能、太阳能、水电等领域拥有丰富的资源储备，并提出在 2030 年前实现"绿色经济"转型构想。随着中国核电的发展，中国对核燃料的需求更加旺盛。2015 年，中国广核集团有限公司（简称中广核）与哈萨克斯坦原子能公司合资建设的中哈核燃料组件厂，将共同开发位于哈萨克斯坦南部的伊尔科利铀矿和北部的谢米兹拜伊铀矿，预计 2019 年底建成投产，这将构建从铀矿资源到核燃料市场的稳定的供需关系，成为中哈在绿色能源领域合作的标志性项目。2016 年，中国电力建设集团有限公司所属水电工程顾问集团与哈萨克斯坦巴丹莎公司签署了中亚最大新能源项目巴丹莎风电一期合同，两国企业在风能、光伏等绿色能源领域的合作呈现出光明的市场前景。

尽管是资源大国，哈萨克斯坦仍十分注重节能环保，哈政府于 2012 年通过《节约能源与提高能源利用效率法》，大力推动资源利用与环保节能。目前，众多中国节能设备和节能产品生产企业已进入哈萨克斯坦市场，并经受住了哈萨克斯坦冬季极寒气候条件的考验，赢得了市场口碑。

二 电力体系改革及现有管理体制

(一) 电力体系改革

20 世纪 90 年代中期以前，哈萨克斯坦实行的是中央计划经济的电力管理体制。1995 年，哈颁布关于电力系统的总统令，哈政府随后于 1996 年出台了电力系统私有化和改组纲要。2000～2005年，哈电力系统进行深刻改革，所有发电站均实现了私有化，配电网的私有化也已经完成了部分工作。为建立国内电力市场、降低电价，哈改组了国家电力网，"哈萨克斯坦电力"国家电网公司成为技术支持商，组建了一批独立的电力生产公司。为了配送和销售电力，在原有电力网的基础上组建了一批地区电力公司。这样，原来统一的"哈萨克斯坦电力"国家电网公司一分为三，并逐渐形成了目前的电力管理体制：

——国家电网管理公司是国家电网（KEGOC KASE：KEGC）主要是高压电网的拥有者和管理者；

——地区电网公司是地区（电网电压为0.4千伏、6～10千伏和35～100千伏）电网的拥有者和管理者；

——电力生产者（地区电站、热电站、水电站）一般指独立的法人（通过出租或出售转交个人），不从属于任何一家电网公司。

大部分高压输电线转给国家电网公司，其他转给地区电网公司。

（二）电力监管及行业格局

1. 与电力有关的哈政府主管部门

哈萨克斯坦工业和新技术部负责制定政策。工业与新技术部是哈萨克斯坦主管工业发展、工业创新、科技研发、矿山和冶金综合体、机械制造、化工、制药、轻工、木材加工和家具业、建筑业和建材生产领域的政府部门。其职责范围主要包括：对符合行业发展方向的投资、机械设备安全与化学产品安全给予国家支持；经济特区的建立、运作与取消；技术管理与统一测量；能源、除石油天然气原料以外的矿产资源的国家地质调查；矿产原料基地的再生产；地下资源的合理与综合利用；地下资源（固体矿产、地下水和医疗用泥土）的国家管理；煤炭工业；原子能利用；支持可再生能源利用；电力供应等。

哈萨克斯坦能源监管委员会负责监管。该委员会隶属于哈工业与新技术部。主要负责对国家电力和热力的生产、传输、分配、消费与安全进行监管。如技术和安全指标、系统运行稳定性、冬季供暖保障、电力项目建设可行性审批、电力法律和规则落实执行情况、许可证发放等。

萨姆鲁克—卡泽纳国家福利基金（Самрук-Казына）负责管理国有能源

企业。萨姆鲁克—卡泽纳国家福利基金（简称"SK 基金"）是 2008 年由萨姆鲁克国有资产控股集团和卡泽纳稳定发展基金两家单位合并而成，是哈参照新加坡淡马锡控股集团管理模式而组建的国有资产经营管理机构，负责管理哈所有的大中型国有企业。

2. 与电网有关的企业

萨姆鲁克能源公司和哈国家电网公司负责电力输配送。哈萨克斯坦电力基础设施一直由国家电网公司、萨姆鲁克—卡泽纳国家福利基金负责规划、招标、融资、建设、运营。基金下属的萨姆鲁克能源公司整合了原萨姆鲁克下属的埃基巴斯图兹能源中心、曼吉斯套电网公司、布赫塔尔马水电站、舒利宾斯克水电站、乌斯季-卡缅诺戈尔斯克水电站等几家公司，组成了统一的国家电力投资和管理公司。

哈萨克斯坦电力交易市场公司（KOREM）负责电力交易。哈萨克斯坦电力交易市场 2000 年由哈财政部下属的国有资产和私有化管理委员会组建，2004 年改组为股份公司，现隶属于萨姆鲁克—卡泽纳国家福利基金，股份 100%国有。目前共有 134 家会员单位，交易量占哈电力批发市场的 35%。哈电力交易市场借鉴北欧 Nord Pool、德国 EEX、荷兰 APX、英国 UKPX、澳大利亚 EXAA 等地区的交易模式，于 2002 年建立了符合哈萨克斯坦国情的电力批发交易规则，按照"提前一天市场清算电价"模式运作。

哈萨克斯坦能源科学研究所负责制定能源发展规划。能源科学研究所成立于 1944 年，苏联时期起初属于苏联科学院哈萨克斯坦分院下属的一个研究所，后划归能源部管理。2006 年改组为股份公司，现隶属于萨姆鲁克—卡泽纳国家福利基金，其拥有该所 50%+1 股份。研究所下设有基础和应用研究中心、能源工程中心、节能和可再生能源利用中心、创新和设计中心等部门。主要研究领域为能源生产、新能源、节能技术、能源发展规划等。

三 干线输电网建设及跨境输电的法律保障

1. 总体立法情况

哈萨克斯坦共和国《电力法》[1]（2004 年 7 月 9 日，第 588-Ⅱ号）是针

---

[1] Закон Республики Казахстан Об электроэнергетике, 9 июля 2004 года № 588-Ⅱ, http：// online. zakon. kz/Document/？ doc_ id = 1049314.

对电网建设运营的专门立法，旨在调节电力和热力在生产、传输、使用过程中发生的公共关系。

2. 电网建设运营主体的确定程序

哈萨克斯坦电网建设运营实行许可证管理和备案制。哈萨克斯坦《电力法》第2章第9条规定，设计、建设分流输电线和变电站事先要通知并经授权机构、负责自然垄断领域监管和调节活动的国家机构以及系统运营商同意。

哈萨克斯坦《许可证法》规定，建设电压在35千伏和110千伏或以上的电力传输干线实行许可证管理。

3. 电网建设运营权的获得

从实际操作看，电网建设、运营需要经过以下程序：准备项目文件；准备和批准建设项目可行性研究报告；研究协调批准建设项目；进行环保影响评估；取得项目建设许可。

准备项目文件内容包括：建设用地情况，由订货人批准设计任务，获得连接工程和公共设施保证的技术条件，领取建设规划任务。

需要协调的单位：国家电力监管机构，地方执法机构，哈萨克斯坦工业和新技术部，哈萨克斯坦建设、公共住房服务事务署等。

4. 电网建设运营中的特许权经营

为扩大投资渠道，近年来哈萨克斯坦尝试在基础设施建设中引进公私合作伙伴关系模式。目前电力基础设施建设中唯一的合作案例是建设"北哈萨克斯坦——阿克纠宾"跨地区输电线。

为实施该投资项目，2005年11月以法人形式注册了"Батыс транзит"股份公司，经2005年12月9日第1217号政府令批准；2005年12月28日，哈萨克斯坦能源部代表政府与"Батыс транзит"股份公司签署了特许经营协议。

2008年11月，欧亚开发银行签署了贷款协议，为"Батыс Транзит"股份公司提供3050万美元的7年期贷款。萨姆鲁克—卡泽纳国家福利基金和哈萨克斯坦统一电力系统运营商KEGOC也参与了该项目。

该项目具有一体化特点：其设备由俄罗斯和乌克兰提供，同时新输电线路的开通将增加俄哈合作项目埃基巴斯图兹ГРЭС-2号的产量和供电量。2009年第一季度，在取得相关供配电、开发电网和电站许可证后，该项目开始启动。2009年12月，借款人得到了国家验收委员会关于开发跨区输电线的最后许可。目前，输电线在现行供电合同基础上顺利运行。

2012 年，欧亚开发银行和"Батыс транзит"股份公司的合作继续发展，银行开通了总价 31 亿坚戈的补充信贷线，在 2015 年前的贷款期限内由银行提供给项目。该贷款专用于将一个大型消费项目接入跨区输电线，以保证输电线能够满负荷运转。

5. 外资对电网建设运营的参与

哈目前尚无委托外国公司管理的公路和铁路、电网，哈国的基础设施全部属于国家所有。《哈萨克斯坦 2010~2014 年电力发展纲要》①《2030 年前电力发展纲要》② 均提出要扩大吸引外资参与电力行业活动。2003 年 1 月 8 日，哈萨克斯坦共和国新《投资法》出台，规定不论内资还是外资，在哈萨克斯坦投资都将享受统一的优惠政策。哈萨克斯坦《许可证法》规定实施许可证管理的行业和活动并不包括电力行业。从法律层面看，应该允许外资进入电力市场。

四 本节小结

哈电力工业脱胎于苏联的电力工业体系，存在不同地域电力资源不平衡的问题。哈萨克斯坦电力行业发展新纲要提出的目标是建立统一的电力系统，利用再生能源，加强国家监控和发展电力设备制造业等。

1996 年之前，哈萨克斯坦实行统一的输配电模式，1996 年之后，哈进行了电力系统市场化改革。原来统一的"哈萨克斯坦电力"国家电网公司一分为三，并逐渐形成了目前的三级电力管理体制。

哈萨克斯坦电网建设运营实行许可证管理和备案制。电力基础设施一直由国家电网公司、负责国有资产管理的萨姆鲁克—卡泽纳国家福利基金（Самрук-Казына）负责规划、招标、融资、建设、运营。哈萨克斯坦《许可证法》规定实施许可证管理的行业和活动并不包括电力行业。哈萨克斯坦允许外资进入电力市场，进行特许权经营。

---

① Программы по развитию электроэнергетики в Республике Казахстан на 2010－2014 годы Постановление Правительства Республики Казахстан от 29 октября 2010 года № 1129.

② О Программе развития электроэнергетики до 2030 года, Постановление Правительства Республики Казахстан от 9 апреля 1999 года № 384, http://adilet.zan.kz/rus/docs/P990000384.

第四章 乌兹别克斯坦基础设施建设
运营现状及其法律保障

乌兹别克斯坦位于中亚中部,是世界上两个双内陆国之一,即本国和邻国均没有出海口。乌还是中亚人口大国,其人口占中亚总人口的45%以上,人口密度大,对交通需求量大。乌全境地势东高西低,平原低地占全部面积的80%,地理位置优越,处于连接东西方和南北方的中欧中亚交通要冲的十字路口,是著名的"丝绸之路"古国,古代曾是重要的商队会合点,是对外联系和各种文化相互交流的活跃之地。独立20多年来,乌兹别克斯坦积极发展基础设施,形成了覆盖全国的统一铁路网,并对大部分线路进行现代化改造,实现了电气化,开通了中亚地区第一条高速铁路,大力改造国内既有公路,积极开展国际合作。米尔济约耶夫总统上任后,乌兹别克斯坦进入对外开放的新时期。

第一节 乌兹别克斯坦铁路基础设施
建设运营及法律保障

一 铁路发展运营现状及促进政策

1. 发展现状

苏联时期中亚虽然已形成了统一的铁路运输系统,但由于该地区地理条件的限制,各国国内并没有独立的铁路网。1991年苏联解体之前,乌兹别克斯坦除了通往北部方向俄罗斯的铁路外,没有通往其他方向的公路、铁路和航线,社会经济实际处于相对封闭状态。地处大陆深处,交通封闭等因素严重制约乌兹别克斯坦参与全球化进程和经济发展。零碎和断裂的运输系统使乌兹别克斯坦不仅难以与外界联通，而且在国内也很难沟通：连接乌兹别克斯坦西北和西南地区的铁路线需要经过土库曼斯坦，通往费尔干纳山谷和其他地区之间的铁路需要通过塔吉克斯坦。苏联解体后，由于中亚各国关系在强化主权过程中逐步复杂化，各国为自身安全和经济利益，不惜封锁和切断与他国的陆路运输，甚至爆发"贸易战"和"交通战"，影响了地区和国家经济的发展。在这一背景下，发展交通基础设施、建设国内统一的铁路网、打通交通大动脉、建立通往外部世界的现代交通通道、成为独立后乌兹别克斯坦必须要解决的迫切任务。

2. 发展目标

围绕上述目标，乌总统签发《2011～2015 年乌兹别克斯坦共和国工业发展优先方向》[①]《2011～2015 年加快交通基础设施和公共建设》[②]《2015～2019 年公共工程和道路运输基础设施发展和现代化规划》[③]《2015～2019 年保障生产结构改革、现代化和多元化措施》[④] 等多个总统令和政府决议。1994～2001 年，依靠自有资金，乌兹别克斯坦建设了两条具有重要战略意义的铁路：一条是 342 公里长的 Навои-Учкудук-Нукус 铁路，另一条是 223 公里长的 Ташгузар-Байсун-Кумурган 铁路。2016 年 6 月 11 日，在乌兹别克斯坦独立 25 周年前夕，开通了第一列从塔什干到安集延的客运火车。[⑤]

为改善国内铁路运输服务质量，乌兹别克斯坦通过亚洲开发银行贷款，实施了修复塔什干—撒马尔罕—布哈拉铁路段和科列斯—布哈拉铁路段 600

---

① Постановлениям Первого Президента Республики Узбекистан от 15. 12. 2010 г. №ПП-1442 《О приоритетах развития промышленности Республики Узбекистан в 2011-2015 годах》.

② Постановлениям Первого Президента Республики Узбекистанот 21. 12. 2010 г. №ПП-1446 《Об ускорении развития инфраструктуры, транспортного и коммуникационного строительства в 2011-2015 годах》.

③ Постановлениям Первого Президента Республики Узбекистанот 06. 03. 2015 г. №ПП-2313 《О Программе развития и модернизации инженерно-коммуникационной и дорожно-транспортной инфраструктуры на 2015-2019 годы》.

④ указу Президента Республики Узбекистан от 04. 03. 2015 г. №УП-4707 《О Программе мер по обеспечению структурных преобразований, модернизации и диверсификации производства на 2015-2019 годы》.

⑤ Транспортные коридоры: перспективы для Узбекистана, 29 ноября 2016, https://www.uzdaily.uz/articles-id-30675.htm Узбекская железная дорога (УТИ): история, современное состояние и общая протяженность. 2октября 2018, http://monateka.com/article/290832/.

公里光纤改造。2008 年，乌兹别克斯坦与西班牙 Тальго 公司签署购买两列
高速客车和货车的合同，2011 年 10 月 8 日，塔什干—撒马尔罕—塔什干高
铁线路开通。这是中亚地区的第一条高铁线路，乌兹别克斯坦也成为独联
体内除俄罗斯外第二个有高铁的国家。

随着这些新路线的开通运行，乌兹别克斯坦不仅建立起覆盖全国所有
地区的统一铁路系统，方便了居民出行，将工业区域与资源产地相连，降
低了运输成本，同时打开了经阿富汗走廊进入印度洋、南亚和东南亚港口
的通道，扩大了国家出口和参与过境运输的可能性。截至 2016 年，乌兹别
克斯坦铁路总长度 6500 多公里，其中 1200 公里为独立后新建，目前 2500
公里已实现电气化，3800 公里已完成现代化改造。现有主要铁路干线有南北
向的塔什干—铁尔梅兹线、塔什干—卡拉库里线，东西向的塔什干—吉扎
克—撒马尔罕—纳沃伊—乌尔根齐—努库斯线、杜尚别（塔吉克斯坦）—铁
尔梅兹—别伊涅乌（哈萨克斯坦）线、布哈拉—卡尔西线等。乌兹别克斯坦
已成为中亚地区铁路网密度最高的国家，铁路里程居世界第 37 位。

按照乌兹别克斯坦《2015～2019 年发展现代化通信和道路运输基础设
施规划》，到 2020 年其铁路年客运量将从 2016 年的 2010 万人次增加到 2400
万人次，货运量由 8180 万吨增加到 1 亿吨。

3. 铁路管理体制及其改革

乌只有乌兹别克斯坦铁路公司（简称乌铁公司）一家国有铁路股份公
司，根据乌总统令，该公司于 1994 年 11 月 7 日在原中亚铁路网乌兹别克斯
坦段的基础上成立，由 5 个地区枢纽站、2 个单一制企业、13 个隶属分部、
22 个社会基础设施网点、5 个开放式股份公司组成，公司由乌政府管辖。其
中 5 个股份公司承担了乌铁公司的主要业务，负责客、货车厢维修及旅客、
冷藏及集装箱货物运输。2001 年，根据乌国家铁路运输改革规划，乌铁公
司由单一国有制企业改组为国有开放式股份公司，国家 100%控股。2015 年
4 月，根据№ УП-4720 总统令和乌铁公司股东联席会议，乌铁公司由原国
有股份公司改为股份公司。①

---

① История акционерного общества 《Узбекистон темир йуллари》，http：//railway. uz/ru/
gazhk/istoriya_ zheleznykh_ dorog/.

乌铁公司自 1994 年成立起就成为国家经济发展中最重要的公司之一，为推动交通部门的技术创新，提高经济和工业增速发挥了重要作用。目前，乌铁公司已成为集基础设施建设运营和机车车辆管理为一体的垂直一体化公司。公司下辖 6 个地区铁路枢纽，具体包括车站、路段、信号和通信系统、供电、机车和车辆段、机车的技术和商业检查站等。在这一体制下，乌国内铁路建设、改造项目均由其组织实施，铁路运营主体由该公司代表国家依法确定。

二　参与国际铁路运输合作情况

铁路在发展对外贸易、实施经济外交中扮演重要角色。独立前，乌兹别克斯坦只能通过 3 个港口开展对外经贸业务：通往黑海的伊利切夫斯克港、通往波罗的海的圣彼得堡港、通往远东的符拉迪沃斯托克港，乌兹别克斯坦距这 3 个港口的距离分别为 3000 公里、4300 公里和 8000 公里，大大增加了货物运输成本。1991 年独立后，为改变这一现状，乌兹别克斯坦积极发展与国际铁路协调组织的合作关系，加入了广泛的国际运输走廊网络（见表 4-1）。

表 4-1　乌兹别克斯坦与有关国际组织建立的联系

	国际铁路协调组织名称	总部所在地
1	国际铁路联盟（International Union of Railway/UIC）	法国巴黎
2	联合国亚太经济社会理事会（The Economic and Social Commission for Asia and the Pacific/UNESCAP）	泰国曼谷
3	中亚区域经济合作（Central Asia Regional Economic Cooperation/CARES）	菲律宾马尼拉
4	铁路合作组织（Organization of cooperation of railways，Организация сотрудничества железных дорог/ОСЖД）	波兰华沙
5	经济合作组织（Economic Cooperation Organization/ESO）	伊朗
6	独联体国家铁路运输委员会	俄罗斯莫斯科

资料来源：Международная деятельность，http://railway.uz/ru/gazhk/istoriya_zheleznykh_dorog/。

2006 年 11 月 11 日，在韩国釜山举行的联合国亚洲及太平洋经济社会委员会运输部长会议上，乌兹别克斯坦签署了加入泛亚铁路网的国际协议。由于乌没有出海口，该协议的签署将有助于改善乌兹别克斯坦对外经济关系中的铁路运输保障。

为发展国际贸易和广泛开展地区合作，在乌兹别克斯坦倡议下，乌兹别克斯坦、土库曼斯坦、伊朗、阿曼商讨打造南方交通走廊。2011 年 4 月 25 日，四国外长签署《关于实施伊朗、阿曼、土库曼斯坦和乌兹别克斯坦政府间关于修建国际交通运输走廊协议谅解备忘录》，2014 年 8 月，《关于建设乌兹别克斯坦—土库曼斯坦—伊朗—阿曼交通走廊的协议》正式生效。该走廊的建成将为中亚国家提供通往波斯湾和阿曼湾的最优路线，深化中亚与中东国家的互利合作。

2016 年 12 月乌兹别克斯坦新总统米尔济约耶夫上任后，积极推动中—吉—乌铁路建设项目。乌认为，该铁路有助于推动上合组织内部合作，不仅使相关参与国，而且能使所有中亚国家扩大与中国的经贸关系。中—吉—乌铁路不仅会成为向欧洲输送中国货物的最短路线，还将带动中亚国家交通物流基础设施的发展。

2018 年 9 月 20~21 日，由乌兹别克斯坦发起，在塔什干举行了“国际运输走廊体系中的中亚：战略前景和潜力”国际会议。会议达成共识，要在中亚地区打造统一的一体化交通枢纽，使其成为连接南亚、东南亚、欧洲和中东的重要交通枢纽。此次会议是在近年来中亚地区内部一体化合作趋势加强的背景下召开的，受到上合组织成员国政府首脑第十七次理事会的肯定，认为此次会议为推动建立和发展上合组织地区交通走廊的多边对话做出重要贡献。[①]

乌兹别克斯坦加入的国际铁路运输走廊如下。

（1）通往波罗的海方向：过境哈萨克斯坦和俄罗斯通往拉脱维亚的里加、利耶帕亚和文茨皮尔斯，立陶宛的克莱佩达，爱沙尼亚的塔林。

（2）通往欧盟国家：过境哈萨克斯坦和俄罗斯，经白俄罗斯和乌克兰

---

① 见《上海合作组织成员国政府首脑（总理）理事会第十七次会议联合公报（全文）》，2018 年 10 月 13 日，中国外交部网站。

的边境乔普口岸和布列斯特口岸抵欧盟国家。

（3）黑海方向：过境哈萨克斯坦和俄罗斯抵乌克兰的伊利切夫斯克港。

（4）跨高加索走廊方向：过境土库曼斯坦、哈萨克斯坦和阿塞拜疆，通往黑海。

（5）波斯湾方向：过境土库曼斯坦抵伊朗阿巴斯港。

（6）东部方向：经哈萨克斯坦—中国的边境口岸（多斯托克/阿拉山口）抵中国的东方港和俄罗斯远东的纳霍德卡港、符拉迪沃斯托克港等。

（7）中国方向（过境吉尔吉斯斯坦）抵中国黄海、东海和南中国海的港口。

（8）南方走廊：随着阿富汗局势的改善，将过境阿富汗通往伊朗的阿巴斯港和巴基斯坦的卡拉奇港。

三　乌兹别克斯坦铁路建设运营的法律保障

1. 总体立法情况

乌兹别克斯坦共和国《铁路运输法》①　（1999 年 4 月 15 日批准，第766-1 号）。旨在调节铁路运输企业与发货人、收货人、旅客、其他法人和自然人在享用铁路运输服务时的相互关系。

乌兹别克斯坦共和国《铁路章程》②　（2008 年 10 月 23 日批准，第232号）。旨在确定铁路、使用铁路服务的法人、自然人、公民的权利、义务和责任，规范预测和执行铁路运输量、签署和执行铁路运输合同的程序，完成客货运输的基本条件，开发新线路的基本规定，以及铁路发货人、货物接收人及旅客之间的相互关系。

2. 对铁路建设运营主体的法律要求

（1）作为铁路建设运营主体的条件及权限。

乌铁路建设运营为自然垄断和国家垄断的混合体，全国只有一家国有

---

① Закон Республики Узбекистан. О железнодорожном транспорте, 15 апреля 1999 года No766-I, http：//base. spinform. ru/show_ doc. fwx？ rgn = 868.

② Устав железной дороги Республики Узбекистан（Приложение к Постановлению КМ РУз, 23. 10. 2008. No 232, https：//nrm. uz/contentf？ doc = 164186_ ustav_ jeleznoy_ dorogi_ respubliki_ uzbekistan_ （prilojenie_ k_ postanovleniyu_ km_ ruz_ ot_ 23_ 10_ 2008_ g_ n _ 232）.

铁路公司。

乌兹别克斯坦《铁路运输法》① 第 10 条规定，由国家的铁路运输管理机构对铁路运输实行集中管理。任何人都无权干预与运输过程相关的铁路运输活动。国家铁路运输管理机关在其权限内通过的决定，对所有的法人和自然人、地方国家权力机关带有强制性。

国家铁路运输管理机构在铁路运输领域的任务是：在组织和完成铁路运输中实行统一的国家政策；就铁路运输活动和运输条件通过标准化文件；促进形成和发展运输服务市场；对发展和开发铁路运输、包括部门的铁路运输专线实行监管；对铁路运输部门实行税费政策；开展铁路运输领域的国际合作；依照法律行使其他权限。

（2）铁路建设运营权的获得。

从产权归属看，根据乌兹别克斯坦《铁路运输法》第 3 条规定，铁路运输企业、公共铁路和其他直接保证连续运输、运行安全和进行事故恢复工作的铁路资产，只能是国家所有。

基础设施建设是乌兹别克斯坦承包工程市场的重要组成部分。乌兹别克斯坦国有运输建筑联合体主要负责铁路、公路及其专用线、地铁、无轨及有轨公交线路、隧道、桥梁的建设与维修。凡是与交通有关的建设项目，如铁路修理厂、车辆厂、铁路电气化等均由该公司承建。

3. 铁路建设运营中的特许权经营

乌兹别克斯坦《特许权经营法》② 规定，特许经营是以国家名义颁发给外国投资者从事一定经营活动的许可，这些活动与根据所签署的特许经营合同向外国投资者提供资产、地块或地下资源有关。在特许经营活动过程中发生的法律关系由本法和乌国其他法律调节。

特许经营对象为乌国法律未禁止的并与向外国投资者提供资产、地块和地下资源有关的某些经营活动。

特许经营法律关系的主体为：

---

① Закон Республики Узбекистан. О железнодорожном транспорте, 15 апреля 1999 года №766-I, http://base.spinform.ru/show_doc.fwx? rgn=868.

② Закон Республики Узбекистан О концессиях, 30 августа 1995 года № 110-I, http://online.zakon.kz/Document/? doc_id=30544553.

——特许经营机构——由乌国内阁授权的国家管理机构及地方国家权力机构；

——特许经营受让人——与之签署特许经营合同的外国投资者。

特许经营法中没有明确规定铁路建设运营是否可采用特许经营方式。但随着乌国内基础设施建设的逐步展开，以及独联体其他国家进行特许经营的示范效应，乌国内亦开始酝酿在铁路建设中引进特许经营模式。

4. 外资对铁路建设运营的参与

乌没有出台禁止、限制外资的法律法规，政府的各项决议鼓励外资参与棉、纺织行业。对国家垄断行业，如能源及重点矿产品（如铀）开发等领域有股权限制，外资所占股份一般不得超过 50%，航空、铁路等领域则完全由国家垄断。1994 年，政府制定了一系列法律，对一些产业实施许可证制度，许可证有效期为 5 年，期满时需要重新获得许可。

乌投资管理体制的一大特点是：由国家提供担保还款的外国投资或者贷款的项目必须经过乌内阁和总统同意，并纳入国家的引资规划，以维护国家的还贷信誉。经济部、外经贸部、财政部是乌兹别克斯坦贸易投资的主要管理机构。

利用外国贷款的投资项目所在地的政府职能部门提出申请后，外经贸部重点审查所提项目的商务条件（设备价格、市场需求等），经济部重点从国家的宏观经济战略考虑是否有引进外资的必要，财政部则重点从国家财政资金的偿还能力、所需贷款资金的规模来审查项目。所有上述政府机构仅对自己职权范围内的具体工作负责，最后均须报告内阁，最终由内阁上报总统批准。超过 1000 万美元的投资项目需要得到特别批准。

5. 法律规定及实践中常用的建设运营方式及融资模式

乌《铁路运输法》第 14 条对铁路运输融资及经营活动做出如下规定。

铁路运输活动的融资由自有经营活动收入支付，国家预算资金对优惠运费支出给予部分补偿。

从各种运输形式中获得的铁路运输收入的分配程序由国家铁路运输管理机关参考每家铁路运输企业在运输过程中的具体贡献规定。

对铁路线路、具有机动意义的设施（其中包括工业企业）、电气化及通信设施的建设和改造、购买机车和大型专门机械按照法律规定的程序进行。

铁路专用线、停靠站、货场及其他设施的建设，可根据意向由感兴趣的法人和自然人出资按规定的程序进行。

铁路线路、火车站、天桥和隧道、旅客月台和其他铁路服务设施的建设和购买用于郊区火车的机车可用铁路基金支付，也可由地方预算或感兴趣的法人和自然人出资。

为了解决铁路运输发展问题，国家铁路运输管理机构可建立集中保险和储备基金。

郊区旅客运输的拨款由地方国家政权机关实施，可由地方预算或感兴趣的法人和自然人出资。

从已完成的铁路建设工程看，国际金融组织贷款成为项目融资的重要来源。乌兹别克斯坦铁路公司曾在 2006~2010 年引进外资 8870 万美元用于改造铁路基础设施。乌铁公司于 2006 年底进行项目招标，购买进口设备，吸引外资参与塔什干—安格连铁路电气化改造。该段铁路全长 114 公里，项目共分为五个标段，其中包括变电站、接触网、信号系统、通信系统、SKADA 系统等。乌方业主为乌兹别克斯坦铁路公司。德国复兴信贷银行（KFW）于 2005 年初向乌政府提供了 2530 万欧元的优惠贷款，期限为 40 年，包括 10 年的宽限期，贷款利率为 0.75%。项目金额约 6000 万美元，融资来源为德国银行及科威特银行贷款。

2013 年 7 月至 2016 年 3 月，乌兹别克斯建设坦安格连—帕普电气化铁路，该工程总金额 19 亿美元，融资来源为国际金融机构贷款 10 亿美元及乌自有资金。

中国中铁隧道集团参与该铁路卡姆奇克段 19 公里隧道建设工程。

乌兹别克斯坦铁路公司最重要的金融和商业合作伙伴包括：世界银行、日本国际协力机构（JICA）、欧洲复兴开发银行（ЕБРР）、德国复兴信贷银行（KFW）、中国进出口银行（EXIMBC），以及日本住友商事、丸红商事、清水日本工程建筑等。[①]

四　本节小结

独立后，乌兹别克斯坦积极推进铁路基础设施建设。乌兹别克斯坦只

---

① Международная деятельность, http://railway.uz/ru/gazhk/istoriya_ zheleznykh_ dorog/.

有乌兹别克斯坦铁路公司一家国有铁路股份公司，铁路建设、改造项目均由其组织实施，铁路运营主体由该公司代表国家依法确定。

乌没有出台禁止、限制外资的法律法规，但航空、铁路等领域仍完全由国家垄断。特许经营法中没有明确规定铁路建设运营可否采用特许经营方式，但随着乌国内基础设施建设的逐步展开和独联体其他国家进行特许经营的示范效应，乌国内亦开始酝酿在铁路建设中引进特许经营模式。

目前乌国家的铁路运输管理机构对铁路运输实行集中管理。国家铁路运输管理机构在其权限内通过的决定，对所有的法人和自然人、地方国家权力机关都带有强制性。

乌铁路运输活动的融资由自有经营活动收入支付，国家预算资金对优惠运费支出给予部分补偿。

第二节　乌兹别克斯坦公路基础设施建设运营及法律保障

一　公路运输发展运营现状及促进政策

1. 发展现状

公路是乌兹别克斯坦的主要运输形式之一，在国内和跨国运输中发挥着十分重要的作用。乌国内 88% 的客货运输是由公路完成，汽车运输服务年增幅达 20%。

干线公路将各州联通，并与俄罗斯、哈萨克斯坦、塔吉克斯坦、吉尔吉斯斯坦、阿富汗等邻国公路网相连。截至 2017 年 1 月，乌兹别克斯坦公路总长度 184000 公里，其中 42695 公里为普通干线公路。此外，还有城市街道 7126 公里，区域中心街道 12529 公里，农村居民点街道 64839 公里，农场内部道路 32066 公里，企业和机构的检查道路 24745 公里。[①] 乌兹别克斯坦公路密度为 193.33 公里/1000 平方公里，在中亚国家中居第二位，低

---

① 乌兹别克斯坦国家公路委员会新闻中心：《为人类福祉的公路改革》，http://www.uzautoyul.uz/ru/post/2017-yihning-8-woyabr。

于世界 246.22 公里/1000 平方公里的平均水平。现阶段，乌公路发展战略的重点是建设国家级公路和跨境公路。

乌兹别克斯坦是 9 个国际公约和 2 个调节汽车运输的国际协定的缔约国。已与欧洲、亚洲和独联体的 26 个国家（土耳其、乌克兰、白俄罗斯、格鲁吉亚、摩尔多瓦、土库曼斯坦、吉尔吉斯斯坦、哈萨克斯坦、拉脱维亚、立陶宛、芬兰、罗马尼亚、斯洛伐克、保加利亚、希腊、捷克、俄罗斯、意大利、德国、奥地利、瑞士、匈牙利、荷兰、波兰、斯洛文尼亚和伊朗）签署了国际汽车运输领域的双边协定。目前正在与其他国家缔结类似条约。[①] 有 20 条国际运输公路经乌境内通过。[②]

苏联解体至今，乌兹别克斯坦基础设施仍较为落后，目前尚无高速公路。普通公路网中，每年有 3000 公里道路需要大修，7000 公里需要进行中等维修。由于资金和生产能力有限，实际每年只能维修 2000 公里。

2. 发展目标

2011 年初，乌总统批准《2011～2015 年加快发展基础设施和交通运输建设规划》。该规划确定了加快交通运输基础设施发展的几个方向。其中公路方面主要包括：建立统一的国家公路运输网，建立新的运输走廊，保证以最短的距离进入国际运输走廊并增加过境运输；增强进入地区和国际市场的能力，提高利用出口潜力的效率，扩大国产商品销售市场；保证及时采购补充公路改造和建设所需的现代化道路施工设备，在道路建设中引进现代工艺设备并采用高质量的材料。

2015 年 3 月 6 日，乌总统批准《2015～2019 年工程通信和道路运输基础设施发展和现代化规划》。根据规划，2015～2019 年，乌兹别克斯坦计划使用共和国道路基金融资修建和改造 1227.8 公里公路和桥梁、公路引桥等。使用国际金融机构资金修建和改造 1172.5 公里公路和桥梁；使用共和国道路基金修建和改造 299.5 公里普通公路、桥梁、引桥等。5 年内打算采购 993 套公路养护设备和 38 套修路设备。公路运输服务业到 2020 年运力增长

---

① Обзор состояния транспортной логистики в Узбекистане (2016 г.), http://www.logistika.uz/info/articles/10115.

② К 2015 году в Узбекистане построят автодороги протяженностью 1,5 тыс. км, 30 октября 2009, https://www.uzdaily.uz/articles-id-293.htm.

1.6 倍，货运能力由 2016 年的 15.34 亿吨增加到 22 亿吨。

2016 年 12 月，米尔济约耶夫总统上任后，乌内政外交进入新的发展时期，高度重视发展工业和基础设施建设，认为乌兹别克斯坦积极参与实施中亚地区交通运输项目是开展对外合作的主要优先方向。

二 公路运输管理体制

独立后乌兹别克斯坦国家公路管理体制经历了多次变化。根据 1993 年 1 月 12 日第 21 号政府令，乌在原国家汽车运输部基础上成立国家股份公司"Узавтотранс"。该公司不仅承担了乌国内及国外的客货运输，还包括对公共公路的配套服务和保持必要技术状况的任务，并从总体上负责实施发展道路公共设施的国家规划。

根据法律，乌兹别克斯坦对公路建设、运营实行统一政策，分级管理。乌《公路法》第 2 章第 4 条规定，乌国政府、普通公路领域的专门授权机构及地方的国家机构代表国家进行公路领域的管理。

《公路法》规定，乌兹别克斯坦公路分为普通公路、城市和其他居民点街道、经营性公路三大类。

该法第 5 条规定，乌国政府在公路领域的权限为：批准公路领域的国家计划；协调国家管理机构、地方在公路领域国家机构的活动；批准乌国普通公路清单；规定公路领域守法状况的国家监管程序；执行法律规定的其他权利。

第 6 条规定，专门授权机构的权限为：制定和实施普通公路国家发展规划；明确发展前景和完善公路网；在公路领域实行统一的技术政策；保证遵守普通公路设计领域的标准；对普通公路的建设、改造、维修和维护的质量进行监管；进行普通公路的国家造册；提出编制乌兹别克斯坦共和国普通公路清单的有关建议，并将其上交乌国政府；对公路领域的干部进行培训和再培训；依法行使其他权利。

第 7 条规定，地方国家机构的权限为：制定和实施城市与其他居民点交通基础设施发展规划；保证遵守城市和居民点街道设计领域的标准；保证城市、居民点街道和乡村公路的建设、改造、维修和维护；对城市和居民点街道进行登记；依法行使其他权利。

根据乌 2003 年 8 月 21 日第 361 号政府令，乌兹别克斯坦成立公路建设运营国有股份公司（简称国家公路公司，ГАК "Узавтойул"），负责国家公路建设运营，并组建共和国道路基金（隶属于乌财政部）。按照该政府令，ГАК "Узавтойул" 是经专门授权的公共公路的国家管理公司，承担保证对公共公路的配套服务，并保持其必要技术状况的任务，并从总体上负责实施发展道路公共设施的国家规划。根据乌 2006 年 11 月 14 日第 511 号政府令，ГАК "Узавтойул" 为国家道路管理的专门机构。

2017 年 2 月 14 日，米尔济约耶夫上任后签发关于《进一步完善道路管理体制措施》[①] 总统令，在原有的公路建设运营国有股份公司基础上组建国家公路委员会。该文件规定，新的委员会是原国家公路公司的法定继承者，特别授权的公路领域国家机构的功能转交给该委员会。

但在实践中，乌兹别克斯坦的重大项目规划往往由国家领导人拍板，各个领域、行业发展规划主要取决于资金状况。

三 公路建设运营的法律基础

1. 总体立法情况

乌兹别克斯坦《公路法》[②]（2007 年 10 月 2 日第 3РУ-117 号）。该法旨在调节公路设计、建设、改造、维修、维护及使用领域的各种关系。

乌兹别克斯坦《公路运输法》[③]（1998 年 8 月 29 日第 674-I 号）。

2. 对公路建设运营主体的法律要求

（1）作为公路建设运营主体的条件。

乌兹别克斯坦公路建设、运营主体通过政府令确定。目前，乌国 90% 的道路建设工程由国家公路股份公司下属建筑分公司完成，并作为唯一的

---

① Указ Президента Республики Узбекистан от 14. 02. 2017 г. No УП‑4954 "О мерах по дальнейшему совершенствованию системы управления дорожным хозяйством", https://stroyka. uz/publish/doc/text138490_ o_ merah_ po_ dalneyshemu_ sovershenstvovaniyu_ sistemy_ upravleniya_ dorojnym_ hozyaystvom.

② Закон Республики Узбекистан Об автомобильных дорогах, 2 октября 2007 года. № 3РУ‑117, http://online. zakon. kz/Document/? doc_ id=30547394.

③ Закон Республики Узбекистан "Об автомобильном транспорте", 29. 08. 1998 г. No 674‑I https://nrm. uz/contentf? doc=9073_ zakon_ respubliki_ uzbekistan_ ot_ 29_ 08_ 1998_ g_ n_ 674‑i_ ob_ avtomobilnom_ transporte.

总承包商垄断市场。国家公路股份公司与道路基金是承包商和投资人的关系。其他10%的项目通过国家订货招标确定建设和运营主体。2012年4月1日起，对小企业参与国家采购订货招标提供优惠，除对价值5亿索姆以上的建设和改造项目提供国家预算和集中拨款外，其他项目仅在小企业中筛选承包商。

乌兹别克斯坦《公路法》第2章第4条规定，乌国政府、普通公路领域专门授权机构及地方的国家机构对公路领域实施国家管理。第4章第14款规定，公路的设计、建设和改造由法人按照法律规定程序进行。

乌兹别克斯坦《公路运输法》第4条规定，私人和公共机构均可从事公路运输。所有的车主都有平等权利，并享受平等的被保护的权利。第13款规定，承运人从事公路运输必须有专门的许可（许可证），发放公路运输从业许可证的程序由乌国政府规定。

第6条规定，公路运输分为客运、货运和特殊运输三大类。第7款规定，运输形式分为城市、郊区、城际和国际运输。

第9条规定，国家通过认证、许可证、税收、制定具有社会意义的运输费、统一的科技政策及法律规定的其他形式来调节公路运输活动。

国家对汽车运输的管理通过乌国政府授权的汽车运输国家管理机构和地方国家机构进行。该法还规定，除法律规定的情况外，国家管理机构无权干预承运人的经营活动，以及分流其员工和开展其他工作。

乌兹别克斯坦《公路法》第4章第14条规定，公路的设计、建设和改造由法人按照法律规定程序进行。

用于建设和改造公路的城市规划文件需要按照法律规定的程序进行国家审核。

建设公路的许可证按照规定程序由专门授权机构及相关的地区分部发放。

实施建设和改造车道边公共工程项目应与管辖公路的法人和自然人协商。

管辖公路的法人和自然人保证对公路的维修和维护。

对公路上的铁道、大桥、渡口、电车道及其他设施的维修和维护由使用这些设施的法人进行。

（2）公路建设运营主体的确定程序。

根据乌兹别克斯坦《国家采购法》，承包工程实行招投标管理。具体内容如下。

其一，利用国家资金或国家机关和国家企业经费为基本建设采购商品、工程和服务必须进行招标。

其二，国家建筑和建设委员会负责承包工程招投标工作，牵头组成评标委员会，对标书进行鉴定和评审。

其三，招标公告在国际性、国家级和地方级报刊上发布，并根据招标形式，向潜在投标者发出邀请。登载招标公告的报刊清单应事先征得国家建筑和建设委员会的批准。

其四，标书内容主要包括三部分：通则、技术部分、商务部分。

A. 通则部分包括：

——投标邀请，采购商品、工程和服务合同的总条件，参与招标申请；

——细则，包括评估竞标者专业化的条件和标准、财务评估标准、中标评定标准以及与招标程序有关的其他文件；

——合同草案。

B. 技术部分包括：

——业主对采购设备或产品、工程、服务的要求说明，列明清单，如商品来自国外，报价中应含有 INKOTERMS 交货条款，如商品的生产和组装在当地进行，应说明是工厂交货、仓库交货还是商店货架交货；

——批准文件：贷款协议，银行证明，建筑项目地址清单或其他能确定融资来源的文件，业主确定招标类别和形式的正式指令函，招标委员会成员批准函。

C. 商务部分包括：商品交货条件，融资来源和条件，销售竞标商品的期限。

其五，在进行评标时需要检查的主要问题：标书是否完整；术语及解释是否一致；是否遵守对竞标者提出的要求（具备许可证、工作经验、财务状况、技术完备及其他专业条件）；对报价的技术评估和金融评估标准的运用是否客观；标书的技术部分分析是否透彻；是否有成立招标委员会的指令文件；是否有证明融资来源的文件。

其六，评标结论的做出：专家机构经过对投标文件研究后按固定格式拟出结论，向评标委员会建议批准或根据查找出的不足请投标者修改。该结论由专家机构领导批准并颁发给业主。肯定性的专家鉴定作为在报刊上发表中标公告的依据。

其七，评标期限：首次评标不应超过 10 天，二次评标不应超过 5 天。

其八，标书的编制和组织评审费用由业主在议价基础上负担。

3. 公路建设运营中的特许权经营

在乌兹别克斯坦从事公路建设运营的外国公司需要获得特许经营权。

该法第 12 条规定，授予特许经营权通过竞标和拍卖进行，乌政府决定特许经营机构与潜在投资者通过直接谈判授予特许经营的情况除外。选择竞标或拍卖方式授予特许经营权由特许经营机构决定。

该法第 17 条规定，特许经营合同期限为 15 年。在必要情况下，根据乌国内阁决定合同可以延期。

另外，乌兹别克斯坦《特许权经营法》第 6 条规定，国家向特许经营受让人提供掌握、利用与特许经营活动有关的资产、地块和地下资源时，保留处置这些资产的特殊权利。特许经营受让人在特许经营活动中获得的产品和收入，按特许经营合同规定的数额归其所有。乌国家拥有从受让人处采购产品的优先权。

4. 公路建设运营权的获得

乌兹别克斯坦公路翻修与新建规划由乌财政部直属的"共和国公路基金会"牵头制订，报政府批准后招标选择施工单位，一般由国内企业承担。

乌兹别克斯坦国家建筑设计管理委员会为建筑工程管理机构（原建设部），负责制定政策、宏观管理、监督和检查工作。各州、市设有相应的分支机构，对本地建筑业实施管理。具体工程项目由建筑协会、托拉斯、建筑企业直接承揽。

5. 外资对公路建设运营的参与

乌兹别克斯坦政府允许外国投资者参与当地基础设施投资。负责基础设施建设的主要政府部门是公共事业署。主要职责是参与国家关于公共服务领域政策的制定和落实，对有关社会公共事业的总统令、政府令的执行情况进行监督，培训并提高公共服务领域企业干部的职业水平。

根据乌兹别克斯坦《特许权经营法》，公路建设、运营主体允许外资以特许经营或建立合资企业的方式参与。

乌兹别克斯坦《特许权经营法》第 1 条规定，特许经营系以国家名义颁发给外国投资者从事一定经营活动的许可，这些活动与根据所签署的特许经营合同向外国投资者提供资产、地块或地下资源有关。

第 5 条规定，特许经营法律关系的主体为：

——特许经营机构，即由乌兹别克斯坦内阁授权的国家管理机构及地方国家权力机构；

——特许经营受让人，即与之签署特许经营合同的外国投资者。

乌兹别克斯坦没有出台禁止、限制外国投资的法律法规，对国家垄断行业，如能源及重点矿产品开发等领域有股权限制，外资所占股份一般不超过 50%，航空、铁路、公路运输均为国家垄断。

外资在乌兹别克斯坦经济的现代化过程中发挥了重要作用。调查表明，在对乌外国投资的部门结构中，交通和通信部门占比最高，2010 年达66.4%，虽呈逐步下降趋势，2014 年仍高达 39.1%。①

自 1996 年起，日本向乌提供专用基金改造公路。2006 年 3 月，日本ITOCHU 公司向乌提供了价值 870 万美元的筑路设备，包括筑路机、挖掘机及活动实验室等。

2018 年 3 月，德国 GP Papenburg AG 公司与乌兹别克斯坦国家公路委员会谈判，双方讨论了 GP Papenburg AG 公司以公私合作伙伴关系模式参与乌方公路建设的问题。近几年该公司在独联体多个国家实施了水泥和混凝土公路项目。法律滞后是当前唯一的问题，目前乌兹别克斯坦还缺乏相关的法律基础，2018 年中才能准备好公私合作伙伴关系法。②

6. 公路建设运营的融资模式

乌兹别克斯坦《公路法》第 4 章第 13 条规定，对普通公路由乌国财政

---

① Роль иностранных инвестиции в модернизации экономики Узбекистана，https：//studwood. ru/1558626/ekonomika/rol_inostrannyh_investitsiy_modernizatsii_ekonomiki_uzbekistana.

② Германия займется строительством платных дорог в Узбекистане，20. 03. 2018，https：//ru. sputniknews-uz. com/economy/20180320/7766852/germania-postroit-platnie-dorogi-v-uzbekistane. html.

部管辖的共和国道路基金拨款。对普通公路的拨款具有专项性，不得用于其他。对城市和其他居民点街道、乡村道路维护由地方预算拨款。

对经营性公路由管辖公路的法人和自然人拨款。

在实践中，公路建设资金多来自国际金融机构贷款。2012 年，乌国家公路发展规划计划从国际金融机构吸引 13.9 亿美元来建设 762 公里公路，其中从亚行融资 5 亿美元，从科威特基金融资 5100 万美元。

实行招标的乌南部古扎尔—奇姆肯特—库克达拉段公路改造项目，从科威特阿拉伯经济发展基金融资 2040 万美元，从沙特发展基金融资 3000 万美元。[①]

四　本节小结

乌兹别克斯坦为双内陆国，公路运输对国内社会经济发展具有重要意义。目前乌兹别克斯坦公路基础设施仍较为落后，乌交通运输发展规划提出了公路发展的方向：建立统一的国家公路运输网；建立新的运输走廊，保证以最短的距离进入国际运输线路并增加过境运输，增强进入地区和国际市场的能力，提高利用出口潜力的效率，扩大国产商品销售市场。

乌国政府、普通公路领域专门授权机构及地方的国家机构代表国家管理公路。国家通过认证、许可证、税收、制定运输费、统一的科技政策及法律规定等形式来调节公路运输活动。乌兹别克斯坦公路建设、运营主体通过政府令确定，目前乌国 90% 的道路建设工程由国家公路股份公司下属的建筑分公司完成，并作为唯一的总承包商垄断道路建设市场。

公路建设和运营允许外资参与，可以特许经营或建立合资企业的方式参与。在乌兹别克斯坦从事公路建设运营的外国公司需要获得特许经营权。

按照法律，乌兹别克斯坦对公路建设、运营实行统一政策，分级管理。

[①]　Узбекистан планирует привлечь свыше ＄1，3 млрд. иностранных инвестиций на строительство автодорог，20.09.2012，https：//stroyka.uz/publish/doc/text83450.

第三节 乌兹别克斯坦油气管道建设
运营及法律保障

一 油气管道建设运营现状及促进政策

1. 资源分布

乌兹别克斯坦地处中亚腹地，国内天然气资源相对丰富，石油资源相对匮乏。据 BP 公司 2016 年进行的世界能源统计，乌兹别克斯坦 2015 年已探明的石油储量为 1 亿吨，天然气储量为 1.1 万亿立方米，与 2014 年相当。根据乌兹别克斯坦国家油气公司地质勘探研究院的数据，该国天然气待发现资源量预计为 4.3 万亿立方米，原油为 6.1 亿吨，凝析油为 3.6 亿吨。

乌兹别克斯坦全国共有 160 多个油气田，主要分布在 5 个油气区：乌斯秋尔特、布哈拉-希瓦、西南吉萨尔、苏尔汉河盆地、费尔干纳。各区域内油气田数量不等，最多的是布哈拉-希瓦油气区。乌大部分油田已开发了 40 多年，接近枯竭，本国尚未发现可观的接替区，石油（含凝析油）产量较低，这意味着乌兹别克斯坦的石油仅能满足本国消费，没有出口能力。

由于基础设施老化和国外投资不足，乌兹别克斯坦油气开发一度乏力。乌兹别克斯坦政府制定了 2015～2019 年石油天然气发展计划，根据这一计划，乌石油天然气领域将建设 54 个项目，总投资额达 186.5 亿美元。实施这一计划，将使乌新增天然气生产能力 85.5 亿立方米，新增石油生产能力 7.17 万吨。

2. 管理体制

乌兹别克斯坦国家石油天然气股份公司（简称乌国家油气公司）是乌从事石油天然气勘探、开采、加工和运输的最大公司，其职能是负责协调乌石油天然气行业的总体规划和发展，下设 7 家子公司。乌兹别克斯坦的天然气运输系统、天然气过境运输及储存设施主要归乌兹别克斯坦国家石油天然气股份公司的子公司乌天然气运输公司所有。

二 现有跨境天然气管道

乌兹别克斯坦拥有 1.33 万公里干线输气管道，其中，1.27 万公里同独联体的天然气总运输管道相连接，主要为输送过境天然气。乌天然气主要出口至俄罗斯、塔吉克斯坦、吉尔吉斯斯坦和哈萨克斯坦，目前已有的跨国管道均为跨国天然气管道。乌 30% 以上的天然气管道已运营 30 年以上，51% 的管道运营了 20~30 年。近年来，乌国内天然气产量为 550 亿~680 亿立方米，出口量逐年增加，出口能力约为 150 亿立方米/年。

1. 中亚—中央天然气管道

中亚—中央天然气管道是乌境内重要的过境管道，也是乌产天然气向俄罗斯出口的主要通道。该系统年过境运输能力约 450 亿立方米。自 2002 年以来，俄天然气工业股份公司开始运营中亚—中央天然气管道乌国段。

2. 布哈拉—乌拉尔天然气管道

布哈拉—乌拉尔天然气管线全长约 4500 公里，经哈萨克斯坦过境通往俄罗斯叶卡捷琳堡，1965 年投产。设计运力为 190 亿立方米/年，实际运力为 70 亿立方米/年。

3. 布哈拉—塔什干—比什凯克—阿拉木图管道

该管道起自乌兹别克斯坦布哈拉，终点为哈萨克斯坦阿拉木图。乌兹别克斯坦通过该管道向塔吉克斯坦、吉尔吉斯斯坦和哈萨克斯坦南部出口天然气。哈每年通过该管道进口 30 亿~40 亿立方米天然气，满足其南部地区的用气需求。

4. 中亚—中国天然气管道（乌兹别克斯坦—中国天然气管道）

中亚—中国天然气管道过境乌兹别克斯坦，在其境内管线长约 518 公里（乌方称为乌兹别克斯坦—中国天然气管道），是苏联解体后乌国境内修建的第一个跨国天然气管道。2007 年，成立中乌天然气合资公司（中石油和乌国家油气公司各占 50% 的股份）负责中亚—中国天然气管道乌国段的管理和运营。根据中乌双方签署的有关协议，自 2012 年起乌将从加兹里通过中亚天然气管道向中国出口天然气，这是乌新开辟的出口方向，对其实现天然气出口多元化具有重要意义。

2014 年 8 月 19 日，在中乌两国元首的共同见证下，两国企业签署了《中国—乌兹别克斯坦天然气管道 D 线企业间协议》，至此，中国—中亚天然气管道 A、B、C、D 线均经过乌境内，体现了双方的高度互信。

由于乌国天然气增产能力有限，除向俄罗斯、中亚方向（哈萨克斯坦、吉尔吉斯斯坦、塔吉克斯坦）和中国方向出口天然气，近期内不太可能再修建新的天然气出口通道。

三 油气管道建设运营的法律保障

1. 国家对油气行业实行严格的行政管理

尽管乌兹别克斯坦提出要形成乌兹别克斯坦特有的带有国家调节体系的混合经济模式，但现实中行政权力还在很大程度上和很多情况下直接对经济运行进行干预和管理。进行油气投资主要涉及财政部，经济部，对外经济联系、投资和贸易部，劳动和居民就业保障部 5 个部以及建设委员会，国有资产管理委员会，地质矿产委员会，统计委员会，海关委员会，税务委员会，反垄断、支持竞争和企业委员会，土地资源、大地测量、制图和国家地理资料委员会，环境保护委员会等 9 个委员会。获得油气许可必须经过所有相关以及不相关部委之间签字认可，这在一定程度上降低了外国油气公司投资乌兹别克斯坦油气行业的积极性。

可以通过乌兹别克斯坦—中国天然气管道来了解在乌管道建设和运营中的有关问题。针对这一管道，乌兹别克斯坦 2008 年 3 月 27 日专门颁布《乌兹别克斯坦总统关于建设和使用"乌兹别克斯坦—中国"天然气管道项目实施措施的命令》。一方面，这体现了乌国对该管道建设的重视；另一方面，也体现出乌国家管理的行政色彩之重。

——由乌兹别克斯坦国家环境保护委员会、国家建设委员会、对外经贸部、经济部和财政部审批项目预可研报告；

——由乌国家技术监督局和国家油气监督局出具对所采用的工艺包括生产安全的鉴定；

——由管道途经的喀什卡达林州、布哈拉州和纳瓦依州州政府进行项目实施范围内工程建设用地的征地工作，用于天然气管道铺设及附属工程设施建设；

——项目的设计文件由乌兹别克斯坦国家环境保护委员会、国家建设委员会、对外经贸部、经济部和财政部审批。

为了运输土库曼斯坦、哈萨克斯坦、乌兹别克斯坦增加的对华天然气供应量，计划沿中亚天然气管道现有管廊建设 C 线。在中乌双方政府、企业签署有关建设和运营的文件后，2012 年 4 月 19 日，乌兹别克斯坦再次就项目建设专门颁布《乌兹别克总统关于"乌兹别克斯坦—中国"天然气管道第三条线路（中方称作 C 线）建设投资项目实施措施的命令》。

"乌兹别克斯坦—中国"天然气管道作为中国—中亚天然气管道的一部分，于 2008 年 7 月开工建设，A 线于 2009 年 12 月中旬建成投产，B 线于 2010 年 10 月建成通气。中国石油天然气集团公司与乌兹别克斯坦国家油气公司各占 50% 份额组成的合资公司"中乌天然气管道公司"（Asia Trans Gas）是该段管道的所有者和运营者。从该管道建设和运营的实际情况看，乌兹别克斯坦并没有限定油气管道必须由国有公司所有和垄断经营。同时，对于外资进入干线管道建设也没有限制。

2. 油气管道建设用地管理

根据乌兹别克斯坦《土地法典》① 第 16～18 条规定，法人和自然人可以获得土地的所有权、长期占有权、长期使用权、短期（临时）使用权、租赁权等。

《土地法典》第 69 条提出了交通用地（包括管道用地）的概念，即向管道运输企业提供长期使用的土地，用于运营、维护、建设、改造、维修、完善和建造其他配套设施和装置。

根据《土地法典》第 86～88 条的规定，用于建设管道被征用、征收或临时占用的土地，其所有者、占有者、使用者、承租人有权获得补偿。补偿标准另行规定。

3. 油气干线管道的设计、建设、运营实行许可证制度

乌兹别克斯坦国家石油天然气股份公司是乌从事石油天然气勘探、开采、加工和运输的最大公司，其职能是负责协调乌石油天然气行业的总体规划和发展，下设 7 家子公司。根据乌内阁 1999 年 11 月 26 日出台的第 511 号决议，乌国家石油天然气股份公司 51% 的股份为国家所有，其余 49% 的股份将出售给外国投资者。

---

① Земельный кодекс. Республики узбекистан, Утвержден Законом РУз от 30. 04. 1998 г. № 598-I，Введен в действие с 01. 07. 1998 г. Постановлением Олий Мажлиса от 30. 04. 1998 г. № 599-I，http: //fmc. uz/legisl. php? id = k_ zem.

2000 年 5 月 25 日，乌兹别克斯坦专门通过了《对某些行为实施许可证制度的法律》。该法对许可证的基本概念、颁发许可证机关的权力、实施许可证制度的行为种类、许可证种类、有效期、获得许可证的条件和要求、需要提交的文件、收费、许可证协议、重新办理许可证、监督、暂停使用、失效、收回等做了原则性的规定。

2011 年 5 月 12 日，乌兹别克斯坦议会通过《关于需要获得许可证的行为清单》的法律。根据此规定，共有 77 种行为在乌兹别克斯坦需要获得许可证，大部分由乌政府直接颁发。根据上述文件规定，天然气管道、原油管道、成品油管道的设计、建设、运营和维修需要获得由乌兹别克斯坦政府颁发的许可证。

2003 年 7 月 9 日，乌兹别克斯坦政府通过《关于开采、加工和销售石油、天然气和凝析油以及设计、建设、运营和维修干线天然气管道、原油管道和成品油管道活动实施许可证制度》的法规。该法规进一步明确油气业务许可证由乌政府内阁专门委员会颁发。申请获得油气管道建设、运营和维修许可证（油气管道设计除外）的法人企业须事先获得乌兹别克斯坦油气监督监察局的鉴定。

油气管道设计、建设、运营和维修许可证有效期为 5 年。在提交的文件中，还要有包括劳动保障部门、自然环保部门、消防部门、建筑建设部门等主管部门的鉴定。

在政府专门委员会通过颁发许可证的决议并形成会议纪要后，该委员会将向申请者颁发许可证，同时还将与申请者签署许可协议。协议内容包括：双方授权签署人、基本信息、许可从事的业务类别、实施许可行为的要求和条件、许可证有效期、违反许可协议的责任、主管部门的监督以及其他一些内容。

在许可证有效期到期的前一个月，许可证持有者可向内阁委员会提出延期申请。内阁委员会按照办理许可证的要求重新审理后决定同意延期或拒绝延期。

4. 外资对油气管道建设的参与

乌兹别克斯坦独立后，石油天然气一直是其优先发展的领域，由于经济和战略利益的需要，这一领域也始终是外资，特别是西方发达国家投资最多的领域之一。

根据乌政府 1999 年 11 月 26 日出台的第 511 号决议，乌国家石油天然气股份公司 51% 的股份为国家所有，其余 49% 的股份将出售给外国投资者。

2000 年 4 月 28 日，乌兹别克斯坦总统卡里莫夫签署了《有关油气勘探和开采吸引外国直接投资的措施令》，之后乌政府一直在设法吸引外商直接投资乌国的油气开发。

2006 年初，为鼓励和吸引外资参与油气资源开发，乌兹别克斯坦在部分区域内划分出了 19 个"引资区块"，供外国投资者选择。包括俄罗斯、日本、韩国、马来西亚、中国、塔吉克斯坦、吉尔吉斯斯坦等国均与乌兹别克斯坦开展合作。

2008 年 8 月，中石油工程建设有限公司正式注册成立了乌兹别克斯坦子公司，其为该公司在乌兹别克斯坦境内的全资子公司，主要承担中亚天然气管道项目 EPC 工程建设。子公司先后按期完成了中亚天然气管道 C 线、乌气接入工程等的建设任务。子公司全力推进中亚管道 D 线在乌兹别克斯坦、塔吉克斯坦、吉尔吉斯斯坦三国的市场开发工作，并在塔吉克斯坦和吉尔吉斯斯坦注册成立了分公司。

5. 跨国管道建设的融资模式

乌兹别克斯坦建设的跨国油气管道，主要是采用项目融资的方式筹集资金。如果是合资项目，除了股东以注册资本金投入的资金外，剩余资金通常是向境内或其他国家的金融机构融资。

项目融资作为国际金融的一个重要分支，已成为世界各国尤其是发展中国家进行基础设施建设所采用的一种国际融资方式。项目融资是以建设项目的名义在境内外筹集资金，并以项目预期收入和资产对投资者承担债务偿还责任的融资方式。项目融资的特征：一是由项目发起人、项目公司、贷款方参与，完全依靠项目自身收入、资产和权益融资；二是项目发起方以股东身份组建项目公司；三是贷款银行为项目公司提供贷款，贷款的偿还主要来自项目本身的预期收入。

跨国油气管道项目融资，主要依靠未来的管输费收入作为还款来源，乌未明确限制管输费不能作为还款来源。在已知的俄、哈、乌跨国油气管道建设过程中，尚未有采用 BOT 模式进行项目融资的案例。

四 本节小结

乌兹别克斯坦国内天然气资源相对丰富，石油仅能满足本国消费，没有出口能力。目前已有的跨国管道均为跨国天然气管道。乌兹别克斯坦的天然气运输系统、天然气过境运输及储存设施主要归乌兹别克斯坦国家油气公司的子公司乌天然气运输公司所有。根据法律，乌兹别克斯坦天然气管道、原油管道、成品油管道的设计、建设、运营和维修须获得由政府颁发的许可证。油气管道设计、建设、运营和维修许可证有效期为5年。

近些年来乌兹别克斯坦建设的跨国油气管道，主要是采用项目融资的方式来筹集资金。如果是合资项目，除了股东以注册资本金投入的资金外，剩余资金通常是向境内或其他国家的金融机构融资。

第四节 乌兹别克斯坦电网建设运营及法律保障

一 电力发展现状及促进政策

1. 发展现状

乌兹别克斯坦电网是中亚最大的电网之一，共连着42座大电站，其中11座为火电站，总装机容量超过12300兆瓦，占中亚联合电网发电成套设备的50%。乌兹别克斯坦国家电网同时与塔吉克斯坦、吉尔吉斯斯坦和哈萨克斯坦南部的电力系统联网。乌电网长度为23.3万公里，全国年均发电量为500亿千瓦小时，85%~90%是火力发电站生产。主要电站中，塔什干电站的装机容量为186万千瓦，新安格列电站装机容量为210万千瓦，纳瓦伊电站装机容量为125万千瓦。

乌电力系统所使用的基本都是苏联设备，大部分投产时间为20世纪50~60年代，设备老化严重。截至2010年，2/3以上的电站运行超过30年，需要进行大规模的更新改造。据初步估算，2020~2025年，电力领域需要约20亿美元的投资。根据乌兹别克斯坦电力公司的规划，未来的发展重点将放在现有电站的更新改造上，即通过引进现代化的工艺设备，扩大电站的装机容量，增加发电量。规划中没有兴建大型电站的计划，拟新增装机容量仅 170 万千瓦，建设 220~250 千瓦输变电线路 800 公里及变压站 2400 兆安培。

2. 发展目标

根据《2011~2015 年乌兹别克斯坦电力能源优先发展纲要》，5 年内乌将向电力领域投资 54.25 亿美元，实施 46 个投资项目。其中包括 15 个热电项目，装进容量 224.3 万千瓦；10 个电站改造项目和水电项目，装机容量 16 万千兆瓦；15 个输变电项目，总长达 1000 公里。此外，还计划更新和改造 0.4~35 千伏电力供应网，引进电力自动计费系统以及建设风电试验场等。目前，乌电力总装机容量为 1240 万千瓦。

总体来看，乌兹别克斯坦将对现有电力企业实施阶段性现代化改造建设，提高其生产率，降低能源消耗和减少发电对自然环境的负面影响。乌国家油气公司和国家电力公司计划将从对国内投资总额中把用于能源领域投资的规模提高到 38%，并积极吸引国内外银行和外国公司资金。同时在国内减少使用天然气能源消耗比重，将电站设备改造为燃煤工艺，其中包括对安格连热电站进行现代化改造的项目。

二　干线输电网建设及跨境运输的法律保障

1. 总体立法情况

乌兹别克斯坦《电力法》①（2009 年 9 月 30 日，第 3PY-225 号）。《电力法》第 1 章第 1 条规定，该法旨在调节管理领域的关系。第 2 条规定，有关电力的法规由本法及其他法律组成。如果乌兹别克斯坦的国际条约规定的其他规则与乌兹别克斯坦有关的电力法律不同，则应采用国际条约的规则。

2. 作为电网建设运营主体的条件

乌兹别克斯坦电网建设、运营仍属国家垄断行业，建设运营主体由政府指定，私营及外国资本不参与电力企业的管理。

---

① Закон Республики Узбекистан "Об электроэнергетике" от 30.09.2009 г. №225, http://www.maxam-chirchiq.uz/ru/about/legal_ and_ regulatory_ framework/222/.

SJSC "Uzbekenergo"（"乌兹别克电力"国有联合股份公司）是乌兹别克斯坦最大的国有电力集团，2001年组建，拥有54个子公司，41个合资企业，11个独资公司和2个有限责任制公司，其控股的电站持股比例从51%到60%不等，是乌国内最重要的电力生产者和采购商。

乌兹别克斯坦《电力法》第1章第3条规定，统一电力系统包括电力生产、传输、分配、供应和消费领域。电力生产企业系指接入统一电力系统的各类发电站（热电站、热点中心站、火电站、水电站及利用可再生能源的发电站）。

电力生产企业必须保证电力生产安全，向干线电网提供符合国家质量标准的电能。接入统一电力系统的固定发电厂的发电活动必须按法律规定程序实行许可证管理；接入统一电力系统的火电站、利用可再生能源的热电站可以归国家或私人所有；接入统一电力系统的水电站归国家所有。电力生产企业接入统一电力系统按规定的程序进行。

第3章第13个规定，统一电力采购商为电力领域专门授权机构的分支机构。统一电力采购商必须与电力生产商签署电力采购合同；与地区电网企业签署电力销售合同；与干线电网企业签署从电力企业向地区电网企业传输电力合同；监测统一电力系统电力生产和传输的效率；按规定的程序参与制定电力生产消费平衡表。统一电力采购商可以依法进行其他活动。

3. 电网建设运营主体的确定程序

乌电力主管部门是"乌兹别克电力"国有联合股份公司（简称乌电力公司）。电力网及电站改造主要依靠外资，多采用招标方式，由乌电力公司组织实施。

工程招、投标的具体要求如下。

每一个发标人（业主）会根据标的物的情况对投标人提出不同要求，但一般会有两项基本条件。

其一，投标方应有实力做后盾，包括资金、人才、技术、施工设备，缺一不可，投标方的年营业额也应达到一定的水平。

其二，投标方应有业绩做支撑，应具备承包同类工程的丰富经验，并应列出最近3~5年所完成的同类项目的业绩。

国外合同商和供应商能够参与的领域主要是发电和传输设备的维护、

重建和开发。每个国外合同商都要通过公开招标来指定。招标的规定都在 2000 年通过的乌兹别克斯坦政府第 456 号令中标明。但在融资方案上有特别建议，如长期贷款规划的投标方能够获得特别的关注。获得项目的招标人将在乌国内和国际媒体上公布。

4. 电网建设运营中的特许权经营

乌兹别克斯坦《自然垄断法》[①] 规定，石油天然气管道运输，电力、热力运输，铁路基础设施和邮政通信服务，水及污水处理服务，运输码头港口机场和空中航行专业化服务及列入在自然垄断条件下生产的商品服务清单中的对象属于国家垄断领域，协调自然垄断领域的活动由乌兹别克斯坦政府和其授权的国家反垄断委员会负责。

乌兹别克斯坦《特许权经营法》[②] 规定，特许经营对象为乌国法律未禁止的与向外国投资者提供资产、地块和地下资源有关的某些经营活动。特许经营管理机构依据对乌国家的重要性和经济可行性准备特许经营建议，其中包括活动类型和所提供的资产清单。

授予特许经营须通过竞标和拍卖进行，内阁决定特许经营机构与潜在投资者通过直接谈判授予特许经营的情况除外。选择竞标或拍卖方式授予特许经营由特许经营机构决定。

有关特许经营竞标、拍卖的通知应提前 3 个月（特殊情况下提前 5 个月）在媒体公布，通知应指明活动时间、地点及提交申请的期限。

参加竞标和拍卖的申请由潜在受让人提交给特许经营机构。

外国投资者与相关特许经营机构签署的特许经营合同自注册登记起生效。特许经营受让人需要缴纳特许经营合同注册费。特许经营合同期限为 15 年。在必要情况下，根据乌国内阁决定合同可以延期。

根据合同规定的程序或经双方协议，允许修改特许经营合同的条件。经双方同意，或由于一方违反合同条件，或受让人向特许经营机构提交虚

---

① Закон Республики Узбекистан от 24.04.1997 г. N 398-I "О естественных монополиях", https://nrm.uz/contentf? doc=2079_zakon_respubliki_uzbekistan_ot_24_04_1997_g_n_.

② Закон Республики Узбекистан от 31.12.2008 г. №ЗРУ-197, 14.09.2017 г. №ЗРУ-446, http://base.spinform.ru/show_doc.fwx? rgn=959.

假信息的情况下，根据法庭决定可以中止特许经营合同。特许经营合同自撤销国家注册时起停止。

1994 年，乌兹别克斯坦还制定了一系列法律，对一些产业实施许可证制度，包括电力领域。许可证有效期为 5 年，期满时需要重新获得许可。超过 1000 万美元的投资项目需要得到特别批准。

5. 外资对电网建设运营的参与

乌兹别克斯坦电站建设改造领域逐步放开，允许外资参与。由于电站建设和改造项目施工复杂，耗资巨大，资金不足和债务拖欠问题成为乌兹别克斯坦电力发展中遇到的最大瓶颈。近年来，乌兹别克斯坦开始致力于吸引外资进行电站建设和现有电站的现代化改造，并在未来几年内将继续加大电力系统吸引外资的力度。

为引进外资，乌兹别克斯坦政府相继颁布了一系列鼓励性优惠政策，将外资吸引到乌兹别克斯坦需要发展的重点经济领域。政府欢迎建立较大规模的外资企业，同时，鼓励建立生产型外资企业。不过对一些关键性产业政府仍然保持垄断和控制。

在乌兹别克斯坦，外资企业的最低注册资本为 15 万美元，外资方出资比例不得低于注册资本的 30%。允许设立 100% 的外国独资企业。外资企业的法定资本金额越大、外商出资所占比例越大，乌兹别克斯坦在税收方面提供的优惠政策就越多，政府给予各种特别优惠待遇的可能性也就越大。乌《外资法》规定，国家给予投资者以担保，保护外国投资者的利益。如果乌新颁布的法律有不利于投资者的条款，投资者可在自其投资之日起 10 年内继续延用投资时有效的旧法律，同时也可以选择执行新法律中对自己有利的条款。

乌兹别克斯坦政府 2000 年 11 月 21 日第 456 号政府令《关于完善组织招投标的措施》规定，有外资参与的乌兹别克斯坦生产企业在参加国家采购框架下招投标时，可享受 20% 的价格优惠。

2005~2007 年，乌兹别克斯坦总共有 6 个电站项目进行了招标，但没有一家国外投资商成功购买股份。对国外投资者来说，最大的障碍是乌国政府对私有化的模糊态度，政府依然保持了对能源部门的有力控制。尽管政府对国外投资商提供了一定的私有化待遇，但外国投资者的兴趣仍不高。

另外，政府制定了为民众保持低廉能源价格的政策，对国外投资而言，这也失去了吸引力。与此同时，电力和天然气的税收水平又出现了大幅增长，使得其电力成本接近长期峰值。

6. 电网的运营管理机制

乌兹别克斯坦的能源行业都归政府所有。乌国燃料与能源部门的负责人是国家总理，尽管进行了以市场为导向的重组，该国的电力系统仍然是一个垂直分布的、政府所有的垄断部门，实行分业管理。

2001 年 2 月，乌兹别克斯坦政府颁布了一项部分私有化的法案，取消了电力工业和煤炭采矿业的专卖权。控制电力生产的电力与电力供应部转变成了"乌兹别克电力"国有联合股份公司，国内主要电站和电网都转制为股份公司，并将部分股份提供给国外投资商。但乌兹别克斯坦政府依然保持了对这些公司的控股权。如下属的乌电力公司负责境内所有高压输电线路（110kV~500kV），业务包括电力输送和分配、制订发展计划、投资推广、对煤炭和可再生能源的研发支持，以及推广提高能效的技术和措施。

7. 电网建设融资模式

乌国所有电力行业的重建和发展项目都包含在"乌兹别克斯坦投资项目"中。按照规定，这些项目都将得到乌电力公司的内部资金、国外和商业贷款以及投资等的支持。政府规定所有私有化的收益都必须用于重建项目的再投资。乌国电力行业筹措到的资金目前主要来自日本国际合作银行、阿拉伯金融协会、伊斯兰开发银行和亚洲开发银行。

三　本节小结

乌兹别克斯坦电网是中亚最大的电网之一，乌电力系统所使用的基本都是苏联时期的设备，需要进行大规模的更新改造。电力发展的首要任务是对现有机组进行更新和现代化改造。

目前，乌国内主要电站和电网都转制为股份公司，并将部分股份提供给国外投资商，但乌兹别克政府依然保持了对这些公司的控股权。

乌兹别克斯坦电网建设、运营仍属国家垄断行业，建设运营主体由政府指定，私营及外国资本未参与电力企业的管理。乌电力主管部门是"乌兹别克电力"国有联合股份公司。电力网及电站改造主要依靠外资，多采用招标方式，由乌电力公司组织实施。

法律规定，特许权经营对象为乌国法律未禁止的和与向外国投资者提供资产、地块和地下资源有关的某些经营活动。授予特许经营通过竞标和拍卖进行。

乌国所有电力行业的重建和发展项目都包含在"乌兹别克斯坦投资项目"中。所有这些项目都将得到乌电力公司的内部资金、国外和商业贷款以及投资等的支持。

第五章　吉尔吉斯斯坦基础设施建设运营现状及其法律保障

吉尔吉斯斯坦是位于中亚东北部的内陆国,面积19.85万平方公里。北接哈萨克斯坦,南邻塔吉克斯坦,西南毗邻乌兹别克斯坦,东与中国新疆接壤,有共同边界1096公里,过境运输优势明显。吉境内多山,山地占国土总面积的90%。铁路发展滞后,交通运输以汽车为主。水资源丰富,但油气资源较少,国内消费依赖进口。未来随着中—吉—乌铁路和中亚—中国天然气管道D线的建成,吉尔吉斯斯坦的跨境运输优势将得到发挥。

第一节　吉尔吉斯斯坦铁路基础设施建设运营及法律保障

一　铁路运输发展现状及促进政策

1. 发展现状

吉尔吉斯斯坦国内铁路交通落后,现有的铁路线均为苏联"遗产"。苏联解体后20多年,吉铁路建设几乎为空白,没有进行新增铁路干线建设,铁路总长度仅为424.6公里。铁路年均货运量约170万吨,占国内货运总量的3%,客运量接近35万人次。吉尔吉斯斯坦铁路网的突出特点是国内没有相互连接贯通的铁路线,铁路网被分为南北两段。北部铁路长323.4公里,东起伊塞克湖西岸的巴雷克奇,向西经吉—哈边境与哈萨克斯坦铁路网相连,并可直达俄罗斯。南部铁路长101.2公里,自第二大城市奥什至西南部轻工业和食品工业中心贾拉拉巴德,可通往乌兹别克斯坦。从首都比什凯克运抵其南部地区的货物仍要通过哈萨克斯坦、乌兹别克斯坦、塔吉克斯坦三国领土，大大增加了其运输成本。虽然吉尔吉斯斯坦一直在筹备新修铁路以解决这一问题，但由于国力所限至今未付诸实施。

在中亚五国中，吉尔吉斯斯坦铁路设施老化、有效运力不足问题最为严重。其中铁路线路基础设施老化率71%，电力供应设施老化率50%，信号通信设施老化率63%。超过30%的铁轨处于超标准运行，50%以上的枕木老化。46%的货运车厢处于无法工作状态。约30%的客运车厢实际服役期已超过30年（标准期限为28年），能够工作的客运车厢只占总量的40.3%。2012年，吉尔吉斯斯坦在世界银行对155个国家的物流效率指数排名中居第130位。

2. 发展目标

2014年，吉政府批准《吉尔吉斯共和国2014～2020年铁路发展战略》[①]，提出吉2020年前铁路运输发展的首要任务是建设北—南铁路吉尔吉斯斯坦国内段，联通吉境内北、南两部分；其次是实施卢卡瓦亚—比什凯克段铁路电气化改造和修复卢卡瓦亚—巴雷奇耶铁路段两大投资规划。其他任务包括：实现铁路运输基础设施更新和现代化计划；补充机车并对其进行现代化改造；对牵引机车、货运和客运车厢维修基地设施进行现代化改造；发展信息化、电力供应、信号和通信系统；强化吉国铁路的金融状况，采取措施弥补铁路客运亏损，减少贷款债务；提高铁路运输业的科技和干部潜力；制定和实施投资项目、铁路运输的国际合作纲要。通过实施铁路发展战略，最终提高国内客货运输的质量和效率，满足居民对出行的需求。

发展规划还包括：编制中—吉—乌铁路可研报告，推动融资计划实施，促进其建设；编制北—南铁路线项目建设的可研报告。

3. 铁路管理体制

吉尔吉斯斯坦《铁路运输法》规定，吉铁路运输过程实行集中管理，由运输领域的国家机构专营。除非吉国家法律有特别规定，吉国家权力机

---

① Стратегия развития железных дорог Постановлением Правительства Кыргызкой Республики от30 сентября 2014 года № 558, http：//www.kjd.kg/ru/about/strategiya-razvitiya-zeleznyh-dorog/.

关、地方自治机构、社会和其他组织、自然人均无权干预与运输有关的铁路运输活动。对铁路运营活动的调节由运输领域的国家执法机构根据其职权实行。

运输领域的国家执法机构的职权、功能、权限和责任等由《铁路运输法》、吉国家其他法律和标准法律文件确定。

根据吉国家法律，对铁路运输企业和机关活动的监管由运输领域的国家执法机构和被赋予监管权的其他国家执法机构共同实行。

铁路运输企业的成立、改组和撤销根据吉尔吉斯斯坦法律进行。

二　铁路建设运营的法律保障

1. 总体立法

（1）吉尔吉斯共和国《铁路运输法》①（1998 年 7 月 9 日第 90 号政府令批准）。

该法规定，铁路运输是吉国国家运输体系的一部分，与其他运输形式共同、及时和高质量保证居民对国内和国际铁路交通的需求。国家对铁路运输活动和物质技术基础进行调节和监管。铁路运输属于自然垄断，其铁路包括支线均属国家所有。

（2）吉尔吉斯共和国《铁路章程》②（2000 年 6 月 2 日第 315 号政府令批准）。

《铁路章程》是吉尔吉斯斯坦政府批准的标准化文件，旨在确定参与直接和混合运输的法人及自然人的权利、义务和责任。

2. 铁路建设运营主体及确定程序

吉尔吉斯斯坦《铁路运输法》规定，铁路运输属于自然垄断行业，铁路包括支线均属国家所有。

吉尔吉斯斯坦国家铁路公司是在苏联国家铁路网比什凯克路局基础上

---

① Закон Кыргызской Республики от 9 июля 1998 года. № 90, "О железнодорожном транспорте", http: //base. spinform. ru/show_ doc. fwx? rgn = 345.

② Устав железной дороги Кыргызской РеспубликиУтвержден постановлением Правительства Кыргызской Республикиот 2 июня 2000 года. № 315, http: //cbd. minjust. gov. kg/act/view/ky-kg/7356.

组建，2011 年 7 月之前，铁路建设运营具体执行部门为吉尔吉斯斯坦国家铁路公司。该公司受交通和通信部管理，但两部门职责划分不清，相互推诿现象严重，大大制约了吉铁路领域相关工作的开展。2011 年 7 月，吉尔吉斯斯坦政府颁布命令，将国家铁路公司正式划归交通部，并将其更名为"吉尔吉斯斯坦交通部国家铁路公司"，自此吉交通部全权负责铁路公司的经营和管理。目前负责交通领域建设的主要政府部门是交通和通信部。

未进入铁路运输系统的从事铁路运输的自然人和法人的某些活动需要许可证，按吉尔吉斯共和国法律规定的程序进行。

3. 铁路建设运营权的获得

从产权归属看，吉《铁路运输法》规定，运输领域的全国性政策不排除私营和国有铁路根据自己在地区发展计划、运输基础设施建设、环境保护、合理利用能源和安全中的优势协调发展。该政策也考虑与建立、服务和开发基础设施以及设备和机车有关的市场化的经济支出，以及由客户和第三方以货币形式和实物形式表示的社会支出。

企业和机关的资产和铁路运输的对象完全归这些企业、组织和机关经营。

对企业、机关的管理以及对铁路运输对象的支配按照吉尔吉斯斯坦《民法典》、本法和吉尔吉斯斯坦其他标准化文件规定的程序进行。

铁路、铁路运输的客体和直接保障运输过程和实施事故恢复工作的其他资产不得私有化。对铁路运输的其他客体私有化要按照吉尔吉斯斯坦法律进行。

4. 铁路建设运营中的特许经营

吉尔吉斯斯坦特许经营法的目的是吸引投资进入吉经济，并有效利用国家和市政的所有资产。

根据吉尔吉斯斯坦《特许权经营法》① 第 1 章第 1 条界定，特许经营系吉尔吉斯斯坦政府颁发给投资者从事一定经营活动的许可，这些活动与向投资者提供资产、地块或地下资源临时使用权有关。

---

① О концессиях и концессионных предприятиях в Кыргызской Республики 6 марта 1992 года № 850-XII，http：//cbd. minjust. gov. kg/act/view/ru-ru/800.

第 2 条规定，特许权协议的一般条件由吉尔吉斯斯坦《特许权经营法》《民法典》《投资法》《非国有化、私有化和经营一般原则》及其他法律文件调节。如果国际条约规定了与吉尔吉斯斯坦法律规定不同的其他规则，则采用国际条约规定的条款。

第 4 条规定，特许权经营对象可以是土地及其地下资源、资产，以及在一定区域内的某些经营活动。

国家持股不少于 1/3 的股份公司的资产可以是特许权经营对象，但需要根据吉尔吉斯斯坦法律规定决定其条件。

由吉政府制定不得或限制转为特许权经营的项目清单。

特许经营法律关系的主体如下：

——特许经营出让机构：吉尔吉斯斯坦政府、其授权或专门成立的机构、按规定权限行事的地方行政机构和地方人民代表委员会；

——特许经营受让人：国家、法人、公民、合资企业。

特许经营受让人开发特许经营协议项目获得的产品和收入归其所有。在转让条件已通知受让人、所达成的协议写入协议的情况下，吉政府在取得商品份额时拥有优先权。

特许经营企业自完成国家注册之日起即具有法人地位。

特许权经营协议签署权限为 5~50 年。

特许权经营出让机构的权限：30 万美元或等值的其他可兑换货币以下特许经营投资项目由地区和城市国家行政机关和相关人民代表委员会批准；80 万美元或等值的其他可兑换货币以下特许经营投资项目由州和比什凯克市国家行政机关、相关人民代表委员会批准；80 万美元或等值的其他可兑换货币以上的特许经营投资项目和由共和国国家管理机构管理的项目由吉政府、其授权或专门成立的机构批准。

与竞标获胜者签署特许权经营合同的期限不得长于竞标结束后 30 个日历日。

竞标委员会在特许经营官方网站上公布竞标文件。

特许权经营合同可以无限期或者根据草案中规定的期限确定，合同到期后可根据需要延期。

吉尔吉斯斯坦《特许权经营法》中没有明确规定铁路建设运营是否可

采用特许经营方式。但在中—吉—乌铁路项目谈判过程中，吉方已实际提出特许权经营方案。

5. 外资对铁路建设运营的参与

（1）法律概况

目前，吉尔吉斯斯坦境内交通基础设施大部分已年久失修，无法承受每年 10% 的客运需求。由于自身经济困难，吉尔吉斯斯坦主要依靠外国或国际组织援助、贷款和各类投资来对基础设施进行改造修理。吉尔吉斯斯坦欢迎外国投资者参与当地基础设施建设。

吉尔吉斯斯坦吸引外国投资的基本法律依据是《吉尔吉斯共和国投资法》①。此外，吉尔吉斯斯坦《自由经济区法》②《土地法典》③《税收法典》④《海关法典》⑤《股份公司法》《私有化法》《许可证法》《劳动法》等有关法律法规和政府决议也都对在吉的外国投资和外国投资者的活动有相应规定。现行《吉尔吉斯共和国投资法》是经济投资领域的基本法规，于 2003 年 3 月获准生效，该法正式颁布后，1997 年的《外国投资法》随之作废。

根据法律，外国投资者在吉投资不受行业限制，可在吉任何经济活动领域进行投资，吉对外国投资者实行国民待遇。尽管法律未对外资参与铁路建设运营做出明确规定，但实际上该领域仍为国家垄断。

（2）拟议中的中—吉—乌铁路建设项目

中—吉—乌铁路是吉尔吉斯斯坦唯一正式提出准备建设的跨境铁路。

吉尔吉斯斯坦独立后，因频繁"革命"成为中亚地区最不稳定的国家之一，政府无力进行铁路基础设施和装备的基本投入，因而引进外资参与铁路建设是其重要的选项。1997 年，中国、吉尔吉斯斯坦、乌兹别克斯坦

---

① Закон КР от 27 марта 2003 года № 66 "Об инвестициях в Кыргызской Республике", http：//cbd. minjust. gov. kg/act/view/ru-ru/1190.

② Закон О свободных экономических зонах в Кыргызской Республике от 11 января 2014 года № 6, http：//cbd. minjust. gov. kg/act/view/ru-ru/205226.

③ Земельный кодекс Кыргызской Республики от 2 июня 1999 года № 45, http：//www. deure. kg/doc/Zemelniy_ kodeks. pdf.

④ КОДЕКС КР от 17 октября 2008 года N 230 "Налоговый кодекс Кыргызской Республики", http：//www. sti. gov. kg/docs/default-source/other/taxcoderu. pdf? sfvrsn = 2.

⑤ Таможенный кодекс КР от 12 июля 2004 года № 87, http：//cbd. minjust. gov. kg/act/view/ru-ru/1587.

三方曾就修建一条联通三国的铁路项目签署备忘录。中—吉—乌铁路项目位于中国西部边陲及中亚地区，起自中国新疆南疆铁路的终点喀什站，经中国与吉尔吉斯斯坦边境的伊尔克什坦叶尔孖特山口，再经吉尔吉斯斯坦的卡拉苏或贾拉拉巴德，至乌兹别克斯坦的安集延。该项目的实施将完善新亚欧大陆桥南部通道，对提高新亚欧大陆桥在国际运输中的地位具有重要意义。中吉双方自 2000 年开始就该项目进行磋商，并由中方出资进行了技术论证。然而，经过 10 多年的规划和讨论，该铁路建设仍迟迟未能动工。

吉政府提出的目标是，中—吉—乌铁路建设需要资金 45 亿~66 亿美元，资金回收期为 10 年，建设期可创造 2 万人就业岗位，运营期可提供 2700 个就业岗位，建成后货运量可达 1500 万吨/年，客运量可达 25 万人次/年。项目的融资方式至今未能确定。吉方曾倾向于用"资源换投资"的方式解决中—吉—乌铁路吉尔吉斯斯坦段的资金筹措问题。具体的实施方式为：由中国国家开发银行提供项目融资，吉方提供伊斯坦贝尔德金矿供中方开采，利用矿山开采的预期利润修复上述 50 公里路段。

2012 年 5 月 10 日，吉尔吉斯斯坦交通和通信部发布消息，5 月 4 日，在北京进行的中—吉—乌铁路建设特别工作组第四次会议上，否定了之前提出的"资源换投资"融资方案。同时双方放弃吸引由吉方政府担保的中国贷款，转而采用特许权经营机制。可能采用两种模式：第一种是成立位于吉尔吉斯斯坦司法管辖区的吉中合资公司，按 BOO（Build，Own and Operate，建设、运营、开发）或 BOOT（Build，Own，Operate and Transfer，建设、运营、开发、移交）特许经营模式进行；第二种是采用单纯的 BOT（Build，Operate，Transfer，建设、运营、移交）特许经营模式。双方同意将在下一次特别工作组会议上讨论最终方案。

由于吉国内政局演变、俄罗斯反对等，目前，中吉双方在融资方式、铁路轨距等方面尚未达成共识，建设方案还需要磋商，何时能够开工仍是未知数。

6. 铁路建设融资模式

吉尔吉斯斯坦《铁路运输法》规定，铁路运输企业和机构根据国家调节和市场关系原则进行金融经济活动。

干线铁路、机动设施的建设和改造，以及购买铁路机车等属于国家需要，根据吉《国家采购法》① 应按照规定的程序从共和国预算和铁路部门自有资金中拨款。

建设和改造（包括实施电气化）铁路线路、火车站、行人天桥、隧道、乘客月台和其他用于服务地区居民的铁路设施由地方政府机构、地方预算、铁路部门自有资金出资进行，也可由相关组织和自然人的自愿捐助进行。

三　本节小结

吉尔吉斯斯坦铁路系统的特点是国内没有相互连接贯通的铁路线，现有铁路在境内分为南北两段，同时铁路设施老化，有效运力严重不足。吉铁路运输发展战略的首要任务是联通国内路段。

铁路运输在吉属于自然垄断行业，铁路包括支线均属国家所有。吉对铁路运输过程实行集中管理，由运输领域的国家机构专营。

吉尔吉斯斯坦欢迎外资对基础设施领域投资。法律未对外资参与铁路建设运营做出明确规定，实际上该领域仍为国家垄断。

吉《特许权经营法》中没有明确规定铁路建设运营是否可采用特许经营方式，但在中—吉—乌铁路项目谈判过程中，吉方已实际提出特许权经营方案。

铁路运输企业和机构根据国家调节和市场关系原则进行金融经济活动。对干线铁路、机动设施的建设和改造，以及购买铁路机车按照规定程序从共和国预算和铁路部门自有资金中拨款。

第二节　吉尔吉斯斯坦公路基础设施建设运营及法律保障

一　公路运输发展现状及促进政策

1. 发展现状

吉尔吉斯斯坦为典型的内陆国家，无出海口，公路是其最主要的交通

---

① О государственных закупках от 3 апреля 2015 года № 72, http：//cbd. minjust. gov. kg/act/view/ru-ru/111125.

方式，国内 95% 的客运和 99.8% 的货运都靠公路完成，公路运输是吉社会经济发展的最重要因素之一。吉尔吉斯斯坦与乌兹别克斯坦、哈萨克斯坦、塔吉克斯坦和中国都有陆路边界。密集的公路网还将吉与欧洲和波斯湾、独联体和东南亚国家联系在一起。

吉尔吉斯斯坦公路承袭苏联规划建设格局，总长度 34000 公里，其中，跨国公路 4163 公里，国家级公路 5678 公里，地方公路 8969 公里。吉境内现共有 8 条主要交通干线，总长 2242 公里，包括比什凯克—奥什公路（672 公里）、比什凯克—纳伦—吐尔尕特（539 公里）、奥什—伊尔克什坦（中方称为中—吉—乌公路，258 公里）、奥什—伊斯法纳（385 公里）、萨雷塔什—卡拉梅克（142 公里）、比什凯克—洽尔多瓦尔（31 公里）、塔拉兹—塔拉斯—苏萨梅尔（199 公里）、比什凯克—格奥尔吉耶夫卡（16 公里）。

自 1991 年独立至 2005 年的 14 年中，吉公路建设始终停滞不前，每年公路建设投入只占财政预算的 1%～1.1%，境内 1000 公里已建公路由于得不到必要的维护而破损瘫痪。2005 年以后，吉开始将发展交通基础设施作为发展经济、摆脱落后状况的紧迫任务和国家战略，积极向各有关国家和国际金融机构争取无偿援助和优惠贷款，加速修复旧有公路，并计划新建公路。近年来，公路修复规模逐年扩大，年均修复公路超过 180 公里。

自 2008 年起，吉开始制定 3 年期滚动式公路建设总体规划，按年顺延。《2008～2010 年公路建设总体规划》的特点是大幅度提高公路建设财政预算，高度重视修建连接吉与周边国家的公路，注重吸引外资和完善道路建设融资方式的结合。

2. 规划目标

《2009～2011 年公路交通发展规划》中制定了如下行业发展政策措施：

——明确公路交通在国民经济中的主导地位；

——完善法律法规，制定统一的行业发展政策、相关技术和管理标准，实现交通基础设施现代化；

——改革管理和监督体制，完善管理方式，提高管理水平，提高交通运输从业人员和管理机关工作人员的专业技能和整体素质；

——以优惠的税收和信贷政策鼓励运输服务市场自由化和私人对交通运输基础设施的投资和经营；

——在国家财政支持下推动交通运输业的升级改造和现代化，使吉融入世界经济和统一的国际交通运输体系；

——建设新的国际运输走廊，绕过政治动荡和安全形势恶劣的国家，减少对某些周边国家的过境依赖（如塔吉克斯坦和乌兹别克斯坦），降低因地缘政治变化而给吉带来的经济损失，加大与各国际银行间的合作和政府预算投资；

——在中亚国家经济合作框架内协调区域间客货运输，使有关各国的商品、就业和服务更方便进入其他国家；

——将吉交通和通信部的经营职能移交给私营领域；

——对包括国有企业在内的公路企业进行股份制改造；

——由吉交通和通信部下属的公路管理部门签订由外国公司竞标的小型服务和工程合同；

——逐步降低国家公路机关直接进行的道路养护工作量，在竞争基础上分给私营企业；

——完善公路经济的拨款机制，多渠道吸引资金；

——研究民间集资建设公路的有偿使用方案。

未来拟在"中亚国家经济合作计划"框架下实施修复 5 条具有国际走廊意义的公路项目；养护境内现有公路；在巴特肯州修建约 170 公里长的环形公路。

吉希望通过该规划的实施，最终扩大吉过境运输服务能力，形成安全高效的全新运输网络，提高其运输系统的竞争力，降低运输和服务成本，催生相关服务业的出现和发展，增加就业和国家税收，促进整个社会和经济发展。

3. 管理体制

吉尔吉斯斯坦《公路法》第 12 条规定，吉交通和通信部对普通公路行使国家管理，保证公路的开发、保护、维修和保养。

对部门和私人公路的管理由这些公路的所有者行使。

对市政公路的管理由相应的地方自治机构行使。

道路活动：包括公路的建造和使用、审查、设计、建设改造、维修和保养，以及用于以上目的的相关干部培训。

国家对道路活动的管理通过以下方式实施：

——建立共和国公路网，保证吉居民、经济和国防运输需求；

——确立公路使用的共同原则，保证不间断和安全的道路运行；

——形成调节道路活动的法律和其他标准法律文件；

——协调国家权力机关和地方自治机构有关道路建设使用的活动；

——对公路状况和使用情况的国家监管；

——保证道路工作的计划和拨款。

二　公路建设运营的法律保障

1. 总体立法

（1）吉尔吉斯斯坦《运输法》[①]（1998 年 7 月 8 日第 89 号）。

该法旨在调节与运输活动有关的各种关系，对所有参与者具有约束力。调节对象包括运输条件、车辆使用程序、保证交通安全、遵守劳动保护规则、消防安全及卫生标准等。

（2）吉尔吉斯斯坦《公路法》[②]（1998 年 6 月 2 日第 72 号）。

该法旨在界定吉尔吉斯斯坦组织和企业在管理公路时的经济、法律基础和原则，保障对公路的开发、维修和保养；界定公路的类型和法律制度；公路所有者和有关部门在开发公路时的责任；调节吉尔吉斯共和国交通和通信部与国家权力机构及地方自治机构的道路管理部门之间的相互关系。

（3）吉尔吉斯斯坦《许可证法》[③]（1997 年 3 月 3 日第 12 号）。

该法旨在调节与国家许可证活动有关的关系和必须用许可证管理的行为。

（4）吉尔吉斯斯坦《道路基金法》[④]（1998 年 6 月 1 日第 71 号）。

---

① ЗаконКыргызскойРеспублики№89Отранспорте, 8 июля1998 года, http：//airto-kr. com/wp-content/uploads/2014/02/Автомобильный-транспорт-КР-2013г. . pdf.

② Закон Об автомобильных дорогах Кыргызской Республики от 2 июня 1998 года №72, http：//base. spinform. ru/show_ doc. fwx? rgn = 402.

③ ЗаконКРОлицензировании от03. 03. 1997 №12, http：//airto-kr. com/wp-content/uploads/2014/02/Автомобильный-транспорт-КР-2013г. . pdf.

④ Закон КР от 1 июня 1998 года № 71 "О дорожном фонде", http：//cbd. minjust. gov. kg/act/view/ru-ru/79.

该法旨在确定吉尔吉斯斯坦道路基金的法律基础和形成来源，规范用途和使用。

2. 作为公路建设运营主体的条件

吉尔吉斯斯坦《公路法》第33条规定，公路的设计、建设和改造由专业化机构按吉交通和通信部规定的程序，依照吉法律进行。吉境内城市交通设计功能由国家建筑和建设全权机构承担。公路设计、建设和改造项目必须与吉内务部国家公路监察机构协调。部门和私人公路的设计、建设和改造，公路的技术标准、技术规则的制定，公路设计、建设、改造的条件由吉交通和通信部批准。对建设和改造公路有兴趣的法人和自然人，在与吉交通和通信部签署相应的协议后可参与这些活动。

3. 外资对公路建设运营的参与

交通运输业是吉尔吉斯斯坦吸引外资的优先领域。吉《投资法》规定，外国投资者在吉投资不受行业限制，可在吉任何经济活动领域进行投资；对外国投资者实行国民待遇。从1996年起，吉国政府就着手吸引国际资金进行公路的改造和建设。提供资金的主要国际金融机构为：亚洲开发银行、世界银行、日本国际协力机构、伊斯兰开发银行、中国国家开发银行等。

4. 公路建设运营的融资模式

吉尔吉斯斯坦公路分为普通公路、部门公路、私人公路和市政公路四大类。在普通公路配套体系中还包括空域及延伸道路的地下资源。

普通公路为国家所有，不得出售，不能转为私有。吉尔吉斯共和国交通和通信部代表国家管理公路，该部有权进行运营管理，保证对公路进行开发、保护、维修和保养。对公路的开发、保护、维修和保养由《道路基金法》保障。

部门公路为国家所有，可转给国有企业或其他人士经营或运营；不得出售，不得转为私有。对部门公路的开发、维修、保养和保护由公路所属部门的资金保证。

私人公路由法人或自然人建造并归其所有，用于满足使用者需求。

市政公路为市政所有，对公众开放；不得出售，不得转为私有。对市政公路的管理由地方自治机关相应的机构进行，该机构靠自有资金保证对公路的保护、维修、保养和开发。根据吉尔吉斯斯坦法律，对市政公路的维修和保养亦可视道路负荷情况，从道路基金拨款。

为保证国家利益和国家安全，经所有者和持有人同意，吉尔吉斯斯坦政府决定，具有战略意义的部门公路、市政公路和私人公路及其中一部分，可临时转交吉尔吉斯斯坦交通和通信部运营。用于上述公路进行维修保养的拨款按照吉政府规定的程序进行。

吉尔吉斯斯坦建立道路基金的目的是形成用于设计、保养、维修、改造、建设和开发吉尔吉斯斯坦境内普通公路和公路部门的财政资源，以及用于购买调节公路流量的技术手段。

吉尔吉斯斯坦道路基金存放在国家预算中，具有专项性，有专门的社会用途，不得撤回或用于其他需要。

三 本节小结

公路是吉尔吉斯斯坦最重要的交通方式，2005 年以后吉开始将发展交通基础设施作为发展经济、摆脱落后状况的紧迫任务和国家战略，积极向各有关国家和国际金融机构争取无偿援助和优惠贷款，加速修复旧有公路，并计划新建公路。

吉尔吉斯斯坦交通和通信对普通公路行使国家管理，保证公路的开发、保护、维修和保养。公路设计、建设和改造项目必须与吉内务部国家公路监察机构协调。公路建设主要靠预算拨款和道路基金投资。

交通运输业是吉尔吉斯斯坦吸引外资的优先领域，外资可在吉任何经济领域进行投资。

第三节 吉尔吉斯斯坦电网建设
运营及法律保障

一 电网发展现状及促进政策

1. 发展现状

电力是吉尔吉斯斯坦的重要行业，由于水能储量非常丰富，国内主要是水力发电，目前仅开发 10%。吉现有水电站 18 个，热电站 2 个，总装机容量 3787 兆瓦。水力发电量占 90%，水力年均发电 140 亿千瓦时，其中 87% 用于国内消费。电力产业产值约占 GDP 的 3.9%、工业总产值的 16% 和财政收入的 10%。电力也是吉尔吉斯斯坦重要的出口商品之一。

吉尔吉斯斯坦长期以来一直没有独立的输电网络，其电力系统是苏联时期形成的中亚统一电力系统（由中亚五国电网组成）的一部分，吉尔吉斯斯坦水力资源集中在中部地区，在苏联时期建成的中亚统一电力系统中，吉中部水电站发的电需要通过环形电网先输入乌兹别克斯坦，再由乌境内的大型变电站向北输送到吉首都比什凯克等北部地区，奥什等南部地区的用电也要先向南绕经乌兹别克斯坦。

独立后，吉尔吉斯斯坦继承了其境内的电站和输电线路，吉尔吉斯斯坦输电线路由 110 千伏、220 千伏和 500 千伏线路组成。北部和南部地区通过 500 千伏线路连接，并且与中亚统一电力系统相连，在统一的能源模式下运行，通过哈萨克斯坦的统一电网与俄罗斯相连。

从 20 世纪 80 年代起，吉尔吉斯斯坦成为中亚地区最大的水电生产商。水电生产的电力 50% 被送往中亚统一电力系统，其出口量约 25 亿度并将增加到 30 亿度。主要出口对象是独联体成员，特别是周边邻国，如哈萨克斯坦、塔吉克斯坦、乌兹别克斯坦、俄罗斯和中国等，近年来还积极寻求向南亚国家出口。为扩大向中国送电，吉建立了 220 千伏输电线路。要实现电力出口目标，吉需要大量吸引外国投资，以便增加新的发电能力。

吉尔吉斯斯坦电力领域的首要任务是保证国家的能源安全；其次是提高发电量，降低生产成本，提高经济效益；最后是在此基础上，努力增加出口，使吉尔吉斯斯坦成为中亚地区重要的能源生产国。

为提高电力安全，同时应对资金短缺困境，吉尔吉斯斯坦采取的战略措施主要有如下四点。

（1）发展中小水电站，提高发电量。各国对于小水电站的规模界定不一，但习惯上是指装机容量小于 1.2 万千瓦的水电站。

（2）提高以煤炭为燃料的热电站发电量，增加火电发电比重，以减少受水电的季节性波动影响。

（3）发展出口潜力，多创汇，提高企业的经济效益。利用水力发电的季节性特征，尽量将夏季的剩余电力出口，以弥补冬季电力不足时购买发电原料的资金。

（4）提高电费收缴力度，减轻电力企业的财务负担。

2. 发展规划

根据《2013~2017年吉尔吉斯斯坦稳定发展战略》，吉政府拟在未来5年内加大电力领域投入，计划实施总金额达50亿美元（约合311亿元人民币）的16个项目，以提高供电稳定性，并加大电力出口。

2013年，吉政府启动实施了吉历史上最大项目（总金额达34亿美元，约合211亿元人民币）——"卡姆巴拉金1号"水电站（与俄罗斯合作），计划在年内完成该项目可研报告编制工作。同时，开始建设纳伦河上游4个梯级水电站（与俄罗斯合作），项目建设期为6年，投资额4.12亿美元（约合26亿元人民币）。此外，2013年内还完成吉尔吉斯斯坦南部输变电网改造项目（与中方合作），其中包括投运"达特卡"500千伏变电站及其配套高压输变电线等。

2014年，启动"卡姆巴拉金2号"水电站的2、3号机组，比什凯克热电站和阿特巴希水电站的建设，开始编制卡拉克奇热电站可研。

2015年，计划完成"达特卡—克明"输变电线项目（与中方合作），从而将吉尔吉斯斯坦南、北部的电网连接起来，并且完成对比什凯克市和奥什市的供电系统改造工程。

此外，根据该战略，吉尔吉斯斯坦还将大力发展小型水电站。

3. 电力管理体制

独立后，吉尔吉斯斯坦成立了集发、输、配电于一体的国有电力公司，并负责比什凯克市、奥什市和其他城镇区域供热网的运行。2001年，吉政府开始对电力行业进行私有化，把电力生产、电网管理和配送电三块业务分开，分别成立了相应的股份公司（国家控股）。

吉尔吉斯斯坦国家电网公司负责发电厂到配电公司及大用户间电力的输送、全国电网及国际联络线的运行调度管理。国家电网公司81.7%的股份由政府掌握，13%属于社会基金。其下属配电公司共有4家，负责向不同地区的用户分配和供应电力。

二 电网建设运营及法律保障

1. 总体立法

吉尔吉斯斯坦《电力法》（1997 年 1 月 23 日通过，2003 年、2004 年、2006 年三次修改）。《电力法》以吉尔吉斯斯坦《能源法》和其他法律规定为基础，适用于生产、传输、分配、出售和消费电力和热能的所有法人和自然人，而不论其所有制形式如何。

2. 电网建设运营主体的条件

吉尔吉斯斯坦《电力法》第 2 条规定，任何从事电力生产和电站开发的国有企业、私营法人或自然人都可被视为电力生产企业；任何在电力和热能生产、传输、分配和销售领域从事两项或更多活动的国有和私营企业均为一体化企业；任何在电力生产点和配电点或主要消费者之间从事电力传输的国有和私营法人或自然人均为电力传输企业；任何在指定地区向消费者供应电力的国有、私营法人或自然人均为分配企业。

吉尔吉斯斯坦对电网建设、运营主体实行许可证制。吉《电力法》第 5 条规定，没有获得吉尔吉斯斯坦国家能源管理部门颁发许可证的所有非国有法人、私营法人和自然人均无权从事电力和热能的生产、传输、分配和出售（《电力法》第 12 条规定的人员除外）。电力企业许可证的形式、期限、颁发程序和条件由吉尔吉斯斯坦《许可证法》规定。

吉尔吉斯斯坦《许可证法》规定，对其境内 36 类活动实行强制许可制度，其中第 20 类为电力、热能、天然气的生产、传输、分配和销售，以及石油、天然气的加工。第 21 类为发电厂、变电站和输电线路的建设铺设。《许可证法》还规定，发放给法人的许可证是授权允许从事某项活动的唯一文件，持有该许可证后无须在每一个下属部门再获得类似的文件。

3. 电网建设运营主体的确定程序

吉尔吉斯斯坦《电力法》第 18 条规定，任何国有法人、私营法人和自然人从事电力的进口、出口、销售活动必须获得吉尔吉斯斯坦政府国家能源协会颁发的许可证。

《吉尔吉斯斯坦工业、电力和能源资源部章程》第 3 条规定，该部按照规定的程序颁发相应活动的许可证。

《电力法》第 13 条规定，吉政府下属国家能源协会颁发国家输电网传输电力的许可证，在许可证有效期内，该输电网作为统一的系统由输电许可证持有者调度监管。许可证的发放由吉尔吉斯斯坦政府批准。除对电力传输的开发和指导外，输电许可证持有者对部门和地理区域没有垄断权。

吉尔吉斯斯坦《电力法》第 6 条规定，如有下述情况，吉政府国家能源协会有权收回许可证或进行罚款：有违反许可证条件或吉尔吉斯斯坦法律规定的行为；从事的活动危机人的生命和安全；破坏环保。

吉《电力法》第 9 条规定，任何有关建设新的生产能力的建议均须列入国家能源规划，并按照《电力法》第 19、20 条规定的程序进行。

第 19 条规定，国家的主管机构公布进行发电装置建设、电力热力生产、传输或分配的国际招标信息。第 20 条规定，招标的程序，筛选建议和竞标优胜者的标准以吉尔吉斯斯坦政府令方式确定，在官方报刊上公布。

在运营管理功能分配上，吉《电力法》第 3 条规定，吉议会批准电力部门的非国有化和私有化规划，批准吉政府提交的国家电力规划。吉政府确定电力政策，并根据所批准的国家电力规划实施政策。吉政府下属的国家电力协会保证电力和热能的生产者、消费者、生活在电站建设区的居民的利益平衡。生产、传输、分配和出售电力的国有和非国有法人机构、自然人须对安全负责，有效管理下属企业和自己的生产经营活动。

4. 外资对电网建设运营的参与

吉政府对外国投资持积极鼓励的态度，并以立法形式对外国在吉投资予以保护。吉《投资法》第 2 章第 4 节第 7 条规定，凡在吉政府鼓励投资的优先发展领域进行投资，以及在吉国家发展规划项下对特定区域进行投资，均可根据吉现行有关法律规定对投资者给予相应的优惠（优惠内容未做具体规定）。

吉未对外资参与电网建设运营出台具体法律规定。吉《许可证法》第 8 条规定，如果法律未做其他规定，外国法人或自然人，或无国籍人士可按照与吉尔吉斯斯坦法人和自然人相同的条件程序获得许可证。

一方面吉尔吉斯斯坦急需扩大电力出口；另一方面由于电力设备老化，首先是输配电网、输电线和变压器老化影响电力工业的正常运行，吉迫切需要大量吸引外资和私人资本进行电网改造，增加新的发电能力。

在吉境内修建水电站的计划早在 1988 年就已拟定，由于苏联解体项目未能按期实施。2008 年，吉政府与俄罗斯政府签署协议，拟按各占 50% 份额的方式合作修建卡姆巴拉金 1 号、卡姆巴拉金 2 号、纳伦河上游梯级及萨雷扎兹河水电站。但种种原因，使该协议未能启动实施。2011 年下半年，吉、俄两国政府就水电站合作重新开始密切沟通和谈判，最终于 2012 年 9 月签署合作协议。根据该协议，俄方负责在纳伦河上游修建 4 个梯级水电站，并将在 5 个月内完成卡姆巴拉金 1 号水电站的可研报告，确定该电站的总装机容量及建设标准等，从而为后续建设工作奠定坚实的基础。

2011 年 8 月 1 日，中国参与吉尔吉斯斯坦南部贾拉拉巴德州的吉尔吉斯斯坦南部电网改造项目——达特卡 500 千伏变电站建设开工。这是上合组织框架内利用中国政府优惠买方信贷的重要工程项目，也是中吉两国建交以来最大的政府项目。工程合同金额为 3.89 亿美元，建设工期 36 个月。由中国特变电工股份有限公司承建、新疆电力设计院设计。该项目的建成，将使吉尔吉斯斯坦南部形成独立的电网，极大改善当地电网的输配电能力，提高南部水电站的输出能力，提高供电可靠性和安全性。

外资参与吉尔吉斯斯坦电站建设运营面临的主要问题有：吉尔吉斯斯坦国家电力公司垄断电力生产、分配和销售，中小电力企业发展滞后；缺少电价形成的市场机制；获得水电站建设必需的批文，获得电力生产、传输、分配、销售、进口、出口的许可证程序复杂；国家机构腐败严重，其中包括司法腐败；国内政局不稳，2005~2010 年，国内高层政权多次更迭；临时政府出台的国有化政策破坏了吉尔吉斯斯坦法律，所有这些严重影响了投资环境和吉尔吉斯斯坦的国际形象，阻碍了外资的进入。

5. 电网建设运营的融资模式

由于资金短缺，吉尔吉斯斯坦电网改造、修建的资金主要依靠合作伙伴国的投资，部分靠政府集资拨款。

三　本节小结

吉尔吉斯斯坦水资源丰富，从 20 世纪 80 年代起就成为中亚地区最大的水电生产商。吉尔吉斯斯坦电力领域的首要任务是保证国家的能源安全；其次是提高发电量，降低生产成本，提高经济效益；最后是在此基础上，努力增加出口，使吉成为中亚地区重要的能源生产国。

吉尔吉斯斯坦对电网建设、运营主体实行许可证制管理。任何国有法人、私营法人和自然人从事电力的进口、出口、销售活动必须获得吉尔吉斯斯坦政府国家能源协会颁发的许可证。

吉未对外资参与电网建设运营出台具体法律规定。

目前吉尔吉斯斯坦电力领域已实现发、输、配电分离。国家电网公司81.7%的股份由政府掌握，13%属于社会基金。吉尔吉斯斯坦电网改造、修建的资金主要依靠合作伙伴国的投资，部分靠政府集资拨款。

第四节　吉尔吉斯斯坦管道建设
运营及法律保障

吉尔吉斯斯坦的油气资源较少，全国有开发前景的油气国土面积约2.23万平方公里。吉虽有近百年的油气开采史，但由于高山地形以及水侵，原油生产困难，开发成本高，采收率很低。1985年以后，油气产量呈现逐年下降趋势，根本不能满足本国需求，每年约95%的全国原油、天然气和石化制品需求需要依靠进口。除国内炼厂外，进口油气主要用于冬季枯水期的热电厂发电和热力。

目前，吉境内只有一条在建的跨国天然气管道，即中亚—中国管道D线的吉境内段。2013年9月11日，中吉两国政府签署了《关于中吉天然气管道建设运营合作协议》。2015年12月16日，中国石油天然气集团公司董事长与吉尔吉斯共和国经济部部长在北京签署了《吉尔吉斯斯坦政府与中吉天然气管道公司的投资协议》，将加快推动管建设进程。

中—吉管道走向为土库曼斯坦—乌兹别克斯坦—塔吉克斯坦—吉尔吉斯斯坦—中国，吉境内段长度215公里，设计运输能力为每年330亿立方米，预计投资额10亿~12亿美元，100%吸引外国私人投资。中亚天然气管道D线不同于A、B、C线的并行敷设，而是穿越帕米尔高原，所经之地海拔在所有管道建设沿线国家中最高，建成后将是吉国最长的现代化天然气管道，也是唯一不经哈萨克斯坦的跨国管道。

吉—中天然气管道建设合同有效期为41年，建设用地享有41年临时使用权，项目公司只拥有管道本身的所有权。天然气管道将在地下铺设，建设完成后，项目公司将根据吉法律保障恢复地力，使其适合耕种。吉尔吉斯斯坦有关国家机关和私人机构将保障天然气管道安保。根据吉尔吉斯斯坦法律，天然气管道建设运营过程中吉方人员用工比例将不低于80%。

第六章　塔吉克斯坦基础设施建设
运营现状及法律保障

塔吉克斯坦位于中亚东南部,境内多山,山地占国土面积的93%,一半以上的地区海拔高于3000米,筑路困难。塔吉克斯坦东、南、西、北分别与中国、阿富汗、乌兹别克斯坦和吉尔吉斯斯坦接壤,是联系中亚国家和伊朗、阿富汗、巴基斯坦等国的南北通道。塔交通、电力基础设施落后,铁路系统主要承担进出境运输,国内运输主要依靠公路,属于交通极不便利的内陆国家。目前塔政府将发展交通作为规模经济发展的优先领域,状况稍有改善。

第一节　塔吉克斯坦铁路基础设施建设
运营及法律保障

一　铁路运输发展现状及促进政策

1. 发展现状

塔吉克斯坦铁路为苏联中亚铁路网在塔境内的过境铁路,普通铁路总长度680公里,工业铁路312公里。铁路轨距1520毫米,100%为柴油机车。

塔国内铁路由北、中、南三个独立的区段组成,相互并不连接:

——北部过境铁路,长109公里,为乌兹别克斯坦南部铁路的一部分,主要以石油过境运输为主,是塔铁路收入的主要来源;

——中段铁路,约100公里,从首都杜尚别至塔乌(兹别克斯坦)边境城市图尔松扎德,主要运送塔第一大进口产品铝矾土和第一大出口产品铝锭;

——南段铁路，由 3 部分组成，分别为亚万—库尔干秋别（105 公里）、库尔干秋别—塔乌边境的沙尔图兹（190 公里）和库尔干秋别—库利亚布（132 公里）。

塔国铁路区段间的相互连接只能通过乌兹别克斯坦和土库曼斯坦境内的铁路线实现，南北运输因过境他国而常常受阻。

20 世纪 80 年代末，铁路在塔国家运输体系中占有重要位置，对塔国民经济发展做出重要贡献。20 世纪 90 年代下半期，铁路运量开始减少，目前塔铁路系统存在的主要问题是：基础设施和车辆严重老化，现仍在使用的铁路中有 114.7 公里已经超期服役，货运车厢平均使用寿命已达 24 年，客运车厢和机车的使用时间均超过 20 年，1/3 的火车车厢和机车过了报废期限，但仍在服役。自 1999 年起，铁路运输一直处于亏损状态。铁路主要承担外贸运输任务，占其总运量的 90%。小麦、面粉、成品油、机械设备等重要进口物资，铝、棉花、果菜等重要出口物资的运输均依靠铁路完成。由于资金不足，塔吉克斯坦政府将修复公路干线作为交通发展战略的重点，铁路修复和建设排在靠后的位置，铁路建设、电气化改造和技术更新进展十分缓慢。

新建的跨国铁路为土库曼斯坦—阿富汗—塔吉克斯坦铁路（TAT Rail）。2013 年 6 月 5 日在土库曼斯坦举行了开工仪式。土阿塔铁路总长约 400 公里。

2. 发展规划

塔政府将交通领域列为基础设施发展的重点。根据《2010～2025 年塔吉克斯坦交通运输综合体国家专项发展规划》[①] 确定的目标，塔吉克斯坦国家铁路公司制订了一系列铁路发展计划，提出了一些具体建设项目，一方面准备依靠自有资金来实施，另一方面积极对外招商引资。这些项目主要包括如下项目。

（1）北段铁路的电气化改造项目。塔北段铁路现只能运行燃油机车，成本较高，电气化改造后可降低燃油成本 70%，利润水平将因此大大提高。塔基本上不产燃油，而电力资源恰恰是该国的优势。该项目投资概算在

---

① Государственной целевой программы развития транспортного комплекса Республики Таджикистан до 2025 года от 1 апреля 2011 года №165, http://base.spinform.ru/show_doc.fwx? rgn = 81534.

9000 万美元左右。

（2）新建杜尚别—瓦赫什 100 公里铁路段，把中段铁路和南段铁路相连，可避免国内货物运输绕道乌兹别克斯坦。该项目需要投资 1.4 亿美元左右。

（3）新建库尔干秋别—塔阿（富汗）边境下喷赤 73 公里的路段，为沿线及阿富汗北部地区服务。这段铁路建成后，将有更多的物资通过苏联时期修建的铁路网发往下喷赤地区，以满足当地特别是阿富汗市场的需求。两国在该地区有 1000 万居民，发展铁路交通的市场前景较好。

根据规划，到 2025 年前，铁路领域拟投资 58.92 亿美元，铁路建设投资约占 GDP 的 0.75%，其中 54%（相当于 GDP 的 0.4%）用于更换和恢复机车和车厢，23%（相当于 GDP 的 0.17%）用于恢复现有基础设施，23%（相当于 GDP 的 0.18%）用于新建铁路路段。

3. 管理体制

苏联解体后，1994 年，在中亚铁路杜尚别分局基础上组建了塔交通部所属的单一制国有企业"塔吉克斯坦铁路公司"。目前塔吉克斯坦铁路部门属国家垄断，塔铁路公司为主要运营商，对铁路建设运营实施集中管理。

塔负责交通基础设施建设的主要政府部门为交通部，主要职责是制定塔吉克斯坦交通领域发展规划和实施交通基础设施项目等。

二 铁路建设运营法律保障

1. 总体立法

塔吉克斯坦没有针对铁路建设运营的专门立法，铁路建设运营受《塔吉克斯坦共和国运输法》（简称《运输法》）[①] 调节。

2. 铁路建设运营主体的条件及确定程序

塔吉克斯坦《运输法》第 3 条规定，干线铁路、公共公路及具有战略意义的道路，包括路面工程设施均为国家所有。第 5 条规定，对运输组织赋予生产经营活动管理的独立性。运输组织的所有活动都必须符合塔吉克斯

---

① Закон Республики Таджикистан "О транспорте", 10 ноября 2000 года, № 124, http://www.mintrans.tj/sites/default/files/2015/July/zakon_respubliki_tadzhikistan_o_transporte.pdf.

坦共和国《运输法》的要求。第 6 条规定，对运输领域活动的国家调节通过法律保障、许可证、税收、贷款、融资、定价、投资、实施社会和科技政策、对运输组织执法情况的监管等方式来实现。国家机关无权干预运输组织的经营活动，或吸引其人员从事其他工作。

3. 外资对铁路建设运营的参与

塔吉克斯坦是苏联十五个加盟共和国中最落后的一个。1991 年塔宣布独立后不久就爆发了持续 5 年的内战，国家遭到严重破坏，1997 年塔民族和解协定签署后情况略有好转，外资开始进入。塔允许并欢迎外国投资者参与当地基础设施建设，目前外资参与项目主要采用 EPC 模式（Engineering Procurement Construction），是指公司受业主委托，按照合同约定对工程建设项目的设计、采购、施工、试运行等实行全过程或若干阶段的承包。

塔吉克斯坦规范外资在塔境内活动的法律主要有《塔吉克斯坦共和国投资法》[①]《土地法》《税法》《海关法》《许可证法》《劳动法》等，但这些法律并未涉及外资对铁路建设运营的参与。

塔吉克斯坦《许可证法》间接涉及相关问题。第 7 条规定，从事需要提供许可证的活动，只有获得许可证的法人或个体经营者才可进行。

如果塔吉克斯坦法律未做规定，外国自然人、法人可以按照和塔吉克斯坦本国自然人、法人一样的条件和程序获得许可证。外国法人要获得许可证应在塔吉克斯坦拥有自己的分公司或代表处。

第 17 条规定了需要许可证才能进行的活动清单，根据清单，从事公路、铁路及其道路设施的设计和勘察、建设、维修和改造、铁路的客货运输、公路和铁路的技术服务及维修、经营客货运站等活动必须获得许可证。

4. 铁路建设运营融资方式

2000 年以来，塔政府开始在国际社会的帮助下恢复、改善、重建基础设施，国内进行的基础设施建设投资来源包括政府预算资金，但这部分一般有限。主要还是依靠国际金融组织、发达国家的援助性贷款和无偿援助。

---

① Закон Республики Таджикистан "Об инвестициях" от 15 марта 2016 года №1299, http: // ru. wikisource. org/wiki/Закон_Республики_Таджикистан_%22Об_инвестициях%22.

三　本节小结

塔吉克斯坦铁路基础设施落后，由于资金不足，铁路修复和建设排在靠后的位置，铁路建设、电气化改造和技术更新进展十分缓慢。

目前塔吉克斯坦铁路部门属国家垄断，铁路建设运营由单一制国有企业"塔铁路公司"集中实施。国家通过法律保障、许可证制、税收、贷款、融资、定价、投资、实施社会和科技政策、对运输组织执法情况的监管等手段实现对铁路调节。

塔国内基础设施建设主要依靠无偿外援和国际贷款，外资参与铁路建设运营须获得许可证。

第二节　塔吉克斯坦公路基础设施建设
运营及法律保障

塔吉克斯坦地理优势突出，是联系中亚国家和伊朗、阿富汗、巴基斯坦等国的南北通道，但因地形复杂，现有交通基础设施状况较差，造成交通闭塞，转运潜力未能得到充分发挥。

一　跨境公路发展现状及促进政策

1. 发展现状

塔吉克斯坦独特的地理环境决定了其交通以公路为主，公路承担着该国 80% 的货物运输和 95% 的旅客运输。全国现有公路总长 2.7 万公里，几乎全部建于苏联时期。道路网密度每千平方公里 209.64 公里。主要公路级别较低，无一级公路，二级公路仅占 1.1%，大多数为四、五级公路。很多道路年久失修，道路达标率不到 1%。2006～2007 年调查结果显示，即使在水平较高的国家级公路中，也有约 75% 的路面存在残缺不全的情况。目前由杜尚别出发到北部和东南部地区的道路仍无法全年通行。通往周边国家的国际公路 17 条，其中通往吉尔吉斯斯坦的有 3 条，通往乌兹别克斯坦的有 6 条，通往阿富汗的有 1 条，通往中国的有 1 条，国内公路86 条。

2. 发展规划

为改变国家交通现状，塔吉克斯坦总统提出"交通兴国"战略，要求修复各主要干线，实现交通独立。计划分近期、中期和长期三个阶段恢复和改造公路，近期（2011～2014年）用于保养国际公路的费用1.05亿美元，保养地方公路4488万美元。中期（2015～2019年）建设734公里的公路，耗资1.61亿美元。用于中期道路投资规划的主要资金来自共和国预算，每年不少于1000万美元。长期（2020～2025年）将建设1080.1公里新道路，总价2.38亿美元。预计经济回报率将达17.9%。

根据《2010～2025年塔吉克斯坦交通运输综合体国家专项发展规划》提出的投资优先方向，用于公路设施建设改造的支出占GDP的2.1%，其中37%（相当于GDP的0.7%）用于道路保养，63%（相当于GDP的1.4%）用于道路恢复和基本建设。

塔计划实施的重点公路建设项目有：

——由杜尚别出发，经库里亚布、卡莱胡姆布、穆尔加布、库利马山口，进而与中国喀喇昆仑公路相连接的中塔公路；

——连接杜尚别和吉尔吉斯共和国奥什州，进而与俄罗斯交通干线相连接的公路走廊；

——连接伊斯法拉和吉尔吉斯共和国博特坚特州的公路。

另外，还需要修建喷赤河大桥以实现与阿富汗的交通顺畅。

塔计划实施的重点隧道建设项目有：杜尚别至塔什干的公路需要在安佐布山口、沙赫里斯坦山口修建公路隧道；杜尚别至胡占德市的公路需要修建4.3公里长的沙赫里斯坦隧道。但因隧道建设所需资金巨大，而本国财力有限，塔正努力寻求外援，以加快安佐布公路隧道的建设进度。

塔计划改造的重点交通建设项目有：境内别卡巴德—卡尼巴达姆公路；改造塔什干经过塔北部胡占德—艾尼—彭杰肯特—乌兹别克斯坦撒马尔汗的相关路段。另外，以下路段也需要大量资金以进行改造或重修，使其符合必要的技术标准：杜尚别—塔什干，杜尚别—捷尔梅兹，艾尼—撒马尔汗，杜尚别—杜斯季—下喷赤—阿富汗边境，杜尚别—卡拉克—加尔姆—吉尔加塔利—卡拉梅克（吉尔吉斯斯坦）—萨雷塔什（吉尔吉斯斯坦）—伊尔克斯坦（吉尔吉斯斯坦）—喀什（中国）。

3. 管理体制

塔吉克斯坦《公路和道路活动法》第18条规定，对普通公路配套资产的管理由公路管理的专业机构进行，对公路的保养经营由国有企业进行。专业机构由国家道路活动管理机构组建。专业机构领导人由国家道路管理机构与地区执法机关协商任命。国家公路的不动产由专业机构运营管理，由国有企业保养公路，筛选转交专业机构运营管理的公路或路段均根据国家道路管理机构的决定进行。

二　公路建设运营的法律保障

1. 总体立法

塔吉克斯坦《公路和道路活动法》①（2002年1月30日，第517号）为调节公路活动的专门立法，该法旨在完善道路活动领域的国家调节和管理、发展公路网。改善其使用情况，满足居民、国家、经营主体对公路客运和货运的需求。

2. 公路建设运营主体的条件和获得程序

根据塔吉克斯坦《公路和道路活动法》第16条规定，对公路活动实行许可证制。公路活动的许可证制度由共和国道路活动国家管理机构负责实施。由于关系到公路安全，进行道路活动的专家必须实行审批制。

第19条规定，道路经营企业应保障公路的建设和使用，并根据道路活动、所有制多样性和竞争的统一原则发挥作用。公路的设计、建设、改造、保养、检验和测试按照由国家道路管理机构规定的程序，根据设计和招标文件，按道路管理机构与执行人（自然人或法人）通过竞标确定的承包合同进行。

企业和组织在完成道路工作时应保证符合塔吉克斯坦法律、公路法的要求，保证公路运行的安全。对道路工作完成质量的监管职能由具有该权限的道路机构、法人和自然人行使。

3. 外资对公路建设运营的参与

困扰和制约塔吉克斯坦公路交通建设的最主要问题是缺乏足够的资金

---

① Об автомобильных дорогах и дорожной деятельности от 05.08.2009 г. №543, http://base.spinform.ru/show_doc.fwx? rgn=2216.

来进行道路的建设、维修和养护工作。塔国力微弱、财政困难、外债沉重，为解决公路建设资金问题，塔政府不得不向国际组织和各援助国求助。交通基础设施建设改造是塔吸引外资的优先领域，塔政府鼓励外国资本投资，希望通过国际社会的援助和贷款，帮助和改善塔的公路现状。目前，世界银行、国际货币基金组织、欧洲复兴开发银行、亚洲开发银行、伊斯兰开发银行、沙特开发基金会、科威特基金会、欧佩克基金会、阿迦汗基金等是塔公路项目资金主要提供者。

中资企业积极参与了塔吉克斯坦交通运输领域的工程承包。

（1）2004年11月，中国水利水电建设集团公司在塔吉边境公路修复工程一期项目招标中赢得第一标，签署合同价为1570万美元。该工程一期项目公路全长74.3公里，主要包括新建桥梁4座、修复桥梁9座、处理4处塌方滑坡路段、道路修复及相关设施建设，由中国水利水电第十六工程局有限公司负责实施。项目于2005年1月20日正式开工建设，经过3年建设，2008年11月1日竣工验收，项目工期38个月。

（2）中国路桥工程有限责任公司在塔吉克斯坦利用中国政府优惠贷款以设计施工总承包模式承建的塔乌公路，于2006年7月11日在塔吉克斯坦首都杜尚别—塔乌公路起点举行了隆重的开工典礼。塔乌公路修复改造项目是上海合作组织政府间框架下最大的交通基础设施项目，为塔吉克斯坦首都杜尚别至塔乌边境口岸恰奈克的道路修复改造工程。该项目于2006年4月10日签署，公路全长355公里，合同总金额为2.96亿美元。塔乌公路的修复建设，对完善中亚五国公路交通运输网络、加强中亚贸易合作起到积极的作用，具有较深远的政治经济意义。

4. 法律规定的建设运营融资模式

塔吉克斯坦《公路和道路活动法》第20条规定，普通公路拨款的主要来源是公路使用者税及共和国预算资金；地方公路拨款来源是地方预算；公路管理部门拨款来源为公路所属机构账面资金；私人公路的拨款来源为公路所有者的资金。对公路的拨款额应能保证道路运行的安全和保护道路。

5. 实践中常用的建设运营方式及融资模式

目前，塔政府对承包工程的管理基本处于无序状态，也没有《招标法》，相关规定很不明确。

塔境内承包工程的公开招标程序比较简单：

——招标信息刊于塔吉克斯坦《实业家》报或《实业与政治》报；

——投标者只需要通过递交申请、购买标书、在规定期限内投标，并提交不低于标价 2% 的银行保函等主要程序即可；

——开标时允许各投标者代表参加，但要事先申请；

——申请审查实际采用资格后审办法，而且不要求投标者具备塔法人资格；

——申请一般要求两项基本条件，一是投标方应具备相应的资质和实力，包括资金、人才、技术、施工设备，以及一定水平的年营业额，二是投标方应有业绩作支撑，具备承包同类工程的丰富经验，并应列出最近 3~5 年内所完成的同类项目业绩。

在实际操作中，国际组织和机构的各类贷款做法不尽相同：

——世行贷款项目由项目管理中心负责，每一笔贷款都由专门组织和专有人员负责具体实施；

——亚行则就不同的贷款方案与塔政府相关部委合作，共同进行操作；

——阿迦汗基金会援塔项目则完全由其代表处独立操作，基本上不与塔政府有过多的牵扯。

三　本节小结

塔吉克斯坦交通以公路为主。为改变国家交通现状，塔总统提出"交通兴国"战略，要求修复各主要干线，实现交通独立，公路设施改造是重要任务。

塔吉克斯坦干线公路、公共公路及具有战略意义的道路，包括路面工程设施均为国家所有，塔对公路活动实行许可证管理。普通公路拨款的主要来源是公路使用者税及共和国预算资金；地方公路拨款来源是地方预算；公路管理部门拨款来源为公路所属机构账面资金；私人公路的拨款来源为公路所有者的资金。

交通基础设施建设和改造是塔吸引外资的优先领域，塔政府鼓励外国资本投资，希望通过国际社会的援助和贷款，帮助和改善塔的公路现状。

第三节 塔吉克斯坦电网建设
运营及法律保障

一 跨境电网发展现状及促进政策

1. 发展现状

塔吉克斯坦水力资源十分丰富，全国水力总蕴藏量 5270 亿千瓦时/年，居世界第 8 位，人均拥有量居世界第 1 位，占整个中亚的一半左右，但开发量不足总蕴藏量的 6%。目前共修建了 27 座水电站，水电站总装机容量为 409.8 万千瓦。塔建有两座热电厂，即杜尚别热电厂（19.8 万千瓦）和亚万热电厂（12 万千瓦），两厂装机容量共计 31.8 万千瓦，年发电量近 10 亿度。塔全国共有三大电网，分别是杜尚别—瓦赫什南部电网、索格德北部电网和戈尔诺-巴达赫尚自治州电网，三个电网彼此互不相连，它们在各自的覆盖区担负着各地的电力供应。前两个电网为"塔国家电力控股公司"所有，后一个租赁给私营的"帕米尔电力公司"25 年。

塔全年电力需求量为 230 亿~250 亿度，但年发电量在 180 亿度上下浮动。塔全国电力 95% 以上来自水电。夏季电力盈余，可部分出口，冬季由于水库储水量有限，发电不足，又没有火电调剂，所以电力主要从乌、吉等邻国进口。

塔吉克斯坦作为水力资源蕴藏量居世界前列的国家之一，水资源的开发和利用一直是其兴国之本，塔政府提出了"水电兴国"战略。近年来，塔政府大力发展电力基础设施，包括兴建大、中、小型水电站和电网，以及对现有电站进行改造，并计划向周边国家出口电能，以保障国家能源独立和促进经济发展。

水电站方面主要是借助俄罗斯、伊朗等国投资兴建已有的一系列待建项目，大幅度提高发电量。2006 年，塔制订了建设小型水电站计划，并分为三个阶段进行，至 2020 年将建成 71 个小水电站，总功率为 5 万千瓦，年发电量为 5 亿度。国家股份公司 2007 年利用外资对努列克水电站、凯拉库姆水电站及瓦赫什河与瓦尔左布河上的梯级水电站进行新建（改造）。

输电线方面实现三大电网相连,统筹资源分配。塔规划建设南北两条输电线:一是从罗贡水电站经杜尚别、向北沿塔乌公路至北部胡占德的500千伏南北输电线路,它将瓦赫什河梯级水电站的电力输向北部地区,并出口至乌、吉、俄、中等国;另一条是从丹加拉区的罗拉佐尔至东南部库利亚布区哈特隆市的220千伏输电线路,它将桑格图德水电站的电力输向塔东南地区及出口至阿富汗。塔政府已正式将第一条输电线项目,列入中国向上海合作组织成员国提供9亿美元优惠买方信贷项目的候选名单,而第二条输电线路项目正在寻找投资商。

2. 发展规划

塔吉克斯坦把大力建设水电站作为国民经济发展的优先领域,努力将塔打造成地区电力出口大国。塔将阿富汗、巴基斯坦、伊朗作为主要目标市场,将哈萨克斯坦、印度、俄罗斯、中国等作为潜在市场,在综合开发设计的基础上,制定了水电开发中长期规划。国家在电力领域政策的基本目标是:

——可靠、高质量保证国家对电力资源和产品日益增长的需求,保证国家的电力安全;

——保证环保,保护居民免遭电力领域活动的有害影响;

——为电力部门逐步向市场关系过渡创造必要条件,吸引国内外投资进入该领域,给电力企业提供独立性,保证在市场竞争基础上发展电力;

——在推广先进工艺、节能、利用可再生能源、降低 GDP 单位能耗的基础上,提高能源电力综合体的效率。

3. 管理体制

塔吉克斯坦能源水利部负责水电领域基础设施发展,主要职责是水电开发、输变电建设、水利设施建设和维护等。

4. 在建的跨境输电工程

中亚统一动力系统将中亚五国的电网相连接,由位于乌兹别克斯坦首都塔什干的统一调度中心对各国电力统一调配。该系统功能是解决中亚各国国内电力分布不均和保障下游国家夏季灌溉用水问题。2009 年 12 月,乌兹别克斯坦宣布退出中亚电网,使相关国家措手不及,塔吉克斯坦与乌兹别克斯坦电力合作中断。目前,塔正全力推动 CASA-1000 输变电项目,该项目将连接吉尔吉斯斯坦、塔吉克斯坦、阿富汗、巴基斯坦的电力网，有助于塔吉克斯坦夏季向阿富汗和巴基斯坦出口过剩水电。

二 电网建设运营的法律保障

1. 总体立法

塔吉克斯坦《电力法》（2000 年 11 月 10 日第 11 号）旨在对塔吉克斯坦能源领域国家政策提供法律保证，在市场、制度和信息机制基础上保证电力的安全和发展，保护电力消费者利益。

2. 电网建设运营主体的条件

按照塔吉克斯坦《电力法》第 2 条的界定，电力企业是从事一种或几种电力活动的法人，包括自然垄断主体，而不论所有制形式如何。电力活动、电力服务的内容为电力、电力资源和产品的生产、运输、传输、分配、保管、加工、转化、销售。

《电力法》第 5 条规定，电力领域活动根据《许可证法》实行许可证制度。建设大型电力设施的电力项目和规划需要通过强制性的国家审查，审查程序由塔吉克斯坦政府确定。

塔吉克斯坦《许可证法》第 17 条规定了需要许可证方能从事活动的清单，其中包括电力设施和设备的安装、调试和维修（法人或个体经营者自用的情况除外），电力的生产、传输、分配活动（法人或个体经营者自用的情况除外）。

3. 电网建设运营主体的确定程序

在塔吉克斯坦境内从事电力设施建设承包工程通过公开招标确定。公开招标程序为：

——招标信息刊于《实业家》报或《实业与政治》报；

——投标者只需要通过递交申请、购买标书、在规定期限内投标，并提交不低于标价 2% 的银行保函等主要程序即可；

——开标时允许各投标者代表参加，但要事先申请；

——申请审查在实际中采用的是资格后审办法，而且不要求投标者具备塔法人资格；

——招标要求具备两项基本条件，一是投标方应具备相应的资质和实力，包括资金、人才、技术、施工设备，以及一定水平的年营业额，二是投标方应有业绩作支撑，具备承包同类工程的丰富经验，并应列出最近3~5年内所完成的同类项目业绩。

4. 电网建设运营的特许经营

塔吉克斯坦《电力法》第16条规定，发电厂、热电站、干线和配电网及服务设施、石油管道和天然气管道、天然气企业、石油设施，以及有前景的油田、气田、煤田可由塔吉克斯坦政府依照法律转为特许经营。

能源资源的勘探、开发和开采可交给外资特许经营，在能源电力领域从事其他活动要根据特许经营合同进行。

塔吉克斯坦《特许权经营法》规定，塔吉克斯坦的自然资源、空域、水资源及地下矿藏等可以租让给除国家机关外的本国人及外国法人及自然人。

第10条规定，特许经营转让通过竞标实现。根据塔吉克斯坦政府决定，在塔政府与潜在投资人直接谈判基础上的特许经营转让除外。

只有在涉及保证国家安全、国防及只有一个特许经营竞标申请人的情况下，可不经竞标直接转让项目。

进行特许经营转让竞标的程序和条件由塔政府规定。

第13条规定，特许经营协议有效期一般为49年，要求大规模投资和基本投资回收期长的矿产资源开采项目除外，对于个别项目可在合同中标明特许经营期限，该期限不得超过99年。特许经营到期后，自愿遵守合同条件的受让人，在延长合同时享有优先权。

目前塔吉克斯坦国家特许经营的项目共有两个：杜尚别—胡占德—恰纳克公路及戈尔诺-巴达赫尚自治州电力系统。

总体来看，外资进入并不积极。主要原因在于塔工程承包市场法律不健全，市场秩序较混乱，加之一些项目受下游国家强烈反对，目前国际社会对投资塔大型水电站建设仍较为谨慎。

5. 外资对电网建设运营的参与

由于国内资金短缺，塔吉克斯坦政府鼓励外资进入电力领域。为外资企业提供国民待遇，并以立法形式对外资企业在吉投资活动进行管理和保护。塔吉克斯坦协调外资活动的最主要法律基础为《外国投资法》，同时，在《税法》《土地法》《特许权经营法》等法律文件中也有专门涉及外资企业的规定。

塔吉克斯坦《电力法》第 14 条规定，吸引外国投资进入电力领域根据塔吉克斯坦法律进行。在一定期限内通过相互协议提供电力资源给国内和国外投资者使用。塔吉克斯坦法律为国内和国外投资进入电力领域规定补充的税收和其他优惠。

6. 电网建设运营融资模式

塔吉克斯坦电力行业为国家垄断，由 Барки Таджик 国家控股公司专营，负责国内电站、电网的建设，电力和热能的生产、传输、分配和销售。Барки Таджик 国家控股公司下辖 24 个股份制电力设施，其中 10 个为配电公司，13 个为水电站。

塔吉克斯坦《电力法》第 5 条规定，电力领域的国家调节通过法律保障、许可证、税收、贷款、融资、实施投资、社会和科技政策、监督能源电力企业执法情况等手段进行。

保障塔吉克斯坦电力系统发展和恢复的投资主要来自塔政府、Барки Таджик 国家控股公司和国际金融组织，主要有石油输出国组织、科威特基金、瑞士政府、世界银行、中国政府、伊斯兰开发银行、亚洲开发银行、伊朗公司、中国进出口银行等。

2005 年，塔政府正式将修建 500 千伏南北输电线项目列入中国向上海合作组织成员国提供 9 亿美元优惠买方信贷项目的候选名单。项目共分两期建设，其中一期工程 90 公里的杜尚别—罗拉佐尔 220 千伏输变电成套项目总承包工程，已于 2008 年 6 月提前半年贯通送电。二期为贯通连接塔吉克斯坦南北的 500 千伏输变电线路，是塔吉克斯坦国家电网的主动脉工程，项目建成后，将彻底解决塔吉克斯坦南部冬季枯水期用电紧张的问题。

三 本节小结

塔吉克斯坦是水力资源蕴藏量居世界前列的国家之一，水资源的开发和利用一直是其兴国之本，为此塔政府提出了"水电兴国"战略。

塔吉克斯坦电力行业为国家垄断，由 Барки Таджик 国家控股公司专营，负责国内电站、电网的建设，电力和热能的生产、传输、分配和销售。

塔对电力领域活动实行许可证管理，在塔境内从事电力设施建设承包工程通过公开招标确定，招标信息公开发布。

塔吉克斯坦政府鼓励外资进入电力领域，进行特许权经营，特许经营转让通过竞标实现，进行特许经营转让竞标的程序和条件由塔政府规定。

塔吉克斯坦电力系统发展和恢复的投资主要来自塔政府、Барки Таджик 国家控股公司和国际金融组织。

第七章 俄罗斯和中亚国家基础设施 建设运营市场准入比较

苏联解体后,俄罗斯及中亚各国都十分重视基础设施建设及其该领域的法律构建。无论是国家基础设施的建设规划,还是管理机构的设置和变更、权利与义务的划分以及资金来源和分配,基本都以立法的形式来规定,以保证国家对该领域的有效管理。各国改革后的管理体制和新法律各具特色,既有原体制的印记,也伴随着经济市场化不断调整。了解和把握这些变化对于推动上合组织内部跨境通道的建设联通具有重要意义。本章将在对俄罗斯及中亚国家国别分析的基础上进行比较研究,旨在为上合组织的互联互通合作提供法律和制度环境参考。

第一节 俄、哈、乌、吉、塔五国基础设施 建设运营及管理体制特点

一 基础设施发展现状

苏联时期,欧亚地区已形成统一的铁路、公路、管道、电网基础设施网络。苏联铁路曾是一个非常庞大的运输系统,也是苏联最主要的交通运输方式。至苏联解体前的 1989 年,苏联铁路运营里程长达 14.75 万公里,仅次于美国;其中电气化铁路里程居世界首位,总长 5.38 万公里,占全国铁路营业里程的 36.5%;复线铁路总长 5.38 万公里,同样占全国铁路营业里程的 36.5%;当年完成货物运输量逾 40 亿吨,运送旅客 43 亿人次。苏联铁路承担全国 55%的货物周转量和 37%的旅客周转量。在苏联国民经济中,铁路运输作为基础部门之一,占有特殊的地位。

苏联铁路分布很不平衡，西部地区约占全国铁路总长度的70%，其中以欧洲部分的中部、南部和西部铁路网较稠密。以莫斯科为中心，共有11条铁路将各经济区联系起来。干线铁路东通乌拉尔、中亚、西伯利亚和远东，北至北冰洋和波罗的海沿岸地区，南达克里米亚半岛和外高加索，西经布列斯特和利沃夫通往波兰、捷克斯洛伐克、匈牙利及罗马尼亚等国。东部地区铁路仅占全国铁路长度的30%，路网密度只及全国平均密度的40%。主要干线除横贯西伯利亚、远东地区南部的西伯利亚大铁路外，还有在其南侧大体与之平行的中西伯利亚铁路和南西伯利亚铁路，以及沟通西伯利亚与中亚联系的土西铁路等。

苏联解体后，该地区保持了原有的铁路网布局，俄罗斯的铁路网与新独立国家的铁路紧密连接，同为独联体统一运输体系的一部分。但中亚国家的基础设施短板显露无遗（见表7-1，表7-2）。苏联时期，按照全苏生产力布局要求设计安排了中亚国家基础设施体系，其特点是对外联系通道不足，全部对外铁路通道均面向俄罗斯，国内基础设施彼此割裂，哈萨克斯坦丰富的油气资源因没有管道而无法在国内输送，吉尔吉斯斯坦和乌兹别克斯坦铁路国内没有直连，南北联系须绕行他国或靠公路，与外部经济基本处于相对封闭状态。与此同时，由于这些国家多数铁路和公路都是苏联时期建设的，多年来基本只能修修补补，没有能力大规模更新建设，不仅影响了各自国内客货运输效率和质量，也影响了对外经济贸易合作的开展。进入21世纪后，随着欧亚之间贸易运输量的不断扩大，这些国家运输通道的瓶颈限制日益突出。在这一背景下，俄罗斯和中亚国家都出台交通发展规划，努力改善本国的运输状况并建设新的跨国铁路。

苏联解体27年来，该地区基础设施建设发展经历三个大的阶段。20世纪90年代制度转型期间，各国经济下滑，基础设施投资处于停滞状态。进入21世纪后，各国开始走出经济下降的阴影，俄罗斯和中亚国家利用多种融资来源，加大对交通基础设施、能源运输管道的投资力度，但2008年之前投资重点仍为能源领域，道路基础设施建设进展相对缓慢。2008年之后，为摆脱单一的能源依赖模式，俄罗斯和中亚国家都把加大基础设施投资作为经济结构改革和摆脱危机的重要抓手，进一步加大投资力度。目前，各国交通基础设施状况得到一定改善，但在全球仍处于较落后水平，基础设施改造建设市场有较大发展空间。

表 7-1 俄罗斯和中亚国家交通基础设施概况

	俄罗斯	哈萨克斯坦	乌兹别克斯坦	吉尔吉斯斯坦	塔吉克斯坦	土库曼斯坦
公路	重要的运输方式，公路网居独联体第一位	最重要的运输方式，公路网居独联体第二位	高速公路路况较差，亟待改造	最重要的运输方式，公路运输占全国货运总量的90%	最重要的运输方式	2/3的公路为近年新修，没有高速公路
铁路	重要运输方式，过境运输潜力大	重要运输方式，铁路运输能力居独联体第三位	已形成国内铁路网，但铁路总里程不足	境内铁路不发达，年久失修，无法满足客运量需求	12%的铁路超过服役期，设施陈旧，车厢不足	已形成铁路网，没有电气化铁路
航空	航空制造基础好，航空运输发达，机场总数232个，其中国际机场71个	航空技术发达	中亚唯一可以生产飞机的国家	与世界部分国家有不定期航班	有3个机场	国内航线有50多条
水运	较发达，有太平洋、黑海、波罗的海多个大型港口	不发达，运输主要依靠3个港口	无出海口	无出海口，水运以内河航运为主	无出海口	无出海口

资料来源：中国商务部《对外投资合作国别（地区）指南》，2014～2017年。

表 7-2 中亚国家铁路总里程情况

单位：公里

年份 \ 国家	哈萨克斯坦	乌兹别克斯坦	吉尔吉斯斯坦	塔吉克斯坦	土库曼斯坦
2009	14205.00	4230.00	417.00	616.00	3095.00
2010	14202.00	4227.00	417.00	621.00	3115.00
2011	14184.00	4258.00	417.00	621.00	3115.00

续表

年份＼国家	哈萨克斯坦	乌兹别克斯坦	吉尔吉斯斯坦	塔吉克斯坦	土库曼斯坦
2012	14319.00	4192.00	417.00	621.00	3115.00
2013	14319.00	4192.00	417.00	621.00	3115.00
2014	14329.00	4192.00	417.00	621.00	3115.00

资料来源：世界银行 WDI 数据。

二　铁路管理体制

苏联时期，由交通部对铁路部门实行高度集中统一管理。作为政府职能部门，交通部既负责铁路行业管理，又兼以运输总公司身份对全国铁路进行组织和运营，还负责对全国路网进行维护与建设。全国划分为 32 个铁路局及 180 个铁路分局，每个铁路局平均管辖 4000～6000 公里的铁路，每个铁路分局平均管辖 700～1000 公里的铁路。苏联铁路拥有近 400 万职工，约占苏联全部工作人口的 3.5%。铁路、公路、管道、电网均属自然垄断行业，由于自然垄断行业所特有的部门运行网络化，投资具有巨大的资本沉没性，生产成本具有规模经济性，产业地位具有基础性和命脉性，提供产品或服务具有必需性、普遍性和信任性等特点，长期以来，自然垄断部门一直由政府管控。

苏联解体后，俄罗斯及中亚国家均对铁路、公路、管道、电网建设运营体制进行了改革，改革后的管理体制基本实现了"政企分离""网运分离"，将交通部原本承担的国家调控、监管职能和企业管理职能分开。政府部门只保留国家管理职能，运营职能则交给新组建的铁路公司。总体来看，各国改革的幅度和效果并不完全相同。改革后，各国的政府对交通基础设施建设运营仍保留了较大控制权。此外，由于苏联时期的铁路网发展已有相当基础，解体后各国铁路运输标准仍基本统一，易于实现内部的互联互通。

俄罗斯领土辽阔，拥有发达的铁路运输网，承担了世界铁路货运总量的 20% 和客运量的 10%。[1] 进入 21 世纪，随着经济的全面复苏和快速增长，

---

① 《俄罗斯联邦至 2030 年铁路运输发展战略》，见俄罗斯联邦交通部《俄罗斯运输统计信息（2011 年）》，http：//www.mintrans.ru。

加快铁路建设问题也提上议程。从管理体制看，目前俄罗斯铁路运营职能已从交通部剥离出来，交通部只负责制定和实施国家有关铁路发展的宏观政策和生产技术标准，铁路运营职能由新组建的国家铁路运输公司承担。与运输服务密切相关的生产性企业（包括原来的 17 个铁路局、客车和货车修理工厂、机车车辆零部件制造工厂、建筑工程单位、勘测设计和科学研究机构等），以及 355 所各类学校（其中有 10 所高等院校）均划归铁路运输公司。

哈萨克斯坦没有出海口和出海通道，尤其重视发展陆上运输，独立后哈修建铁路的数量比独联体其他国家同期修建铁路数量的总和还要多。哈萨克斯坦铁路发展战略优先方向是打造封闭的铁路网和建设国际运输走廊。哈萨克斯坦铁路改革步伐较大，首先是成立了纵向一体化的国有哈萨克斯坦铁路控股公司，逐步剥离转移公司的社会职能机构和辅助性企业等非主营资产。其次是放开铁路运营市场，在铁路运输领域，将基础设施和运输分割开来，允许独立的承运人使用基础设施，将国家价格调控机制变更为由承运人根据市场情况提供服务的自我调控机制。

乌兹别克斯坦铁路目前仍由国家专营。乌只有乌兹别克斯坦铁路公司一家国家铁路股份公司，其为集基础设施建设运营和机车车辆管理为一体的垂直一体化公司。建设新铁路线、改造铁路网是乌兹别克斯坦铁路发展规划的优先目标。乌《铁路运输法》规定，国家铁路运输管理机关在其权限内通过的决定，对所有的法人和自然人、地方国家权力机关都具有强制性。任何人都无权干预与运输过程相关的铁路运输活动。在这一体制下，乌国内铁路建设、改造项目均由乌兹别克斯坦铁路公司组织实施，铁路运营主体由该公司代表国家依法确定。

吉尔吉斯斯坦目前仍然由国家的铁路运输管理机构对铁路运输实行集中管理。吉尔吉斯斯坦《铁路运输法》规定，国家对铁路运输过程实行集中管理，由运输领域的国家机构专营。除非吉国家法律有特别规定，吉国家权力机构、地方自治机关、社会和其他组织、自然人均无权干预与运输过程有关的铁路运输活动。对铁路运营活动的调节由运输领域的国家执法机构根据其职权实行。但运输领域的全国性政策不排除各地区根据本地区的发展计划、运输基础设施建设、环境保护、合理利用能源和安全的需要协调地发展私营和国有铁路。

塔吉克斯坦是高山之国，境内 93% 的领土为山地，一半以上的地区海拔高于 3000 米，属于交通极不便利的内陆国家。塔吉克斯坦暂无针对铁路建设运营的专门立法，其铁路部门属国家垄断。1994 年，在中亚铁路杜尚别分站基础上组建了塔交通部所属的单一制国有企业塔吉克斯坦铁路公司，塔所有铁路建设运营均由该公司集中实施。

三　公路管理体制

苏联时期，公路运输没有中央一级的管理机构，而是由各加盟共和国分管。苏联的公路行政分为六级，即国家公路（国家干线和一般国家公路）、加盟共和国公路、州公路（包括边区和自治共和国）、地方公路、工业专用路和农村道路。前四级为公用道路。国家公路由中央负责规划和建设，建成后交由加盟共和国管理和养护。加盟共和国负责国道的规划和建设、国家公路和加盟共和国公路的养护和对州以下公路管理的指导工作。州以下的公路由地方负责修建和养护。工业专用路由使用部门自建自养。苏联解体后，五国均对公路管理体系进行了改革，改革后的管理体制仍保留了"统一政策、分级管理"的模式。

俄罗斯的做法是在交通部下设公路署，公路署是在汽车交通和道路管理领域履行国家服务职能和国有财产管理职能的联邦执行权力机关。公路署代表国家制定俄罗斯公路发展战略，管理、改善和开发联邦公路网，监管联邦预算对公路专项拨款的使用、公路技术和质量、环保安全标准，在公路经济领域实行统一的经济、科技、创新、投资、人员和对外经济政策等。除联邦公路署外，俄罗斯还成立国家公路公司专门负责联邦公路的建设运营管理。该公司被委托管理联邦级汽车公路，支持和发展汽车公路网及公路附设的管网与相关基础设施，其职能还包括对联邦公路进行现代化改造，收取道路通行费，代表国家与私人投资商签订特许经营合约。目前，俄罗斯公路分为联邦、地区、地方和私人四级，前三级资金来源和管理机构属于相对应的政府，私人公路由私人出资建设并由政府转交其运营。

哈萨克斯坦公路建设运营由国家统一管理。根据哈萨克斯坦《公路法》（2001 年 7 月 17 日，第 245-II 号）界定，哈萨克斯坦的公路分为普通公路、经营性公路、城市和居民点的街道三大类。普通公路分为国际、共和国、州和地区四级。公路等级划分程序和条件由哈萨克斯坦政府确定。哈萨克斯坦由政府制定统一的公路政策，对公路执法机关实施法律政策情况进行监督。其建设资金来源和公路运营行为均由哈各级相应政府统一规定。

乌兹别克斯坦公路分为普通公路、城市和其他居民点街道、经营性公路三大类。按照法律，乌兹别克斯坦对公路建设、运营实行统一政策，分级管理。乌《公路法》（2007 年 10 月 2 日，第 117 号）规定，乌国政府、普通公路领域的专门授权机构及地方的国家机构代表国家进行公路领域的管理，负责制定公路发展规划、统一技术政策标准、建档造册、人员培训等。国家通过认证、许可证、税收、制定运输费、统一的科技政策及法律规定的其他形式来调节公路运输活动。

吉尔吉斯斯坦公路分为普通公路、部门公路、私人公路和市政公路四大类。吉尔吉斯斯坦《公路法》（1998 年 7 月 2 日，第 72 号）规定，吉交通和通信部对普通公路行使国家管理，保证公路的开发、保护、维修和保养。对市政公路的管理由相应地方自治机构行使。对部门和私人公路的管理由这些公路的所有者行使。吉政府制定公路发展的统一规划和政策、出台国家标准、协调机构活动、对公路使用情况实行监管等。

塔吉克斯坦独特的地理环境决定了其交通以公路为主，公路承担着该国 80% 的货物运输和 95% 的旅客运输。根据塔吉克斯坦《公路和道路活动法》，对公路建设运营实行许可证制，公路活动的许可证制度由国家管理机构实施。

四 油气管道建设运营管理体制

主要涉及俄罗斯、哈萨克斯坦、乌兹别克斯坦三国。跨国油气管道项目经营运作可分为上游、中游、下游三个环节。上游——包括资源国境内石油、天然气勘探、开发与生产，这是管道项目运营的资源保证和先决条件；中游——从油田井口或天然气气田净化厂至油气购买国境内消费市场总分配站的输油气管道的建设与运营，这一环节是整个项目运作的动脉和必备条件；下游——油气在购买国消费市场的销售，这是进行跨国油气管道项目的中心环节和最终目的。目前俄、哈、乌三国都对油气资源实行集中管理，由能源部制定统一的能源发展战略和政策，注重系统的综合管理和战略管理。油气管道被视为战略设施，管道建设运营由具体管道运输公司承担，其管理体制的特点是特别强调国家利益，突出国家对管道的控制。俄罗斯油气产业的中游（管道建设和运营）尚未对外资开放。哈萨克斯坦、乌兹别克斯坦由于资金短缺，管道建设运营均对外资开放。

目前俄罗斯不允许管道私营，要求管道完全掌握在国家手中。俄罗斯油气管理部门繁多，管理权限重叠，与俄罗斯油气工业相关的联邦政府机构主要有自然资源部、联邦环境利用监控局、联邦地下资源利用局、工业能源部、联邦能源局、联邦工业局、经济发展部及地区发展部等。油气生产和管道建设运营中须获取多个部门的许可。施工的环境保护也要接受10多个部门的管理监督。目前政府委托管道运输公司进行管道的建设运营，管道运输公司代表政府管理干线原油管道。尽管管道公司也参与政策的制定，但它只是政府管道运输政策的执行者。俄政府对干线原油管道的管理主要通过管道使用权分配和管道运输价格决定两种制度实现。管道使用权分配的决定权属于挂靠在能源部下面的管道利用跨部门委员会，委员会参考石油公司的申请每季度进行一次管道使用权分配。管道运输价格由联邦税务局参考管道运输公司的申请决定，原则上每年改定一次。

哈萨克斯坦拥有丰富的油气资源，但由于内部石油运输系统分布极不合理，尚无法有效地将分散的油气开采地、油气加工厂和油气消费地区三者有机联系起来，通过建立新的管道，摆脱对俄罗斯管道的依赖，实现油气输出的多元化。哈萨克斯坦油气产业上、中、下游均对外资开放，外资帮助建设新的输油管道，但外资进入门槛逐步提高，国家开始加强对管道的控制。法律规定，国家对新建干线管道项目拥有优先参股不低于51%的权利，优先赎买现行干线管道所有权转让份额或干线管道所有者—法人股票（股份）的权利；国家有权放弃优先权，即在收到商业建议2个月内做出拒绝优先参股51%以上或购买转让股份的权利；国家有权将优先权转让给国家公司或国家运营商。

乌兹别克斯坦管道建设运营受政府严格管理。乌兹别克斯坦国家环境保护委员会、国家建设委员会、对外经贸部、经济部和财政部负责审批管道建设项目预可研报告和项目设计文件；乌国家技术监督局和国家油气监督局负责对所采用的工艺包括生产安全进行鉴定；管道途经地区政府负责进行项目实施范围内工程建设用地的征地工作。

五 电网建设运营管理体制

电网包括输电和配电两个环节，输电的主要功能是将电能从发电厂输送到远离发电厂的负荷中心，配电的主要功能是从输电环节接受电能并向用户进行配送。输配电网紧密相连，虽然在功能上有所区分，却难以从资产上准确划分界面。电网管理体制主要探讨的是输电和配电的组织形态。目前国际上的电网管理体制主要包括两种模式：一是输配分开模式，即输电和配电分别由不同公司拥有和管理，不存在产权联系；二是输配一体化模式，即输电和配电在一个企业内部，可以是一个集团下的不同业务公司，也可以是企业内部的不同部门。苏联时期全国实行的是输配一体化模式。

自 1992 年起，俄罗斯电力管理体制经历多次改革，并不断进行动态调整和优化。俄罗斯在 2008 年 7 月完成了电力行业的彻底分拆，发、输、配、售、调度、交易各环节完全独立，实行输配分开模式，即输电和配电分别由不同公司拥有和管理，不存在产权联系。2012 年，俄罗斯政府又酝酿将跨区域的配电集团（MRSK）与俄联邦输电网公司（FGC）合并，实行输配一体化模式，即输电和配电在一个企业内部，可以是一个集团下的不同业务公司，也可以是企业内部的不同部门。俄罗斯拟实行输配电一体化的电力管理体制主要出于以下认识：电力安全是国家安全的重要内容，政府必须保持对电力工业的控制，保持对电力工业垄断部分（电网、中央调度和地区间调度）的影响。在保持政府控制的前提下，引入市场竞争机制，提高电力市场运行效率。

中亚各国电力系统是苏联中亚联合电力系统的重要组成部分。苏联解体后，中亚各国之间的电网仍然保持着联系。1996 年之前，哈萨克斯坦实行统一的输配电模式，1996 年之后，哈进行了电力系统市场化改革。原来统一的哈萨克斯坦电力国家电网公司一分为三，并逐渐形成了目前的三级电力管理体制：国家电网管理公司为国家电网（主要是高压电网）的拥有者和管理者；地区电网公司为地区电网的拥有者和管理者；电力生产者

（地区电站、热电站、水电站）一般指独立的法人（通过出租或出售转交个人），不从属于任何一家电网公司。大部分高压输电线转给国家电网管理公司，其他转给地区电网公司。

乌兹别克斯坦是中亚地区最大的电力生产国和出口国，中亚联合电力系统中有50%的发电设备位于乌兹别克斯坦。乌电力部门隶属于燃料与能源部门，与煤炭工业、地区采暖行业和其他能源产品输送行业并列同级。乌国燃料与能源仍为政府高度垄断，国家总理是能源部门的负责人。乌兹别克斯坦电力改革实施较早，但进展缓慢。2001年2月，乌组建"乌兹别克电力"国有股份公司，其业务包括电力输送和分配、制订发展计划、投资推广、支持对煤炭和可再生能源的研发，以及推广提高能效的技术和措施，其功能相当于电力主管部门，但乌兹别克斯坦政府依然保持了对公司的控股权。

吉尔吉斯斯坦独立后即成立了集发、输、配电于一体的国有电力公司，并负责比什凯克市、奥什市和其他城镇区域供热网的运行。2001年，吉政府开始对电力行业进行私有化，把电力生产、电网管理和配送电三块业务分开，分别成立了相应的国家控股公司。吉尔吉斯斯坦国家电网公司负责发电厂到配电公司及大用户间电力的输送、全国电网及国际联络线的运行调度管理。国家电网公司81.7%的股份由政府掌握，13%属于社会基金。配电公司共4家，负责向不同地区的用户分配和供应电力。最近吉尔吉斯斯坦在酝酿将输配电系统重组计划。

塔吉克斯坦实行统一集中的国家电力管理体制，由国家控股公司专营，负责国内电站、电网的建设，以及电力和热能的生产、传输、分配和销售。

第二节　俄、哈、乌、吉、塔五国基础设施公共投资市场准入法律比较

公共投资是指由一国政府或国际组织出于公共利益目的而进行的投资，如政府贷款兴建公共设施，或由国际金融组织贷款进行公共设施的发展，均属公共投资范围。铁路、公路、油气管道和电网等均为公共投资的对象。公共投资有广义和狭义之分。广义公共投资是指所有投向于公共基础设施

和公共服务行业，向社会提供基础性和公共性商品或服务的投资，既包括政府投资也包括非政府投资，既包括物质性投资也包括非物质性投资。狭义公共投资特指政府作为投资主体，对基础设施和自然垄断行业进行的物质性公共投资。这里使用的是广义的概念，即包括国家主体在内的多元投资主体通过特定程序投资于涉及国家安全、公共秩序、公共工程、公共服务等领域，以实现公共利益为目的投资活动。

公共投资准入制度是特殊的投资法律制度，既涉及制度的一般性规定，也涉及具体的操作程序。公共投资准入制度是指国家允许所有公共投资者，特别是非公有经济投资者进入公共领域进行投资，各种投资者能在这些行业中进行公平竞争的制度。传统上，俄罗斯等国属于大陆法系，即以成文法为特征的国家。俄罗斯与中亚国家都十分重视公共投资准入的法制建设，无论是铁路、公路还是管道、电网发展的政策和规划，管理机构的设置和变更，权利与义务的划分以及资金来源和分配，基本都以立法的形式来规定。法律体系包括法律和政府令、部令等形式。法律通常由议会审议通过，政府令或部令则由内阁或内阁部门负责制定，有时也称为"规则""规程""细则"，属于行政法规，其主要作用是细化法律规定，以保证法律的正确实施。从俄、哈、乌、吉、塔五国实践看，政府主要通过许可证制度、特许经营制度、年审（检）等制度来规范竞争，实现对公共投资的市场准入和监管。从五国比较看，俄罗斯、哈萨克斯坦的法律门类较全，特点是分类立法，平行立法，针对不同性质的业务分别制定不同的法律，形成较多单行法律。

一 有关基础设施建设运营主体确定程序和管理要求不尽相同

（一）铁路建设运营主体确定程序和要求

铁路在五国均属于自然垄断部门，但垄断程度不完全相同。

俄罗斯规范铁路建设运营的主要法律有俄罗斯联邦《铁路运输法》《铁路运输章程》《对特定活动实行许可证法》《自然垄断法》《特许权经营协议法》《环境保护法》等。俄罗斯联邦铁路建设属于国家项目，铁路建设和运营实行许可证管理。2009 年之前，许可证由俄罗斯联邦运输监督署及其在各地的分署发放。2009年1月1日之后，俄罗斯政府退出对建筑行业的监管，监管职能将转交给非商业性建设联盟行业自律组织，由自律组织制定本行业的标准和规程，并监督执行。按照俄罗斯法律规定，俄罗斯国家及政府项目必须通过招标进行。新建、改造铁路工程的建设主体、建设材料供应商等主要通过招标程序确定，招标信息公开发布。

哈萨克斯坦规范铁路建设、运营的法律主要有《铁路运输法》《许可证法》《环境保护法典》等。哈铁路建设、运营实行许可证管理和招标制。哈《铁路运输法》规定，对与铁路运输经营活动有关的服务、工程、产品必须实施资格证书管理，对个别经营活动实施许可证制度管理，对车辆进行国家登记注册。哈《许可证法》规定，对铺设铁路路基和路面建设、对铁路供电网的安装均实行许可证管理。法律规定对与铁路运输经营活动有关的服务、工程、产品必须实施资格证书管理，对铺设铁路路基和路面建设、对铁路供电网的安装均实行许可证管理，对车辆进行国家登记注册。

乌兹别克斯坦只有乌兹别克斯坦铁路一家国有铁路股份公司，根据乌《铁路运输法》，由国家铁路运输管理机构对铁路运输实行集中管理。铁路、公路及其专用线、地铁、无轨及有轨公交线路、隧道、桥梁的建设与维修均由乌兹别克斯坦国有运输建筑联合体负责，凡是与交通有关的建设项目，如铁路修理厂、车辆厂、铁路电气化等均由该公司承建。

吉尔吉斯斯坦铁路运输属于自然垄断行业，铁路（包括支线）属国家所有。2011年7月之前，铁路建设运营具体执行部门为吉尔吉斯斯坦国家铁路公司。2011年7月之后，公司正式划归交通部，并将其更名为"吉尔吉斯斯坦交通和通信部国家铁路公司"，自此吉交通和通信部将全权负责铁路公司的经营和管理。

塔吉克斯坦铁路部门属国家垄断，只有一家单一制国有企业塔吉克斯坦铁路公司。铁路建设运营均由塔铁路公司集中实施。

（二）公路建设运营主体确定程序和要求

俄罗斯规范公路建设运营主体的法律有《公路及公路活动法》《关于成立俄罗斯公路国家公司联邦法》《政府采购法》等。公路的设计、建设、改造和基本投资根据俄联邦《城市建设法典》和《公路法》规定的程序颁发建设、改造公路的许可证。

哈萨克斯坦规范公路建设运营的法律有《公路法》《许可证法》等。对从事公路活动实行许可证制度，公路活动的许可证管理根据哈萨克斯坦《许可证法》进行。哈萨克斯坦公路建设运营由国家统一管理，建设主体通常采取招标方式确定。

乌兹别克斯坦公路建设、运营主体通过政府令确定。乌成立国有股份制公路公司 Узавтойул，并组建共和国道路基金（隶属于乌财政部）。Узавтойул 公司承担了保证公共公路的配套服务和保持必要技术状况的任务，并从总体上负责实施发展道路公共设施的国家规划。目前乌国 90%的道路建设工程由 Узавтойул 下属建筑分公司完成，并作为唯一的总承包商垄断市场。

吉尔吉斯斯坦国家公路的设计、建设和改造由专业化机构按吉交通和通信部规定的程序，依照吉法律进行。吉境内城市交通设计功能由国家建筑和建设全权机构承担。

塔吉克斯坦干线铁路、公共公路及具有战略意义的道路，法律规定包括路面工程设施均为国家所有，对公路活动实行许可证制。公路活动的许可证制度由共和国道路活动国家管理机构负责实施。由于关系到公路安全，进行道路活动的专家必须实行审批制。

（三） 油气管道建设运营主体确定程序和要求

油气行业是俄罗斯国家经济的命脉，而油气管网的建设、运营更是涉及国家的安全，因此俄罗斯一向高度重视对油气管道运输行业的规范和调控。俄法律规定，沿干线管道输送原油和成品油、天然气属于自然垄断行为，由自然垄断主体来实施。俄油气管网系统包括原油管道运输系统、成品油管道运输系统和天然气管道运输系统，由两家国有垄断企业俄罗斯石油公司和俄罗斯天然气工业股份公司负责建设和运营。

哈萨克斯坦对油气干线管道的设计、建设、运营许实行许可证管理。2012 年，哈萨克斯坦已通过《干线管道法》，以立法加强国家对油气干线管道设施的管控。从实际的管理和运营情况看，哈国境内石油干线管道的所有者和运营商并不完全为国家石油公司所垄断，跨国石油出口干线管道主要是由哈国有石油公司与外国石油公司的合资公司所有、管理和运营。境内外资参与生产原油项目的干线管道，也可以由项目作业者或专门成立的合资公司所有和运营。

乌兹别克斯坦的石油仅能满足本国消费，没有出口能力。目前已有的跨国管道均为跨国天然气管道，乌兹别克斯坦的天然气运输系统、天然气过境运输及储存设施主要归乌兹别克斯坦国家油气公司的子公司乌天然气运输公司所有。根据法律，乌兹别克斯坦天然气管道、原油管道、成品油管道的设计、建设、运营和维修需要获得由乌兹别克斯坦内阁颁发的许可证。油气管道设计、建设、运营和维修许可证有效期为 5 年。

（四） 电网建设运营主体确定程序和要求

俄罗斯《电力法》实施之前，对从事电网建设、开发、运营实行许可证管理。随着俄罗斯电力改革的推进，其市场逐步放开，电力行业实行许可证管理的范围已缩小，从事电网建设、运营已不需要许可证。

哈萨克斯坦电力基础设施一直由国家电网公司和负责国有资产管理的萨姆鲁克—卡泽纳国家福利基金（《Самрук-Казына》）负责规划、招标、融资、建设、运营。设计、建设分流输电线和变电站事先要通知并经授权机构、负责自然垄断领域监管和调节活动的国家机构和系统运营商同意。

乌兹别克斯坦的能源行业都归政府所有，电网建设、运营仍属国家垄断行业，建设运营主体由政府指定，实行许可证管理，私营及外国资本尚未参与电力企业的管理。

吉尔吉斯斯坦对电网建设、运营主体实行许可证制，任何国有法人、私营法人和自然人从事电力的进口、出口、销售活动必须获得吉尔吉斯斯坦政府国家能源协会颁发的许可证。电力企业许可证的形式、期限、颁发程序和条件由吉尔吉斯斯坦《许可证法》（1997 年 3 月 3 日，第 12 号）规定。

根据塔吉克斯坦《许可证法》，塔在电力领域活动实行许可证制度。在塔境内从事电力设施建设承包工程通过公开招标确定，建设大型电力设施的电力项目和规划需要通过强制性的国家检查，检查程序由塔吉克斯坦政府确定。

二 五国对外资参与铁路、公路、管道及电网建设运营的不同规定

尽管俄、哈、乌、吉、塔目前都在改善投资环境，积极吸引外资。但对外资进入的法律门槛仍有较大区别。俄罗斯对外资限制较严，哈萨克斯坦和塔吉克斯坦开放程度最高，哈将外资作为补充，塔自己根本没有资金和能力进行铁路建设，乌和吉原则上还是国家垄断，但外资进入的门槛已逐步降低。乌兹别克斯坦对外资管理较严，但对国际信贷融资持欢迎态度。米尔济约耶夫总统上任后，乌正在加大对外开放力度和规模。

俄国内对在外资可进入领域的深度和广度上一直存在较大分歧。规定八大类行业受俄联邦《自然垄断法》监督调节，包括：原油和成品油干线管道运输，天然气管道运输，铁路运输，运输枢纽、港口和机场服务，电信和邮政业务，送变电服务，电力调度服务，内河运输基础设施服务。自然垄断行业不允许外资进入。

2008年，俄罗斯批准了《有关外资进入对国防和国家安全具有战略性意义行业程序》的联邦法。[①] 该法对外资的市场准入门槛进一步提高，规定外资对联邦级地下资源公司的控股权不得超过5%，对其他部门战略性公司的控股权不得超过25%～50%。该法还强调，俄罗斯自然垄断行业限制外资进入。

从实际操作看，俄罗斯至今未开放铁路客运和货运市场，不允许外商设立合资企业，提供装卸、集装箱堆场、船舶代理、结关等服务，不允许外商从事铁路运输设备的维修保养服务。油气管道和电网建设运营领域迄今为止仍未对外资开放。公路建设领域对外资进入开始松动，但运营领域尚未开放。

哈萨克斯坦为扩大吸引外资，2003年1月8日出台了《哈萨克斯坦共和国投资法》，该法规定不论内资、外资在哈投资都将享受统一的特惠政

---

① 法律 РФ №57-ФЗ《О порядке осуществления иностранных инвестиций в хозяйственные общества, имеющие стратегическое значение для обеспечения обороны страны и безопасности государства》，2008.4.29.

策，这一政策导向也为放开铁路、公路、管道和电网建设和运营市场提供了宏观环境。

乌兹别克斯坦没有出台禁止、限制外资的法律法规，但对国家垄断行业和领域有股权限制，外资所占股份一般不能超过50%。从管道建设和运营的现实情况看，乌兹别克斯坦并没有限定油气管道必须由国有公司垄断经营，同时，对于外资进入干线管道建设也无限制，但在航空、铁路等领域仍完全由国家垄断。

根据吉尔吉斯斯坦法律，外国投资者在吉投资不受行业限制，可在其任何经济活动领域进行投资，吉对外国投资者实行国民待遇。法律虽未对外资参与铁路建设运营做出明确规定，但实际上该领域仍为国家垄断。

塔吉克斯坦没有针对铁路建设运营的专门立法，铁路建设运营受《塔吉克斯坦共和国运输法》调节。从事公路、铁路及其道路设施的设计勘察、建设、维修和改造，铁路的客货运输和公路和铁路的技术服务及维修及经营客货运站等活动必须获得许可证。如法律未做规定，外国自然人、法人可以按照和塔吉克斯坦本国自然人、法人一样的条件和程序获得许可证。

三　对特许经营对象和协议有效期规定差别较大

特许权经营是政府对特定产业的一种规制手段，指政府为项目的建设和经营提供特许，由民间公司或外国公司作为项目的投资者安排融资、承担风险、开发建设，并在有限的时间内经营项目以获取商业利润，最后根据协议将该项目转让给政府机构。特许权经营适用的领域包括公路、铁路、桥梁、隧道、水利、电力、城市基础设施等。近年来为解决基础设施建设资金不足、政府管理效率不高等问题，俄罗斯及中亚各国开始引进特许权经营模式。

根据俄罗斯《特许权经营协议法》，允许特许权经营的客体为不动产，共包括14类，公路和运输基础设施类工程建筑、铁路运输工程设施、管道运输工程设施、电力和热力生产、传输及配送的工程设施均包括其中。俄罗斯规定，特许经营协议有效期将参考特许协议客体的建设和（或）改造周期、投资规模、资金回收期以及特许协议规定的特许权受让方其他义务等因素在特许协议中予以确定。

哈萨克斯坦《特许权经营法》规定，其特许经营覆盖哈国内所有经济部门（领域），但列入哈萨克斯坦总统确定清单中的对象除外。外资从事通道建设、运营要获得特许经营权。法律明确规定，哈萨克斯坦特许经营有效期为30年，在受让人完成所承担的义务条件下，经双方协议，可在无竞标基础上通过签署新合同延长特许经营期限。

乌兹别克斯坦特许经营对象为本国法律未禁止的与向外国投资者提供资产、地块和地下资源有关的某些经营活动。乌兹别克斯坦《特许权经营法》规定，特许经营合同期限为15年。在必要情况下，根据乌国内阁决定合同可以延期。

吉尔吉斯斯坦《特许权经营法》规定，特许经营系吉政府颁发给投资者从事一定经营活动的许可，这些活动与向投资者提供资产、地块或地下资源临时使用有关。吉尔吉斯斯坦法律规定，特许经营期限为5~50年。

塔吉克斯坦《特许权经营法》规定，塔国的自然资源、空域、水资源及地下矿藏等可以租让给除国家机关外的本国人及外国法人及自然人。其中发电厂、热电站、干线和配电网及服务设施，石油管道和天然气管道，天然气企业、石油设施，有前景的油田、气田、煤田可由塔吉克斯坦政府依照法律转为特许经营。能源资源的勘探、开发和开采可交给外资特许经营。塔吉克斯坦特许经营协议有效期一般为49年，要求大规模投资和基本投资回收期长的矿产资源开采项目除外，对于个别项目可在合同中标明特许经营期限，该期限不得超过99年。

可以看到，俄罗斯特许权经营对象限制较严，同时特许权经营期限未做明确规定，在灵活度高的同时执法随意性也较强。哈萨克斯坦等四个中亚国家特许权经营范围较宽，哈萨克斯坦自由度最高，塔吉克斯坦特许经营期限最长。

四 基础设施建设融资模式比较

基础设施属于典型的公共物品，同时具有使用上的非排他性和利益上的非占有性两个特征或仅仅具备前面一个特征，在建设和使用中社会效益明显，对经济增长具有先导性和实质性的促进作用，但因投资成本和风险高、建设和回报周期长等特点，被称为"带刺的玫瑰"。

基础设施建设的投融资问题也是世界性难题。原则上，公共产品必须由政府部门生产，上合组织成员国基础设施建设最初亦由政府垄断。然而，一方面由于政府财力有限，特别是上合组织成员国多为发展中国家，仅靠政府投资已无法满足经济快速发展对建设发达基础设施的需求；另一方面，由于政府直接投资基础设施可能存在效率低下或资源浪费，近年来各国开始参照国际上流行的做法，积极探索适合自己国情的解决办法，采取直接投资、银团贷款、发行债券、国际组织贷款、特许权经营、建设—运营—移交（BOT 模式）、公私合营（PPP 模式）等多种投融资模式。从而，各国的基础设施建设投融资模式也从传统的工程总承包转变为投资建设和营运管理；从原来主要由政府层面发挥投资主导作用的财政资金投资模式，演变成多元投资模式。

（一）法律层面的规定

俄罗斯基础设施建设融资模式。从苏联到俄罗斯联邦，铁路建设的投资来源一直主要依靠国家财政预算计划拨款。目前俄罗斯铁路建设资金来源开始发生变化。首先，俄罗斯对铁路线路和设施进行分类，联邦财政对国家级一、二类新线建设投资，并对铁路能力改造进行补贴，由地区财政投资建设三、四类铁路。其次，俄计划并尝试吸引非国家的基本建设投资、直接投资、贷款和长期租赁，将其用于最有效的领域。目前在交通基础设施建设融资方面更多应用的是"联邦投资基金"。通过投资基金的国家扶持以三种模式实现：对项目的直接融资，参股将实施某种项目的公司，提供有别于财政部现行担保的国家担保体系。在未来高铁建设中，俄还将吸引私人资本融资。

在法律层面，俄罗斯规定公路建设、运营可以按照公私合作伙伴关系模式，目前采用多种融资方式，包括国家财政投入、金融机构信贷资金（国内银行贷款和国际金融组织贷款）、公路基金、储备基金、发行公路建设债券、进行 BOT 项目融资等。

从历史沿革看，俄罗斯电网建设一直由国家预算拨款。电力体制改革后，电网公司实际仍是国有股份占绝对优势的股份制公司，干线电网建造、维修仍由联邦预算拨款。

哈萨克斯坦基础设施建设融资模式。在基础设施建设中，哈萨克斯坦除通过国家财政预算对项目拨款外，积极吸引其他国内和国际金融组织参与，同时还积极采用公私合作伙伴关系模式实现项目融资。哈萨克斯坦是五国中采用 BOT 方式融资最多的国家。哈吸引外来投资参与铁路建设主要模式为：国家（提供土地、优惠建设和运营条件），铁路部门（即哈萨克斯坦国家铁路公司提供部分资金、设计、技术支持、专家等），私人资本（主要投资）按照占股的方式合作。公路建设融资方式除预算拨款外主要采取特许权经营方式。在电力项目投资中，国家财政预算拨款仅占总投资额的25%～50%，不足以满足电力基础设施改造和增容的资金需要。为此，哈政府制定了电力融资解决方案，其中包括吸引私人投资和国外资金参与改造项目。哈萨克斯坦电力发展计划规定，所有项目都将采用国际招标制，并将制定优惠政策。

乌兹别克斯坦基础设施建设融资模式。乌兹别克斯坦铁路建设首先靠中央和地方政府预算资金，由于资金不足，拟建立集中保险和储备基金，同时鼓励私人资本进入该领域。普通公路建设维护由乌国财政部管辖的共和国道路基金拨款。对城市和其他居民点街道、乡村道路维护由地方预算拨款。对经营性公路由管辖公路的法人和自然人拨款。在实践中，公路建设资金多来自国际金融机构贷款。

电力行业重组和建设项目融资主要来自国有控股能源公司的内部资金、私有化收入和从国际金融机构获得的贷款，提供贷款的银行为日本国际合作银行、阿拉伯金融协会、伊斯兰开发银行和亚洲开发银行。

吉尔吉斯斯坦基础设施建设融资模式。吉尔吉斯斯坦干线铁路、机动设施的建设和改造、购买铁路机车均属于国家需要，从共和国预算和铁路部门自有资金中拨款。公路建设主要靠预算拨款和道路基金投资。由于资金短缺，吉尔吉斯斯坦电网改造、修建的资金主要依靠合作伙伴国的投资，部分靠政府集资拨款。

塔吉克斯坦基础设施建设融资模式。塔吉克斯坦国内基础设施建设投资主要依靠国际金融组织、发达国家的援助性贷款和无偿援助。公路建设中，普通公路拨款的主要来源是公路使用者税及共和国预算资金，地方公路拨款来源是地方预算。塔吉克斯坦电力系统发展和恢复的投资主要来自塔政府、Барки Таджик 国家控股公司和国际金融组织。主要有石油输出国组织、科威特基金、瑞士政府、世界银行、中国政府、伊斯兰开发银行、亚洲开发银行、伊朗公司、中国进出口银行等。

（二）实际做法

1. 吸引国际信用融资

吸引国际信贷融资参与基础设施建设是俄罗斯与中亚国家共同的做法，现已成为基础设施建设的重要资金来源。国际信贷融资分为国际商业贷款、国际金融机构贷款和外国政府贷款几种方式。目前，亚行是大中亚地区最大的国际开发性金融机构，而欧洲复兴开发银行则在俄罗斯的基础设施领域存在较大的合作潜力。根据欧洲投资银行的分析，大中亚地区的基础设施融资来源中，国际开发性金融机构占 21%，政府资金支持仅为 5%，股权投资者占 36%，国外的商业银行占 32%（其中俄罗斯的商业银行占 8%），出口信用保险机构占 6%。总体而言，大中亚地区基础设施项目投资资金的杠杆率在发展中国家中属于较低水平，平均资产负债率大概为 60%。另，国际开发性金融机构在大中亚地区的基础设施投资大部分都集中在交通和能源设施领域。其中，亚行 63% 的项目、欧洲复兴开发银行以及欧洲投资银行 45% 的项目都属于交通基础设施项目；亚行有 18% 的项目在能源基础设施领域。

长期以来，中国与中亚国家的项目合作多集中在公路、隧道和铁路等交通运输领域，中国开发性金融机构提供"两优"贷款支持项目融资。2012 年，中国政府向吉尔吉斯斯坦提供 1.36 亿美元优惠贷款，修建中—吉—乌公路吉尔吉斯斯坦境内伊尔克什坦至苏布库尔干路段。中国进出口银行为塔吉克斯坦的"两优"贷款，在塔实施了 10 余个公路、铁路、隧道及输变电项目，库里亚布和库尔干秋别两城市道路改造、丹加拉供水工程、塔中央直属区 500 千伏输变电、亚湾—瓦赫达特铁路隧道等项目相继竣工。

2."贷款换石油"模式

从中国在俄罗斯和中亚地区的油气管道建设实践看，主要是采用项目融资的方式筹集资金。如果是合资项目，除了股东以注册资本金投入的资金外，剩余资金通常是向境内或其他国家的金融机构融资。跨国油气管道项目融资，主要依靠未来的管输费收入作为还款来源，俄、哈、乌未明确限制管输费不能作为还款来源。

2009 年，中—俄和中—哈原油管道建设采取了"贷款换石油"模式，这是一种较典型的项目融资，即以项目的预期收益或权益作抵押取得的一种无追索权或有限追索权的融资或贷款活动。根据 2009 年 2 月 17 日中俄签署的"贷款换石油"协议，中国国家开发银行向俄罗斯国有石油公司和管道运输公司分别提供 150 亿美元和 100 亿美元的长期贷款，采取固定利率，为 6% 左右；俄罗斯则以石油为抵押，以供油偿还贷款，从 2011 年至 2030 年，按照每年 1500 万吨的规模通过管道向中国供应总计 3 亿吨石油，石油价格以俄石油运到纳霍德卡港口的价格为基准，随行就市。根据 2009 年 4 月 17 日中哈签署的"贷款换石油"框架协议，中方向哈方提供 50 亿美元的紧急贷款融资支持。中方公司国内融资渠道主要为中国石油天然气总公司向其下属的勘探开发子公司增资，即扩大资本金。2007 年 12 月 28 日，中国石油天然气集团公司和中国石油天然气勘探开发公司联合向中国石油子公司中油勘探开发有限公司增资 160 亿元人民币，以满足中亚—中国天然气管道项目开发建设的资金需求。

3. 亚投行和丝路基金提供融资支持

中国发起成立的亚洲基础设施投资银行、丝路基金积极参与上合组织成员国基础设施建设项目融资，杜尚别—乌兹别克斯坦边界道路塔吉克斯坦境内路段改善项目是本区域内首个由亚投行参与融资的项目，也是亚投行成立后提供融资的第一批项目之一，贷款总额度为 2750 万美元，由亚投行和欧洲复兴开发银行联合融资。

2016 年 3 月，丝路基金收购俄罗斯亚马尔液化天然气项目 9.9% 的股权，加上中国石油天然气集团公司持有的 20% 股权，中国成为亚马尔液化天然气项目第二大股东。亚马尔液化天然气项目对外融资规模在 180 亿~190 亿美元，丝路基金入股证明该项目优良，有利于继续引进其他投资者。丝路基金入股后，中国银行、中国进出口银行和法国出口信用保险机构都在接洽中，预计后续还会有投资者加入融资行列。

2018 年 6 月，丝路基金与乌兹别克斯坦国家石油天然气控股公司签署合作协议，为乌油气相关项目提供美元和人民币投融资支持。乌兹别克斯坦国家石油天然气控股公司是乌兹别克斯坦唯一的石油、天然气、凝析油生产企业，主要从事石油、天然气和石油产品的勘探，生产和提炼。

五　中国与俄罗斯、中亚国家跨境基础设施建设运营模式比较

1. 中俄原油管道

该管道建设、运营总体原则是按照国境线划分，各自负责各自境内的投资、建设和运营，俄方由原油管道运输公司负责，中方由中国石油天然气集团公司负责。其中黑龙江穿越工程由中国石油管道局负责施工，投资则由两国企业按比例承担。

2. 中哈原油管道

由中石油和哈国家油气公司的合资公司负责运营该跨国管道，该公司是中石油和哈国家油气公司的合资公司，双方各占 50% 的股份。

3. 中亚天然气管道

初期，中亚天然气管道的气源主要来自土库曼斯坦。据 BP 公司数据，截至 2009 年 1 月 1 日，土库曼斯坦天然气储量为 7.94 万亿立方米，约占世界总量的 4.3%，进入 21 世纪后土库曼斯坦天然气产量逐年提高，出口前景看好。为摆脱对俄罗斯输气管道的依赖，土库曼斯坦加强了与中国的合作。2005 年以后，中土两国能源合作迅速开展，主要体现在天然气开采和天然气输送管道建设方面。

在哈萨克斯坦境内段由亚洲天然气合资公司（中石油和哈国家油气公司各占 50% 的股份）负责管理和运营。该段管道的建设资金，除合资公司注册资金外，其余资金均以项目融资的方式获取。在乌兹别克斯坦境内段由中乌天然气管道合资公司（中石油和乌国家油气公司各占 50% 的股份）负责管理和运营。2008 年初，中国商务部批准中国石油天然气集团公司下属中石油中亚天然气管道有限公司分别与乌兹别克斯坦和哈萨克斯坦等国家控股油气公司联合成立合资管道公司，中方公司占股 50%，成立后的合资公司负责管道建设，保障运营安全。

4. 中俄跨境电网

建设运营总体原则是按照国境线划分，各自负责各自境内的投资、建设和运营，俄方由东方能源公司负责，中方由中国国家电网公司负责。

2010~2011 年，东方能源公司修建了长达 1280 米的跨阿穆尔河输电干线，同时中国国家电网公司也完成了铺设长达 152 公里 500 千伏输变电线路并将其与阿穆尔州变电站对接的工作。

六　俄罗斯和中亚国家基础设施建设运营法律的特点

1. 俄罗斯法律最为复杂烦冗

俄罗斯法律体系源于大陆法系，制定法是其法律的正式渊源，除专门法外，还有诸如《民法典》《外资法》《土地法典》等一般法和其他相关标准文件、总统令、政府令等相配套。从五国法律规定条文看，俄罗斯是个"法律文牍主义"国家，其法律最为复杂烦冗。关于环境保护的法律法规尤为繁多，不仅包括国内 130 多个环保法律法规，还包括已签订生效的数十个国际或区域性的环保条约。俄罗斯人善于运用法律工具赢得谈判和交易的优势。在俄投资的中国企业曾多次被合作方抓住法律漏洞进行不公平交易。相比之下，哈、乌、吉、塔法律条文则较为简洁和粗线条。

2. 针对同一事务法律规定条款相互矛盾

形式上，俄罗斯法律体系很严密，但由于法律出台不同步，现实中往往出现对同一事务法律规定条款相互矛盾的现象。或这些法律条款相互制约，有些在专门法规定中可以做的，在一般法中又被禁止；或专门法中未做规定，要根据一般法要求去规范。如，俄罗斯《政府采购法》《外资进入对保障国防和国家安全具有战略意义商业组织程序法》《自然垄断法》均限制外资进入铁路运输。但《特许权经营协议法》则规定，允许外资从事铁路设施的建设、设计和服务。这要求投资主体在做出投资决策前，要尽可能全面了解掌握对象国的法律规定要求。

3. 五国立法经常修改变化频繁

法律的最大特点应该是稳定性和持久性。由于俄罗斯和中亚国家社会经济处于转型发展中，各项政策不断调整，法律条款不断修改。如俄罗斯《公路法》自 2007 年批准实施以来，至 2013 年已经修改了 13 处；哈萨克斯坦《电力法》自 2004 年批准实施以后，前后修改 50 多处。这一方面反映了这些国家能够根据不断变化的形势及时调整和修订过时或不适宜的内容，同时也给市场参与者特别是外资决策带来一定难度和复杂性。

4. 有关跨境基础设施建设法律调节的特点

跨境基础设施建设运营需要由国际公法和国内法两个层面的法律协调。从国际法层面看，跨境油气管道的国际合作已有近 60 年的历史，但国际社会还没有跨境能源管道运输的统一的国际法律制度，只有国际油气管道运输的一般性原则。而在物流运输领域，已有统一的国际法律约束，与跨境铁路运输有关的法律有《国际铁路货物联运协定》和《国际铁路运输公约》，与跨境公路运输有关的法律有《国际公路货物运输合同公约》和《国际公路车辆运输公约》。

目前俄罗斯与中亚国家亦无针对跨境通道的专门法律。在实践中，有关跨境基础设施建设运营合作项目需要通过政府间协议的方式来规范和管理。五国制定针对铁路、公路、管道、电网建设运营的专门法的基础均为本国的国家宪法、相关部门法律和标准文件。法律权威性原则是国内法服从国际法。五国均规定，如该国加入相关国际条约，或国内法与国际法有出入，则按国际法规定的条款执行。但在执法实践中，有时会出现相反情况。

第八章 政府在基础设施建设运营联通中的作用

第一节 政府的参与度

1. 政府仍保留极大权限

俄罗斯及中亚国家在有关铁路、公路、管道和电网的专门法中均明确规定政府在通道建设运营中的权限，且占较大篇幅。从法律条款可以看出，五国在通道建设运营中事权高度集中，政府权力包罗万象，相关法律强制性规范特点较强。如，乌兹别克斯坦要求含有外资的企业必须获得政府的强制性审批，只要是涉及基础设施建设、国计民生，涉及国家安全，涉及高新技术和资源利用开发，规定必须都要有相应部门签发的特殊许可证。

俄罗斯政府在铁路领域的权限包括：制定铁路领域的宏观政策和标准化文件、发放铁路运输领域特殊活动许可证、进行反垄断调节和监管、组织和保证军事或社会意义的铁路运输；指导铁路民防机动演习；对自然人和法人在铁路运输中的活动实施国家监管；规定收集、积累和分析铁路运输领域活动统计信息的程序；规定普通铁路运输领域国家政策优先方向；执行俄罗斯联邦法规定的其他相关功能等。

实践表明，政府事权高度集中是把"双刃剑"，一方面对大项目合作决策起到"直通车"的作用；另一方面使外国企业掌控风险的能力下降，不确定性因素增大。

从俄罗斯、哈萨克斯坦、乌兹别克斯坦、吉尔吉斯斯坦、塔吉克斯坦的法律及国内情况看，虽然在经济转型过程中，在绝大部分非自然垄断行业中引入了竞争机制，国家垄断格局逐步打破，对自然垄断行业如管道运输业、铁路、公路、电力传输的管理体制也进行了初步改革，但总体而言，这些行业仍由国家垄断居主导地位。由于基础设施的准公共产品属性，所需投资规模大、建设周期长，需要筹集大量资金支持及出台相关政策扶持等特点，仅靠市场的力量无法保证其合理有序发展。为发展油气管线、铁路、公路等基础设施，国家多采取补贴政策或直接投资建设。在上述五国规范各行业的国内法中，都有专门的条款界定政府的作用，政府在通道建设、运营管理方面仍具有很大权限。

2. 政府的主要功能

在铁路、公路、油气管线、电网的建设运营中，政府的主要作用表现在如下方面：

（1）对通道类基础设施的外来需求进行预测和总体布局规划，制订统一的基础设施建设中长期计划；

（2）规定特定领域国家调节机构的活动原则方向；

（3）对特定领域市场准入进行审批，包括批准项目、发放活动许可证、认证许可等；

（4）对特定领域参与者活动实施国家监管；

（5）规定特定领域活动的行业标准和执行程序；

（6）制定特定领域的国家投资政策；

（7）规定完成特定领域活动的预算拨款额度和计算标准；

（8）提供特定领域相关信息保证；

（9）制定政策引导资源配置，或直接给予财政支持，或制定相关政策吸引社会资本；

（10）组织建设项目实施，解决劳动力供给问题。

第二节　政府间协议的作用

由于跨境铁路、公路、油气管道、电网的建设和运营涉及相关国家主权、经济问题、法律问题、技术规范、安全、环保等多方面的因素，仅依靠一般国际法，或一国国内关于通道建设运营管理的法律较难全面调节跨国管道管理，需要签订双边（多边）协议来进行协调规范。

中国与俄罗斯、哈萨克斯坦、乌兹别克斯坦、吉尔吉斯斯坦和塔吉克斯坦政府在跨境铁路、公路、油气管道和电网领域签署的主要合作协议见表 8-1~表 8-5。

表 8-1 跨境铁路领域

序号	签署协议名称	日期
1	《中国铁道部和俄罗斯铁路股份公司铁路客货运输合作协议》	2004 年 11 月 26 日
2	《中国铁道部和俄罗斯铁路股份公司关于发展集装箱运输合作的协议》	2004 年 11 月 26 日
3	《中国铁道部和俄罗斯铁路股份公司关于国际铁路联运货物运输电子数据交换的协议》	2006 年 3 月 21 日
4	《中国铁道部和俄罗斯铁路股份公司关于相互使用大吨位集装箱运送出口货物的协议》	2006 年 3 月 21 日
5	《中国铁道部和俄罗斯运输部、铁路股份公司关于在俄罗斯境内组织和发展快速和高速铁路运输的谅解备忘录》	2009 年 10 月 13 日
6	《中华人民共和国政府和俄罗斯联邦政府关于共同建设、使用、管理和维护中华人民共和国黑龙江省同江市—俄罗斯联邦犹太自治州下列宁斯阔耶居民点区域内黑龙江（阿穆尔河）铁路界河桥协定》	2008 年 10 月 28 日
7	《中华人民共和国政府与俄罗斯联邦政府国际道路运输协定》	2018 年 6 月 8 日
8	《中华人民共和国铁道部与哈萨克斯坦共和国交通部关于中哈国境铁路协定》	1992 年 8 月
9	《中哈关于利用连云港装卸和运输哈萨克斯坦过境货物的协定》	1995 年 9 月
10	《中华人民共和国政府和乌兹别克斯坦共和国政府铁路合作协定》	1996 年 7 月 3 日
11	《中华人民共和国铁道部和哈萨克斯坦共和国运输和通信部铁路运输合作协定》	2004 年 5 月 17 日
12	《中华人民共和国政府和哈萨克斯坦共和国政府关于中哈边境口岸及其管理制度的协定》的修订议定书	2012 年 6 月 6 日
13	《中交集团签署吉尔吉斯斯坦境内中吉乌铁路建设项目备忘录》	2012 年 4 月 17 日

表 8-2 双边汽车运输协定签署情况

序号	签署协议名称	签署国家	签署时间
1	双边汽车运输协定	中一俄	1992 年 12 月 18 日
		中一哈	1992 年 9 月
		中一吉	1994 年 6 月
		中一乌	1993 年 12 月
		中一塔	1999 年 8 月
2	汽车运输协定实施细则	中一俄	1994 年 2 月
		中一哈	1993 年 2 月
		中一吉	1994 年 6 月
		中一乌	1993 年 12 月
		中一塔	2001 年 8 月
3	国际汽车运输行车许可证制度的协议	中一哈	1993 年 2 月
		中一吉	1994 年 6 月
		中一乌	1993 年 12 月
		中一乌	2001 年 8 月

表 8-3 多边公路运输领域

序号	签署协议名称	日期
1	《中、哈、吉、巴政府过境运输协定》	1995 年 3 月
2	中、哈、吉、巴《〈关于建立国际公路过境运输行车证制度的协议〉的四国多边运输协定》	1998 年 11 月
3	《中、吉、乌政府汽车运输协定及实施细则》	1998 年 2 月
4	《中、吉、乌国家汽车运输总公司关于建立国际汽车运输行车许可证制度的协议》	1998 年 9 月
5	《关于加快制订〈上海合作组织成员国政府间国际道路运输便利化协定（草案）〉的谅解备忘录》	2006 年 9 月 15 日
6	《上海合作组织成员国政府间国际道路运输便利化协定》	2014 年 9 月 12 日，2016 年 12 月 19 日交存核准书

序号	签署协议名称	日期
7	《上合组织成员国关于创造国际公路运输良好条件协议》	
8	《1975 年国际公路运输公约》	2016 年 4 月 28 日国务院决定加入
9	《关于沿亚洲公路网国际道路运输政府间协定》	2016 年 12 月 8 日签署，尚未生效

表 8-4　跨境油气管道运输领域

序号	签署协议名称	日期
中国—中亚国家		
1	中哈《关于在石油天然气领域合作的协议》	1997 年
2	《中华人民共和国政府与哈萨克斯坦共和国政府关于阿塔苏—阿拉山口原油管线管道运行合作若干问题的协定》	
3	《中华人民共和国政府与哈萨克斯坦共和国政府关于在油气领域全面合作的框架协议》	2004 年 5 月 17 日
4	《关于哈萨克斯坦共和国阿塔苏至中华人民共和国阿拉山口原油管道建设基本原则协议》	2004 年 5 月 17 日
5	《哈萨克斯坦共和国阿塔苏—中华人民共和国阿拉山口原油管道建设基本原则协议的补充协议》	2004 年 6 月 28 日
6	《中华人民共和国政府和土库曼斯坦政府关于实施中土天然气管道项目和土库曼斯坦向中国出售天然气的总协议》	2006 年 4 月
7	中国石油天然气集团公司与土库曼斯坦油气资源管理利用署签署《阿姆河右岸油气田产量分成协议》《中国石油天然气集团公司和土库曼斯坦国家天然气康采恩购销天然气协议》	2007 年 7 月
8	《中国石油天然气集团公司与土库曼斯坦国家天然气康采恩购销协议技术协议》	2008 年 9 月 1 日
9	《中华人民共和国政府与哈萨克斯坦共和国政府关于中哈天然气管道建设和运营的合作协议》	2007 年 8 月 18 日
10	《关于中哈原油管道二期二阶段建设的框架协议》	2007 年

续表

序号	签署协议名称	日期
11	《关于联合开发乌里赫套气田的框架协议》	2007 年
12	《中国石油天然气集团公司与哈萨克斯坦国家油气股份公司关于中哈天然气管道建设和运营的基本原则协议》	2007 年 11 月 8 日
13	《中华人民共和国政府与哈萨克斯坦共和国政府关于能源和贷款领域一揽子合作的备忘录》	2009 年 4 月 16 日
14	《能源合作协议》	2010 年
15	《关于中哈天然气管道 C 线设计、融资、建设和运营的基本原则协议》	2011 年 9 月 26 日
16	《关于丝绸之路经济带谅解备忘录》	2013 年
17	《进一步深化全面战略伙伴关系联合宣言》	2013 年
18	《产能合作框架协议》	2014 年
19	《中华人民共和国政府与乌兹别克斯坦政府关于建设和运营中乌天然气管道的原则协议》	2007 年 4 月 30 日
20	《中华人民共和国政府与乌兹别克斯坦共和国政府关于扩大油气领域合作的框架协定》	2009 年 6 月 27 日
21	《关于建设和运营中乌天然气管道的原则协议第二补充议定书》	2013 年
中国—俄罗斯		
1	中俄两国政府签署共同开展能源领域合作的协定，并在两国总理定期会晤框架下设立中俄能源合作分委会	1996 年
2	《中华人民共和国政府和俄罗斯联邦政府关于共同开展能源领域合作的协定》	2007 年 9 月 7 日
3	《中华人民共和国政府与俄罗斯联邦政府关于在石油领域合作的谅解备忘录》	2008 年 10 月 28 日
4	《中国石油天然气集团公司和俄罗斯管道运输公司关于斯科沃罗季诺—中俄边境原油管道建设与运营的原则协议》	2008 年 10 月 28 日
5	《中华人民共和国政府与俄罗斯联邦政府关于石油领域合作的协议》	2009 年 4 月 21 日

续表

序号	签署协议名称	日期
6	中石油与俄罗斯石油公司签署向中国增供原油贸易合同	2013 年 6 月
7	中国与俄罗斯天然气工业股份公司签署《中俄东线供气购销合同》	2014 年 5 月
8	中俄签署西线天然气供应框架协议	2014 年 11 月
9	中石油与俄气公司签署《中俄东线购销合同的补充协议》	2017 年 7 月
10	中石油与俄罗斯国家石油公司签署上游合作协议，与俄罗斯天然气工业石油股份公司签署技术合作协议	2018 年 9 月

表 8-5　跨境电网领域

	签署协议名称	日期
1	《中国国家电网公司与俄罗斯统一电力系统股份公司长期合作协议》	2005 年 7 月
2	《中国国家电网公司与俄罗斯统一电力系统股份公司关于全面开展从俄罗斯向中国供电项目的可行性研究的协议》	2006 年 3 月 21 日
3	《中国国家电网公司与俄罗斯统一电力系统股份公司关于从俄罗斯向中国供电项目第一阶段购售电合同》	2006 年 11 月 9 日
4	《中国国家电网公司与俄罗斯统一电力系统股份公司关于实施从俄罗斯向中国供电项目基本原则的协议》	2006 年 11 月 9 日
5	俄罗斯国际统一电力系统公司子公司"东方能源公司"与中国国家电网公司签署期限为 25 年、总输电量为 1000 亿千瓦时的供电合同	2012 年 3 月 1 日 合同生效
6	中国国家电网公司与俄罗斯统一电力国际公司《关于扩大电力合作的谅解备忘录》	2012 年 6 月 5 日
7	大唐集团公司与哈萨克斯坦萨姆鲁克-卡兹纳国民福利基金股份公司签署《电力和煤炭领域合作备忘录》	2008 年 10 月 31 日
8	大唐集团公司与哈萨克斯坦哲尔苏工业投资集团公司签署《联合开发阔克苏河梯级水电站（科泽尔库金、科泽尔布拉克）的合作协议》	2008 年 10 月 31 日

第三节　已签双边协议包括的主要内容

1. 跨境汽车运输协议主要明确以下事宜

（1）规定进行跨境汽车运输主体的条件；

（2）规定跨境汽车运输的技术条件；

（3）规定合作协议的有效期；

（4）规定跨境汽车运输中的争端解决办法。

2. 跨境油气管道政府间协议主要明确以下事宜

（1）明确修建中国与某个国家的跨境油气管道，同时明确管道的起始地点、设计输送能力、建设投产时间；

（2）规定跨境油气管道的技术问题，如计量站的建设、有关技术标准问题、商检、跨境建设的人员和设备提供便利问题等；

（3）规定跨境油气管道建设可能涉及的融资问题，如中俄原油管道建设中，中俄政府间协议即明确由中国国家开发银行提供相关的融资贷款；

（4）明确双方的主管部门和授权单位，以及设计、建设和运营单位；

（5）其他法律规范条款，如协议有效期、保密条款、争议解决方式等。

3. 跨境电网政府间协议主要明确以下事宜

（1）确定中俄电力合作的总体目标、阶段划分、每个阶段年供电量；

（2）双方授权单位和主管单位、协议有效期等；

（3）规定跨境输送电量及价格。

第四节　加强政府在跨境基础设施建设
政策规划中的统筹协调作用

经过十多年的发展，上合组织仍然是一个相对松散的组织，开展内部合作缺乏有效的制度安排和平台，所签署的各种协议不具备区域合作条约的法律效应。目前各成员国均为政府主导型经济，政府在跨国通道建设协议签署、融资信用担保中可发挥更加积极的作用。

1. 提供信息咨询服务

由相关政府部门牵头，成立由精通国际和国别政策法规、熟悉上合组织区域投资经营环境，以及在国外跨国公司具有丰富任职经历的有关专家组成一个专门委员会，系统地收集各成员国的政治动向、经济政策、法规、外汇管理及税收制度等信息，提供基础设施、基础产业、支柱产业领域的行业分析、风险评估等服务，为上合组织区域内跨境通道建设运营提供有效的指导和咨询。

2. 发挥政府间的协调作用

密切同借款国政府的联系，充分发挥政府间的协调作用，主动为境外投资经营企业提供必要的法律支持和保障。为了更好地维护和保障境外投资方的利益，充分利用同各成员国的外交关系签订同促进互联互通相关的协议，帮助国内境外投资企业获得与投资目标国企业同等待遇，确保投资贷款不受外汇、税收等政策变动的干扰。

3. 促进互联互通领域的制度建设

相对于政策，制度是比较长久和稳定的游戏规则，应制定专业化的管制制度，形成一个有效的管制体系，设立一个独立执行的管制机构，提高管制能力。一个系统而综合的正式合作机制在协调各国政策，减少不确定性，节省交易成本，提高基础设施建设的公平性、效率性和效果性，吸引民间资本投资等方面有着重要作用。目前世界许多地区均创设了专门的基础设施建设合作机制。例如拉美的"南美区域基础设施整合倡议"（Initiative for Integration of Regional South A_merican Infrastruc-ture，IIRSA）、中美洲的"普艾布拉—巴拿马计划"（Plan Puebla Pana-ma，PIPP）、欧洲的欧盟委员会下属机构"跨欧网络"（Tmns-Euro-pean Networks，简称 TENs，现已建立跨欧交通网、跨欧电力网和跨欧电信网）。借鉴其他地区做法，中国政府应首先推动上合组织尽快着手构建自己的基础设施建设合作机制，系统推进该地区的基础设施互联互通建设。

4. 严把法律关口，推动设施联通

加强基础设施互联互通是开展上合组织区域经济合作的既定目标和优先领域。尽管经过多年努力，中国与周边的上合组织邻国基础设施建设联通已有长足进展，但在一些重要通道仍存在缺失路段、不少道路等级低、通而不畅的问题。部分跨境项目建设条件复杂，资金需求多，法律风险高，协调难度大。未来，在交通、能源、信息等基础设施建设重大工程项目的立项、招投标中，政府应发挥更大作用，提供法律专职调查服务，防范投资风险。通过代理诉讼、仲裁等方式，依法处理合同纠纷，为企业提供高效的法律服务，推动构建联通内外、安全畅通的国际通道。

5. 兼顾自身利益获取合理回报

在具体合作时，中国应注意各方平等的主体地位，不宜大包大揽，同时要兼顾自身利益，获取合理回报。中国在通过各种发展援助（包括优惠信贷）方式支持上合组织互联互通基础设施建设时，应要求受援国提供足够的配套支持以充分发挥其杠杆作用。此外，在合作过程中，应充分利用我国在资金、技术等方面的优势，积极带动我国对外工程承包、劳务输出、国际租赁等业务的开展。

第九章　上合组织基础设施互联互通的
进展、问题及风险防范

第一节　上合组织基础设施互联互通取得进展

上合组织是世界上人口最多、地域最广、潜力巨大的综合性区域组织。2012年，中国首次提出用10年时间实现上合组织区域内基础设施互联互通是务实合作的首要目标。2013年，中国提出"一带一路"倡议，基础设施互联互通被定位为优先领域。2016年以来的几届上合组织峰会均强调，要把丝绸之路经济带作为促进区域合作的手段。目前，"一带一路"倡议和上合组织合作互为动力，融合发展，区域基础设施建设联通已得到各个成员国的积极响应和广泛认可。

一　发展战略和规划实现对接

政策沟通对于国家间合作和区域合作发挥着先导作用和基础作用，而政治互信是实现政策沟通的现实基础。上合组织已成为"一带一路"建设与区域合作倡议、各国发展战略对接的重要平台。目前，在政治领域，中国与俄罗斯和中亚国家已实现全面战略伙伴关系"全覆盖"（中哈2011年6月、中乌2016年6月、中塔2017年、中吉2018年6月从战略伙伴关系升级为全面战略伙伴关系）。

在深化政治互信的基础上，"一带一路"倡议与俄罗斯和中亚国家实现了发展战略和规划对接。中国"一带一路"分别与哈萨克斯坦"2050年发展战略"和"光明之路"计划、乌兹别克斯坦"福利与繁荣年"规划、吉尔吉斯斯坦"国家稳定发展战略"、塔吉克斯坦"能源交通粮食"三大战略及土库曼斯坦建设"强盛幸福时代"发展战略实现对接，各国希望通过战略对接寻找契合点，为各自国内发展寻找新机遇，开展基础设施领域的合作是对接的优先领域之一。

二　金融合作不断深化

资金是基础设施建设的重要支撑。上合组织多数国家开展基础设施建设的资金缺口较大。亚投行和丝路基金的成立是打造"一带一路"资金平台的战略性举措，上合组织成员国均为"一带一路"沿线国家，对此持欢迎态度，并积极参与组建亚投行，俄罗斯、哈萨克斯坦、乌兹别克斯坦、吉尔吉斯斯坦和塔吉克斯坦均为亚投行创始成员国，积极探索"一带一路"建设中新的融资模式。

近年来，中俄金融合作活跃。双边贸易中人民币结算比重已升至贸易额的5%，自2015年1月起，中国进口俄罗斯石油亦开始以人民币结算。2015年10月以来，中国人民银行两次动用本币互换资金累计100亿卢布，主要用于双边贸易结算。

中亚国家扩大与中方在本币支付和结算方面的合作，哈萨克斯坦已将人民币列为储备货币。2017年6月8日，上海证券交易所（上证所）与哈萨克斯坦阿斯塔纳国际金融中心管理局（AIFC管理局）在阿斯塔纳签署合作协议，将共同投资建设阿斯塔纳国际交易所。根据规划，阿斯塔纳国际交易所将成为哈萨克斯坦国有资产证券化的重要平台，并致力于发展成为中亚地区的人民币交易中心和丝绸之路经济带上的重要金融平台，为"一带一路"建设项目落地提供融资服务。丝路基金出资20亿美元，建立中哈产能合作专项基金。两国金融和保险机构签署多项融资和合作协议，为双边重大项目实施提供了有力支持。

中方还启动了人民币兑塔吉克斯坦索莫尼汇率挂牌交易，中国农业银行成为中国首家实现人民币兑索莫尼汇率挂牌交易的金融机构。中国农业银行还与塔吉克斯坦外经银行等6家金融机构共同发起设立了中塔丝路投资管理有限公司，积极推动双方人民币跨境结算、大宗商品贸易融资等，使中塔两国贸易投资更加便利化。

中国国家开发银行利用上合组织银联体平台，支持中乌石油管道建设等重点建设项目，中国进出口银行作为中国政府对乌兹别克斯坦的优惠出口买方信贷行，为乌兹别克斯坦的基础设施建设提供了低息信贷支持。亚投行、丝路基金和中国—欧亚经济合作基金成立后开展项目遴选。2018 年 6月，丝路基金与乌兹别克斯坦国家石油天然气控股公司签署合作协议，为乌油气相关项目提供美元和人民币投融资支持；与乌兹别克斯坦国家对外经济银行签署合作备忘录，带动中方产业合作伙伴共同推进乌第二大城市撒马尔罕的文化旅游综合体建设。

三 设施联通成效显著

设施和道路联通是促进和帮助上合组织成员国实现经济快速发展的有效途径，也是上合组织合作成果最突出的领域之一。近年来，上合组织所在地区一批有重大影响的道路、跨境物流运输、能源基础设施等互联互通合作项目相继竣工。上合组织间已经初步形成了公路、铁路、管道等区域复合型基础设施网络，进一步拉紧了彼此间的利益纽带。哈萨克斯坦在这方面表现非常突出，所提出的"光明之路"新经济政策，核心就是基础设施建设计划。① 通过大力发展国内运输网络，并使其成为连接中国、欧洲与中东各大市场的主要运输和交通枢纽，哈萨克斯坦大大提高了自身参与区域一体化的竞争力。按照世界银行发布的物流发展效率指数，哈在全球 160个国家的排名从 2007 年的 133 位跃升为 2014 年的第 88 位、2016 年的第77 位。②

目前，中国贷款并承建的吉尔吉斯斯坦伊塞克湖环湖公路连接线修复项目，亚行投资中国承建的塔吉克斯坦艾尼—彭基肯特高速公路项目，中国政府提供优买贷款、中铁隧道集团承建的乌兹别克斯坦"总统 1 号工程"安格连—帕普铁路甘姆奇克隧道项目于 2015 年先后顺利完工，中国承建的塔吉克斯坦瓦赫达特—亚湾隧道工程进展顺利。这些项目的实施不仅大大

---

① 哈萨克斯坦共和国总统努尔苏丹·纳扎尔巴耶夫国情咨文：《光明之路——通往未来之路》，2014 年 11 月 11 日，哈萨克斯坦驻华使馆网站。

② Об эффективности развития логистики в странах Евразийского экономического союза，http：//www.transport-gazeta.by/index.php/article/6140/number/34/25－08－2016/indeks-obzhalovaniyu-podlezhit.

改善了中亚国家的交通基础设施状况，提升了道路通达水平和交通运输能力，同时这些多为非资源领域的大合作项目，也成为中国优质产能走进中亚国家的成功范例及双方共建丝绸之路经济带的示范工程或重要成果。

在跨境物流运输合作方面，中哈连云港物流合作基地自 2013 年 9 月开始筹建，2014 年 5 月项目一期建成正式启用至今，已成为中亚五国过境运输、仓储物流、往来贸易的国际经济平台。该基地发出的亚欧跨境货物班列已覆盖中亚五国 200 多个站点，并分别延伸形成至土耳其伊斯坦布尔和德国杜伊斯堡的 2 条通道，成功开通了运送哈萨克斯坦斯坦出口小麦、乌兹别克斯坦斯坦通用汽车整车的 2 组东向过境专列和德国杜伊斯堡—乌鲁木齐—连云港—印度新德里的公铁海联运班列。该基地是丝绸之路经济带建设的第一个实体项目，具有风向标式的引领意义，直接影响着上合组织成员国的后续跟进。

中欧班列成为欧亚地区互联互通的重要标志。中欧班列系中国开往欧洲的快速集装箱货运编组列车，自 2011 年 3 月首趟中欧班列成功开行以来，目前共有西、中、东 3 条通道和 5 大口岸：西部通道由中国中西部经新疆阿拉山口（霍尔果斯）出境，中部通道由中国华北地区经内蒙古二连浩特出境，东部通道由中国东南部沿海地区经内蒙古满洲里（黑龙江绥芬河）出境。中欧班列具有运输速度快、价格低的特点，只相当于海运时间的 1/3，空运价格的 1/5，且组织方式灵活。2016 年，中方颁布了《中欧班列建设发展规划（2016~2020 年）》，为实现中欧班列的常态化、有效运行提供了制度性保障。截至 2018 年 10 月，中欧班列累计开行超过 11000 列，运行线路 65 条，通达欧洲 15 个国家的 44 个城市，运送货物 92 万个标准集装箱。[①] 中欧班列不仅成为联通欧亚的大动脉，对于促进上合组织区域内互联互通更是发挥了重要作用。

在能源基础设施建设领域，中俄东线天然气管道已经开工，中俄东线天然气管道进入实质性建设阶段，对中俄双方都具有长远的战略意义。在国际能源供求格局发生重大变化的背景下，俄罗斯天然气进入庞大、稳定

---

① 《中欧班列累计开行超 11000 列 通达欧洲 15 个国家的 44 个城市》，《证券时报》2018 年 10 月 16 日。

的中国市场，将成为其拉动经济增长的重要保障，而对中国来说，标志着中国四大能源通道战略拼图的全面完成，且四大能源进口通道都将"油气兼备"。中国—中亚天然气管道 D 线塔吉克斯坦境内段开工建设；吉尔吉斯斯坦南北电力大动脉（达特卡—克明 500 千伏高压输变电工程）竣工；塔吉克斯坦杜尚别 2 号热电厂一期工程第一台机组并网发电。中国—中亚天然气管道是多方参与、共同受益的战略性合作项目，包括 A、B、C、D 四条线路，其中 D 线首次途经塔吉克斯坦和吉尔吉斯斯坦两国，与已建成的连接土库曼斯坦、乌兹别克斯坦、哈萨克斯坦的 A、B、C 线一道，形成中国—中亚天然气管道网，把中亚五国与中国紧密联系在一起，不仅对保障中国的能源安全，而且对推动地区经济发展意义重大。吉、塔的电力项目均为中国与其政府间合作项目，吉尔吉斯斯坦电力项目的完成结束了该国电力输送需要借道邻国的历史，实现了国家电网独立输电和国内外互联，大大提高了电网长距离大容量现代化输变电的水平和规模。塔吉克斯坦杜尚别 2 号热电厂是塔国最大热电厂，项目的完成标志着塔在实现电力独立和电力保障道路上迈进了一大步。

第二节　上合组织互联互通面临的问题和风险

　　尽管上合组织基础设施互联互通具有地缘优势和政策优势，近年来也取得长足进展，在硬件联通方面初步形成了公路、铁路、管道等区域复合型基础设施网络，但在软性基础设施建设、融资瓶颈、运行效率、运营模式、政府与市场关系等方面还存在许多问题，有待进一步解决。

一　面临问题

1. 投融资模式单一

　　上合组织成员国普遍存在基础设施落后、建设资金缺口大的问题，一方面这为中国投资"走出去"提供了机遇，另一面这也带来了相应的风险。中国在推动区域基础设施互联互通时最常用的做法是通过贷款融资，对于一些能够分担风险的创新模式如 PPP 还很少使用。未来，随着互联互通建设的大规模铺开，有必要根据所在国的需求和形势，探讨更适合的投融资模式。

2. 缺少有约束力的合作机制

目前，在上合组织内围绕基础设施互联互通建立的合作机制多为双边的，尤其是在规划对接、跨境设施项目共建方面缺乏统筹平衡机制，广泛的磋商机制、投资保护机制、争端解决机制尚未建立，对促进上合组织的基础设施建设合作、标准兼容、投资安全和运输便利化的协调效力有限。

3. 规则制定能力不足

作为一个正在崛起的新兴大国，中国首先是全球规则的接受者，同样也应成为规则的制定者。一方面，中国强大后并不会去颠覆现有的全球秩序；另一方面，中国在规则制定和议程设置方面还存在短板。无论是在"一带一路"与欧亚经济联盟对接上，还是在上合组织基础设施联通和投资合作中，俄罗斯均不甘于因自身实力下降而在双边关系中处于次要地位，常表现出抢占规则制定主动权态势，要求按照欧洲标准，首先是欧亚经济联盟的标准进行设施对接联通。对此中国尚无法有效应对。

4. 发展不平衡制约互联互通的顺利开展

成员国之间经济规模、发展模式与水平以及政治、社会、文化等差异太大，利益诉求不同，制约着上合组织互联互通的顺利开展。上合组织内既有中俄这样的大国，也有塔吉克斯坦和吉尔吉斯斯坦这样的小国，从世界银行发布的反映贸易和运输相关基础设施质量和物流绩效指数的数据来看，2014年，中国为3.5，全球排名第28位，中亚五国仅为2.5，排名全球第120~130位，俄罗斯为2.35。从国际经验来看，一国经济越发达，对外贸易与投资的能力越强，其推进互联互通建设的积极性就越高，同时对互联互通合作的关注点也会逐渐升级为强调规制融合及人文交往等高层次领域；而对于经济发展程度较低的国家而言，其利益诉求的重点将长期局限于提升本国公路、铁路等基础设施水平。上合组织成员国之间经济发展水平的差异性会对互联互通中优先发展的领域和项目选择确定产生分歧，从而影响合作进度和效果。这也是一些多边项目较难达成共识、推进困难的原因之一。

5. 存在巨大资金缺口

当前，中国与中亚国家互联互通合作的重点主要是交通、能源、信息网络等跨境重大基础设施建设，而资金是保障基础设施互联互通目标实现最关键、最重要的因素。2014 年，上合组织成员国签署了《政府间国际道路运输便利化协定》，商定 2020 年前开通 6 条覆盖上合组织地区的跨境线路，完成这些项目需要大量资金，仅靠现有的融资渠道难以支撑。据亚洲开发银行数据，亚洲地区 2010~2020 年需要超过 8 万亿美元的基础设施投资费用，才能维持目前的经济发展水平。而中亚一些国家独立 25 年来，基础设施建设主要依靠国际金融机构以及部分经济体的贷款和援助资金，难以独立有效地推进互联互通建设，资金的可得性、有限性与快速发展的互联互通建设需求之间存在巨大差距。

6. 各类合作组织、协调机制作用的发挥不尽如人意

上合组织成员国同时还是多个地区组织的成员，如中亚区域经济合作、中亚合作组织、欧亚经济联盟等。这些组织都有自己的基础设施建设和互联互通规划，对区域合作发挥着各自的功能和作用。然而由于各种合作组织相互重叠，不仅加大了合作的成本，而且有时会相互掣肘，影响了区域经济合作的整体效果。

7. 制度化、标准化建设滞后

目前上合组织成员国的交通技术标准、口岸管理制度和运输标准存在明显的差异，如铁路轨距各不相同。从制度建设看，影响贸易、投资便利化的制约因素较多，仍未得到根本解决。在一些国家，通关效率、企业注册、办理签证、劳务许可申请等手续繁杂。对投资、企业的利润汇回等方面仍存在限制，"一关两检"体制上各自独立，通关协作机制尚未形成。从人员交流看，无论是旅游还是投资等商务往来，出入境管理较为严格，限制较多。

二 存在风险

跨境通道项目的风险大体可分为系统风险和非系统风险两类。系统风险系指与市场客观环境有关，超出项目自身控制范围的风险，包括项目的政治风险、法律风险、违约风险、外汇风险、利率风险。非系统风险系指可由项目公司自行控制和管理的风险，包括项目的完工风险、经营与维护风险、环境保护风险等。具体到上合组织跨境通道建设运营面临的风险，有以下几种。

1. 政治风险

政治风险主要指一国执政党更迭，或政策不连续导致政局波动和政治系统不稳定，进而导致政策连续性缺失，对商业环境产生不良影响。21世纪第二个10年，政权交接和接班人问题将成为中亚主要大国内政外交的首要问题。中亚国家大多是总统制国家，总统权力极大。苏联解体后，哈萨克斯坦、乌兹别克斯坦、塔吉克斯坦总统连续在位执政时间均已满或超过20年，老一代领导人退位后国家政局走向存在一定不确定性。由于这些国家内部缺乏有效的权力交接机制，政权更迭可能带来的社会动荡是中亚国家面临的最大政治风险。主要表现在中亚国家政权交接能否平稳，以及在特殊时期当地民众对中国的友好度等方面。外国投资者无法预测这种政治风险的破坏力，给外国设施和人员安全带来不可预知的风险。乌兹别克斯坦2016年实现政权平稳过渡后，哈萨克斯坦成为重点关注对象。目前世界大国及周边国家均密切关注这一态势。

政治风险有时并不直接来源于一国的政治体制，还经常来源于东道国政治和社会经济环境在项目协议签署后的改变。东道国不同政治力量的消长会对项目的经营产生相当大的影响，有时候很小的政治变化就会严重影响投资环境。从俄、哈、乌等国的实际来看，主要表现在这些国家动态的法律法规和税费体制，包括外资政策、矿产资源政策和税收政策的变化以及对劳工的限制等。

2. 腐败风险

苏联解体后，经过20多年的转型与发展，上合组织各成员国初步确立了市场经济的基本框架，俄罗斯、哈萨克斯坦、吉尔吉斯斯坦、塔吉克斯坦已经成为世贸组织正式成员，乌兹别克斯坦也在加快"入世"进程，但该地区营商环境和投资环境仍存在大量问题，腐败滋生、政府办事效率低下是共同的"标签"。世界银行世界营商环境调查表明，这些国家政府机构的官僚和腐败现象比较普遍，经济裙带关系广泛渗透政治和商业领域，破坏了国家形象和商业环境，加大了外国公司的经营成本和难度。据"透明国际"组织公布的《全球清廉指数报告》，俄罗斯和中亚国家多排在靠后的位次，属于腐败比较严重、清廉度最低的国家或经济体，法制环境亟待完善。

3. 非传统安全风险

基础设施建设运营以及跨境联通安全在很大程度上还取决于东道国国内和周边地区局势的稳定。所谓非传统安全问题是相对于传统安全威胁因素而言的，是指由非政治和非军事因素所引发、直接影响甚至威胁本国和别国乃至地区与全球发展、稳定和安全的跨国性问题。

中亚地区非传统安全问题严重：毒品问题、分裂问题、恐怖问题、移民问题、领土和资源争端长期存在。西亚、中亚、南亚是恐怖主义多发高发区，从 20 世纪 90 年代至今一直十分活跃，"泛伊斯兰主义"和"泛突厥主义"不时掀起反华活动，对中国涉外企业和人员的生命，以及驻在国中方机构正常活动构成现实威胁。美国撤军后阿富汗局势发生根本性的变化。近年来，在中东局势的影响下，中亚极端分子"外流"与"回流"两种路径并行，展现新的分化组合特征，而这种变化将影响整个中亚地区的局势，增加了区域内外国家发生恐怖袭击的概率，给相关国家带来安全威胁。其中，与阿富汗接壤的塔吉克斯坦和乌兹别克斯坦将受到更大的影响。国际局势出现的任何不稳定都会对本地区已有的基础设施互联互通建设和运营产生消极影响，不仅威胁到投资项目和人员安全，更会使上合组织基础设施互联互通建设无法按计划推进。

4. 大国通道博弈加强

从古至今，通道从来都与国家主权、大国战略、经济发展紧密联系在一起。国际运输通道不仅是一种多国合作机制，更是地缘政治角逐的一种形式。欧亚大陆历来是大国博弈的敏感地区。冷战结束后，域外大国积极进入该地区。目前对中亚地区有战略兴趣并在这一地区形成战略存在的大国包括俄罗斯、中国、美国、欧洲、日本和印度，地区性大国则有土耳其和伊朗。以小窥大，围绕交通通道建设走向和控制权的斗争成为大国在欧亚大陆博弈的一个重要缩影。

在欧亚大陆的国际大通道计划有很多。其一，欧盟"复兴丝绸之路"计划，其项目之一是建设"欧洲—高加索—亚洲运输走廊计划"（TRACECA Transport Corridor Europe – Caucasus – Asia）（简称高加索走廊）。高加索走廊的建立旨在为欧洲提供一条绕过俄罗斯进入亚洲的替代性运输走廊，使高加索和中亚地区国家摆脱对俄罗斯在运输上的依赖，强化这些国家的离心倾向。其三，美国"新丝绸之路计划"，打造包含一系列联合投资计划和地区贸易联盟的经济链条，其战略目标是打通印度到阿富汗的战略通道，实现"资源南下，商品北上"，建立由美国主导的地区新秩序，并为遏制中国、俄罗斯和伊朗提供战略支点。其三，俄罗斯主导的欧亚经济联盟洲际交通运输走廊发展战略，依托跨西伯利亚大铁路东—西走廊和波罗的海到波斯湾的北—南展开，旨在通过传统纽带强化俄罗斯在欧亚地区的主导势力，除加紧部署陆上交通网络外，2015 年俄罗斯已把开发北极航道纳入欧亚经济联盟交通运输战略。其四，亚行主导的"中亚区域经济合作计划"（CAREC），旨在打通欧洲—亚洲间的 6 条运输通道，通过发展过境运输促进区域经济和贸易发展。其五，中国力推的新亚欧大陆桥等线路，不仅为打造运输通道，更希望其成为区域经济发展的轴线。可以看到，上述计划的实施在为联通欧亚提供更多选项的同时，相互之间也存在明显的排他性和竞争性，体现了大国在争夺欧亚地区影响力和主导权上的博弈角力。

"9·11"事件之后，中亚地区的地缘战略形势发生了新的变化，美国等外部势力的插手已对地区形势产生重要影响，美俄在欧亚地区早已形成争斗之势。中国推进"一带一路"建设面临相当复杂而敏感的地缘政治生态：丝绸之路经济带与美国的"新丝绸之路计划"和俄罗斯的欧亚经济联盟发展战略存在地域上的重合，形成客观的竞争关系，发生摩擦不可避免。以中俄为例，双方已签署丝绸之路经济带建设与欧亚经济联盟建设的对接协议，但俄精英阶层对"一带一路"的认可度差异很大，保有相当程度的戒心，担心"一带一路"建设会影响欧亚经济联盟的推进，干扰俄主导的后苏联空间经济一体化，抢占横贯西伯利亚的欧亚大陆桥的商机。同时，欧亚经济联盟是紧密的制度性一体化区域经济组织，丝绸之路经济带远未达到机制和制度建设的层面，俄一直强调其制度优势，力图抢占规则主导权，在实际落实对接协议中还存在诸多难题和不确定性。

5. 全球经济下行冲击

2015 年，全球经济增长乏力，包括中国在内的新兴经济体和转型经济体发展步伐减缓，增速降至 2008 年全球金融危机以来的最低点，大宗商品价格持续下跌，金融市场的波动性扩大，使众多依赖出口资源维系财政收入的国家承压，普遍出现货币贬值、资本外流、股市大跌的局面。全球经济下行对"一带一路"的影响表现在以下几个方面。其一,对中国经济发展前景的国际信心下降,忧虑中国经济未来难以为世界经济注入新动力,同时担心随着外汇储备的快速减少,中国推进"一带一路"的步伐放慢,甚至把大宗商品价格下跌的主要原因归咎于中国经济减速,认为是中国对能源资源需求下降所致。其二,由于宏观经济动荡,使一些项目或无法启动,或难以继续。受全球经济的普遍疲软,尤其是 2014 年国际油价大幅下跌影响,俄罗斯和哈萨克斯坦等油气出口大国国内市场萎缩,需求不振,商机减少,影响了我国的投资回报率。2016 年 2 月 19 日,哈萨克斯坦能源部宣布,由于出口量不足,原定将运输量 1180 万吨/年的中哈原油管道扩建至 2000 万吨/年的计划暂缓实施。在产能对接合作中,在哈货币大幅贬值的情况下,当地融资难的问题凸显。其三,一些国家贸易和投资领域保护主义抬头。2014 年以来,为保护内部市场,欧亚经济联盟已多次发起针对中国产不锈钢厨具餐具、柠檬酸、履带式推土机、载重轮胎、油气井无缝钢管的反倾销调查案,后以征收 5 年反倾销税结案。蒙古国为加强国家对资源的控制,也通过修改矿产业投资法来提高外资进入门槛。

6. 商业风险

主要包括通道对接国和途经国国内政策、法律发生变化引起的风险。如一国的税收政策、利率政策、汇率政策、股票价格风险、信用风险（如违约）和流动性风险（如不能按时支付各种费用、债务、采购款等）。通道运营许可政策发生变化可能会对已建通道特别是油气管道的经营、利润回收、贷款偿还产生较大影响。以银行业为例,金融危机以来,这些国家的银行业均受到较大冲击,不良贷款增加,银行外债高企,从而提高了金融系统的信贷风险。

中亚国家税法本身及税率的不稳定状况,严重制约了这些国家长期规化的可靠性,使外国公司很难对其长期投资风险做出合理评估。近年来美联储的连续加息和贸易保护主义使新兴市场国家债务风险和潜在经济风险上升。从上合组织看,对中国贷款的依赖持续上升不仅是令中亚国家担忧的话题,实际也是中国研究机构和金融机构担心的问题,这意味着中国可能面对贷款投资收不回来的风险。据美国全球发展分析中心 2018 年 3 月报告,确定了中国 8 个最脆弱的债务国,其中包括吉尔吉斯斯坦和塔吉克斯坦，该两国对中国银行的债务已占其全部外债的 50%。哈萨克斯坦是中亚国家中接受中国贷款和直接投资最多的国家，据哈央行债务统计，2018 年 1 月 1 日，哈萨克斯坦对中国债务达 126 亿美元，占哈外债总额的 7.5%，在哈债权国中排第四位。[1] 由于哈经济长期依赖油气、矿产出口和举借外债发展，外债负担率已高达 98.9%，2018 年，短期外债占其国际储备比重预计达到 36.1%，外汇储备和国家基金持续消耗，外债偿付风险持续上升。除债务风险外，中国还因此被称作中亚的"新殖民主义"。

7. 管理风险

中国对俄罗斯和中亚国家的直接投资主体主要是国企和央企，经过多年拓展和经营，目前很多投资项目已步入正轨并逐渐产生较大效益。由于体制和机制不完善，使很多投资企业和投资项目还缺乏系统、严格、科学、高效的管理，导致决策失误和财务亏损。尤其在资金管理方面，由于审计和监管缺失，内部滋生严重腐败行为，大大侵蚀了国有资产，也损害了中国的国家形象。中国矿业联合会曾指出："中国海外矿业投资，大约有 80% 的失败率。"中国企业在"走出去"的过程中，陷入了"成少败多、多不盈利"的普遍困境。

8. 由于企业具体经营行为导致的争端

具体有以下可能情形。

（1）生态和环境问题。跨国油气管道，主要是原油管道，一旦发生油管泄漏将会产生环境污染，例如中俄原油管道穿越两国的界河黑龙江，如果发生油管泄漏导致对黑龙江的污染，会引发两国之间的争议。

（2）技术问题。跨国油气管道距离长，沿途要建设泵站、压气站等设施，如技术原因导致泵站、压气站停止工作，或管线出现其他技术事故导致油气输送中断将引发争议。

从跨境铁路来看，中国与俄罗斯和中亚国家采用的轨距不同，中国采用 1435 毫米的标准轨距，俄与中亚国家采用 1520 毫米宽轨距，在边境口岸必须换装，影响货物通关速度。

---

① Долг с Востока. Как получилось，что Центральная Азия увязла в китайских кредитах，msk，Фергана，17. 04. 2018，http：//www. fergananews. com/articles/9902.

从跨境公路看，尽管中国与各成员国签署了双边公路运输协议，但由于各国通关政策多变，且在贸易中存在特有的灰色通关情况，公路运输并不畅通。

（3）商务经济纠纷。跨国管道建成前已签署油气资源购销协议，购买方、销售方已就油气价格协商一致，但不排除双方因价格等因素产生商务经济纠纷的可能。如2011年，中俄两国围绕原油运输费用计算标准及支付方式的分歧曾引发争端。

（4）通道建成后的改造投资问题。如管道增输改造投资问题。跨国管道运营一段时间后，可能需要进行维修，或增建泵站、压气站以提高输量，不排除在投资方面相关方发生争议的可能。

鉴于上述风险的存在，为了实现与该地区互联互通合作的长期稳定发展，必须理性认识该领域合作的现状，科学分析可能制约合作的主要因素，正确把握未来合作发展的走势，形成共识，才能不失时机地做好各项工作，不断提升合作的水平。

第三节　对中国与上述国家开展
跨境通道合作的建议

上合组织成立17年来，中国与各成员国在跨境通道合作方面已取得长足进展：中国与俄罗斯和中亚地区的油气管道跨境合作已经实践多年，为弥补国内能源缺口、实现油气进口多元化起到了重要作用；道路运输通道初步形成，道路运输网络基本建立，为开拓经贸合作潜力、促进区域经济合作发展提供了前提条件；中俄电力合作从简单的输电贸易起步向更深层次的共同项目开发，线路架设、发电设施制造、设备供应等全方位合作拓展，未来还将构建上合组织的地区电网。

从未来发展看，推动能源、交通、电信的互联互通，形成区域内便达、顺畅的网络体系仍是上合组织区域内合作的重要目标，在这方面还有巨大潜力可以挖掘。与此同时，俄罗斯与中亚国家经济已进入转型期。在后危机时代，俄、哈、乌等国纷纷提出改善经济结构、提升发展水平、促进社会稳定的发展战略。交通、通信、农业、教育、基础设施建设等非资源性、社会民生领域合作已成为当前各国关注的重要领域，提出与中国合作的关注点应转向非资源领域。面对上合组织在基础设施互联互通领域存在的挑战，提出一般性和具体领域的建议。

一 一般性建议

1. 以法治化助推"一带一路"建设

"一带一路"建设应建立在法治化基础之上，构建相应的法律保障是"一带一路"顺利推进不可或缺的必备条件。考虑到不同国家法律体系和文化差异较大，在推进设施联通法治合作方面，应加强沟通，凝聚共识，照顾各方的舒适度。法治化包括三方面的含义。第一，充分依靠中国与相关国家和地区签署的既有双边、多边贸易与投资合作机制，融入国际金融法、投资法和贸易法发展的新成果，在时机成熟时推动建立与相关国家和地区的自由贸易协定。第二，对已有的双边、多边投资协定进行补充完善，根据新的变化签订新的投资协定，协定中应包括沿线国家关注的环境条款、劳工标准条款、人权保护条款、知识产权条款等内容。第三，以推进沿线国家的基础设施建设为工作重心，构建以国际投资规则、争端解决规则为核心内容的区域性法律条约体系，促进沿线地区和国家产品与服务的互联互通。

2. 加强设施联通机制协调

成立上合组织基础设施联通协调委员会，具体可按职能分工。规划工作组收集成员国不同的利益诉求，协调各国立场和政策，集中商讨设施规划制定；投融资工作组着力改善基础设施投资环境，提升项目营利性，畅通资金进出渠道，分散、降低投资风险；评估工作组进行事中、事后评估，建设公共数据平台和进行公益性研究，发表政策环境和设施联通进展年度报告；协商调解工作组制定基础设施建设原则和标准，明确投资与保护原则，推进运输和通关程序简化，提升相互兼容性，依托上海、香港、新加坡等法律人才和资源推进建立争端解决中心，会商利益分配和争议解决原则，协调重大纠纷。

3. 强化项目风险评估

设施联通能否顺推进与能否有效防范风险密切相关。风险分为隐性风险和显性风险。显性风险容易看得到，会引起重视。一些隐性的风险，比如在法律规定公共投资市场准入的边界和标准、主体界定等，政府需要在其中发挥更大的作用。加强政府在总体规划布局、政府间协议和融资中的作用，加大软科学投入，搭建信息平台，提供咨询服务。要完善体制和机制，完善和细化长远规划，对相关重大项目进行必要把关，尽量为企业保驾护航。

针对俄罗斯和中亚国家通道建设投资政策多变的特点，我应制定投资风险最小化的机制，关注五国经济发展趋势，了解其政策、法规、发展战略和资源国境内外国企业活动状况，抓住有利时机，及时发现和拓展新的合作项目；加强项目可行性论证，在铁路、公路、管道、电网铺设建设方面开展具体项目的合作。中资企业在资源国应注意守法经营，注意防范风险，维护国家利益和本国投资者的利益。同时，我国企业在进行基础设施建设合作时应建立有利的协调机制，注重对各公司行动的统一和协调，避免不自觉地相互掣肘。

4. 处理好政府和市场的关系

铁路、公路、油气管道和电网等基础设施均为公共投资的对象，主要由政府出资建设。但从这些设施的运营和服务来看，实际是由众多企业参与承担的。从全球经验来看，企业是否能够积极参与，对基础设施的投资、运营都将起重要作用。全球性交通运输基础设施的建设、运输和物流网络的形成背后都有大量国际或全球性运输和物流企业的参与。基础设施合作是上合组织互联互通合作的基础和重点，目前，在上合组织多个成员国内，铁路、公路、油气管道和电网等多属于自然垄断部门，各国政府通过许可证制度、特许经营制度、年审（检）等制度来实现对公共投资市场的准入和监管。从功能划分来看，未来政府应在营造优良的投融资环境、健全运营规范与标准、完善市场规则等方面发挥重要作用，同时各国政府在确保长期稳定的政治经济环境的基础上，要处理好政府和企业之间、投资和运营机构之间的关系，给企业和私人资本更大的活动空间。

二 具体领域建议

1. 跨境铁路合作领域

（1）开辟中俄国际铁路联运通道，南起辽宁省丹东市，北到黑龙江省佳木斯、牡丹江等市，经乌苏里斯克与跨西伯利亚铁路相连；俄罗斯铁路经满洲里—海拉尔至两伊铁路（内蒙古呼伦贝尔市鄂温克旗伊敏镇—兴安盟伊尔施镇），接入中国东北铁路网。同时研究扩大中俄铁路客货运量的可能性问题。

（2）推动落实中俄同江铁路大桥的建设。大桥建成后，不仅可以缓解满洲里、绥芬河口岸的货运压力，还将使我国新增一条对俄铁路货运通道，从而与绥芬河、满洲里形成我国东北地区对俄开放的"金三角"。

（3）开辟中哈双边或多边更多铁路运输线路。争取早日开建中—吉—乌铁路，哈密至临河铁路以及格尔木—若羌—库尔勒铁路，力争在新疆建成拥有3条出境铁路通道的铁路运输网构架。

2. 跨境公路合作领域

（1）金融危机后，中亚国家对中国资金需求陡增，希望中国加大对其能源、交通、通信等大型基础设施建设的融资力度。为维护我国在该地区的长远战略利益，中国应一如既往，积极帮助中亚邻国发展道路交通基础设施，推动该地区的互联互通，推进欧亚国际道路运输通道建设。

（2）建立国际合作专项资金，为国际通道建设提供资金和政策支持，缓解运输通道建设资金瓶颈。在支持中亚国家过境公路建设中，要充分争取联合国开发署、亚太经社会、亚洲开发银行等国际组织或机构的资金支持。

（3）推动落实中国同上合组织成员国多边道路运输协定，完善国际道路运输法律法规体系；就开通国际间运输线路、简化通关手续、制定车辆技术标准、发放行车许可证等便利化运输方面进行深入磋商，推进欧亚道路运输一体化、运输便利化进程。

（4）中俄双方需要进一步拓展资金渠道，扩大建设资金规模，在中俄共同参与远东开发合作规划提出的项目框架下，加快口岸及边境基础设施的建设与改造，完善旅检、货检系统，加快口岸电子化，提高现有口岸的通关效率。

3. 跨境油气管道领域

（1）确保中国—中亚天然气管线和中哈石油管道长期、安全、高效、稳定地运行，是中国面临的重要任务。中国既需要与能源国加强能源资源开采方面的合作，也需要在基础设施建设和设备、施工及维护等方面加强国际合作，构建高质量高效益的跨国油气管网运输体系。在管道和储气调配设施建设等领域加大合作力度，构建符合各国利益的全方位能源合作格局。

（2）利用上海合作组织的协商平台，积极开展能源外交，为跨国油气管道顺利建设和运营提供法律保障。对于自然与人为造成的突发性事件，能够保持信息畅通，反应及时，措施得当。构建完善的危机管理预案，抓紧推进应急机制建设的相关工作，以应对跨国管道建设与运营过程中可能发生的各项安全问题。

（3）针对俄罗斯和中亚国家强调国家控制能源的策略，我国应采取能源安全保障多元化的策略，在重视发展政府间良好互信、互利合作关系的基础上，注重发展民间的良好合作关系，形成从政府高层到民间的"金字塔"形合作关系，使得双方能源合作不受领导人更迭的影响，具有可持续发展的后劲。

（4）加强与俄罗斯和中亚国家在新能源和可再生能源领域的合作。俄罗斯和中亚地区传统能源资源虽然相对丰富，但不均衡，同时其高能耗产业较多，故在新能源、清洁能源发展方面具有较大的空间。目前中国在光伏发电等方面的产能相对过剩，可考虑率先在能源资源相对丰富的地区开展新能源合作。此举不仅可抢占先机，也符合国际节能减排的大趋势。

（5）从已建成的中国与俄罗斯和中亚三条跨境管道的管输费制定模式可以看出，管输费的制定并没有统一的模式，但都符合成本回收和投资回报的基本原则；管输费的制定应充分考虑管道所在国政府的相关管理规定，按照其管输费制定模式对国际通用的财务内部收益率方法进行一定程度的调整与修改。目前国内管输费的制定模式采用单一的财务内部收益率法，这种模式适用于国内管道市场不发育的现实，但在对外合作项目的商务交流活动中，若仍一味坚持一种模式，则不利于达成最终协议。国内相关部门和单位应参照已经运行的跨境管道的管输费制定模式，对今后海外管道项目的经济评价和管输费制定公式进行调整与完善，以便更好地适应对外项目合作的需要。

4. 跨境电网领域

（1）互相开放市场，进行多层次的电力项目开发合作。目前中俄电力合作已具一定基础，合作形式也更加规范和深入。俄罗斯充分利用其资源优势，在煤电、水电、核电等领域都取得了较大的成就。而中国在这些领域则需要加快发展，因此两国电力合作要充分利用各自优势，互相开放市场，进行多层次的电力项目开发合作。

（2）应推动跨地区电力市场建立，扩大对俄购电规模，利用质优价廉的俄方电力发展地方经济，促进东北老工业基地振兴。

（3）发展互补型电力合作模式。俄罗斯是能源大国，但其电力工业存在资金供给不足、设备老旧等问题。中国在引进俄方优质电力的同时，可通过技术合作加快双方电网建设，对俄境内老旧设备进行更新和现代化改造，促进两国电力工业共同发展。

（4）积极参与中亚电力跨国联网合作。大电网互联是世界各国电网发展的大势所趋，创造条件以实现上合组织成员国之间电力市场的相互准入，以及经各国领土的电力输送，确保电力输送在上海合作组织成员国区域内畅通无阻已被纳入上合组织的多边经贸合作纲要。目前统一电网还停留在构想阶段，真正要付诸实施还有很多工作要做，中国应积极推动这一进程。

三　金融机构提供融资建议

上合组织成立17年来，以国家开发银行和进出口银行为代表的开发性金融机构在开展中国与上合组织成员国跨境通道合作中起到了关键性作用，在未来的合作中，银行在大项目合作中仍将发挥重要作用。基础设施建设项目贷款具有规模大、回收周期长的特点，因此对中资银行来说，在支持"走出去"的过程中，不仅与企业一样面临规避这些国家风险的问题，同时还要保证对贷款的调控和管理，保持信贷资金能够良性循环，安全回收。

1. 加大对项目融资风险监管力度

截至目前，中资银行对上合组织成员国提供融资的项目均属政府间合作项目，理论上讲风险应相对锁定。但考虑到这些国家面临的中期政治风险，如法律多变、政策在执行过程中经常走样的现实特点，对项目融资仍应加强建设期和运营期的风险预控和管理。根据国家银监会《项目融资业务指引》的规定，应进一步细化相关风险，其中首先要关注的是完工风险、超支风险、原材料风险、营运风险、汇率风险、环保风险等。在今后的项目融资中，为了降低所在国政府干涉贷款利益人的风险，可尝试与当地有影响力的商业银行一同安排平等贷款，利益共享，形成有效的协调机制。

2. 从一般信用风险管理逐步转向全面风险管理

上合组织互联互通领域项目均为基础设施建设。长期以来，基础设施建设领域受计划经济下预算式建设的影响，风险信用意识淡薄，法人治理结构欠缺，投资主体责权不够明确，公开透明的信息披露制度和科学有效的监控体系缺损普遍存在，因此基础设施类项目境外贷款的风险问题日益突出。在提供"走出去"基础设施项目融资时，中资银行应按照新巴塞尔资本协议提出的要求，将操作风险、市场风险纳入资本监管范畴，从信用风险管理逐步转向全面风险管理。

3. 对贷款项目实行资本金制度

资本金制度是目前全球各大银行通行的做法。在基础设施建设项目的总投资中，除项目法人从银行或资金市场筹措的债务性资金外，还必须拥有一定比例的资本金，考虑到基础设施建设的资本密集性质，对基础设施项目要尽可能做到资本金先于银行融资到位。投资项目资本金只能用于项目建设，不得挪作他用，更不得抽回。国开行在对上合组织成员国项目承诺贷款后，可根据项目建设进度和资本金到位情况分年发放贷款。对跨境通道类基础设施项目的资本金比例以项目总投资的 35%～50% 为宜。

4. 采用本外币双币种贷款融资模式提供境外贷款

双币种贷款融资模式是指在为境外企业提供美元的同时也提供人民币，不仅有利于各方规避汇率风险，还将促进国内企业出口设备并参与境外项目建设。这种模式符合双边经贸合作本币结算原则，有利于提高人民币的国际地位，并能促进中国在上合组织地区金融新秩序建设中发挥更大作用。

5. 利用离岸信托贷款结构防范境外项目的投资风险

信托贷款结构融资作为离岸信托融资方式的一种，可以有效防范项目所在地国家和地区的风险，业已成为世界大银行支持跨国企业实施海外扩张的重要融资手段。信托贷款融资项目的账户全部设立在境外，其现金流也在境外循环，可避免外汇兑换与汇率方面的风险，减轻资产被征用和政府违约等方面的政治风险。同时，采用信托贷款融资的贷款人对项目收益具有优先分配权，贷款人的利益能够得到优先保障，从而增强贷款银行对项目的融资信心。信托贷款结构融资在中国福建液化天然气（LNG）项目的上游——印度尼西亚东固气田的融资方式中曾被初次采用，采用信托贷款结构融资可以更加有利于境外大型项目的成功融资与运营。

6. 借助中介和社会力量参与项目融资前期准备

融资活动是涉及金融、法律、税收、财务、市场、工程技术、经营管理以至政治等多因素的复杂过程，参与项目建设运营的投融资各方往往不具备上述各学科完整的专门知识，为弥补这方面的缺失，可引进工程咨询中介机构及借助相关研究机构的力量，做好提供融资前的准备。

7. 创新完善投融资机制

解决融资难题的关键在于改善基础设施项目的商业环境和前景。在合作对象中，俄罗斯和哈萨克斯坦拥有自己的主权基金、储蓄、信贷间接融资渠道以及债券股票等直接融资市场，但规模有限。吉尔吉斯斯坦和塔吉克斯坦主要依靠外部贷款。从制度安排看，应促进融资来源多元化。继续积极吸引国际金融组织的信贷融资，域内外有丝路基金、亚洲开发银行、亚洲基础设施投资银行、欧洲复兴开发银行、世界银行全球基础设施基金（Global Infrastructure Facility，简称 GIF）等。应探讨建立非资源领域合作融资安排和上合组织开发银行等，形成多层次、多渠道的上合组织区域经济合作发展融资体系，为区域内社会稳定与经济发展提供有力的资金支持。

8. 建立上合组织基础设施类项目贷款集中度风险评价方法

基础设施项目贷款基本上都是长期贷款，不少贷款的期限甚至长达 20 多年。与短期贷款主要考虑财务因素不同，长期贷款主要考虑行业因素。需要研究行业的长期走势，关注项目在行业规划或区域发展中的地位，项目的审批手续是否完备，以及项目未来在行业中的竞争能力等。评价方法设计的核心是建立一系列指标，通过该指标体系测算出风险分值，从而判断该行业可能的风险。该指标体系可从行业成长性分析、行业结构性稳定分析、行业的市场状况分析与预测、行业运行状况分析和政策法规的影响五个方面进行设计。其目的是构建长期的风险分配机制，有效规避行业风险和政策风险。

9. 对不同成员国实行差别化贷款政策和贷款

俄罗斯、哈萨克斯坦等五国经济发展水平有较大差别，政治稳定性、市场开放程度、所能提供的机遇和存在的风险均不同，为此，对不同的国家和不同的项目，可制定不同的政策和贷款方式，避免"一刀切"。

金融危机后，俄罗斯国家债务虽增长较快，但按国际标准衡量，其债务指标仍处于安全区间。俄政局稳定，经济增长虽放缓，但仍处于正增长。外汇储备规模大，财政赤字水平低，政府拥有较强的偿债能力。但非政府企业和银行债务规模较大，几乎与国家外汇储备持平，在向这些企业和银行提供融资时需要考虑其偿债能力。目前俄罗斯已进入基础设施大规模开发建设期，根据俄政府宏观政策和产业政策导向，如参与铁路、公路基础设施项目，可采取项目融资。

金融危机前，哈萨克斯坦外债规模急剧扩张，近年来增速有所放缓。哈虽然外汇储备规模不大，但拥有较多石油出口收入。参照国际资本对哈投资实践，未来对哈融资模式除"贷款换石油""贷款换资源"外，宜采用银团贷款和项目融资模式。另外，哈萨克斯坦在工程中仍沿用苏联标准，现通用的 FIDIC 条款哈方不接受，标准的差异给外国公司施工增加了难度；在项目实施中，通常国际组织保贷 70%，其余 30% 的资金由哈政府筹集，但哈财政困难，资金难以落实。若参加国际金融组织提供贷款的招标项目须注意该问题。

乌兹别克斯坦金融体系规模小，但金融资产质量尚可。目前中国是乌第一大投资国，中乌经济技术合作以中方援助和贷款项目为主。2010 年乌方曾要求对中亚天然气管道合资公司的管输费收取 30% 消费税，对乌贷款融资要特别关注该国执法随意性强、外汇管制、政策多变、汇率波动、企业拖欠等风险，在提供贷款前要对以上风险有充分预判。为分散风险，对乌项目融资宜提供银团贷款。

吉尔吉斯斯坦和塔吉克斯坦为欠发达国家，经济落后，政局不稳。其国内基础设施项目主要靠国外贷款融资，中国与这两国的合作项目也多以中国提供无偿贷款或低息贷款为主。未来对两国贷款应努力争取"贷款换资源"，锁定风险。塔吉克斯坦税负较重，对于依照国际惯例免税的援助性贷款项目也欲征税，如对世行和亚行贷款征税问题始终没有明确答复。塔投资环境暂不适宜大量投资，建议中方暂不带资进入。

主要参考文献

中文参考文献

（1）《上海合作组织宪章》。

（2）《上海合作组织成员国政府关于区域经济合作的基本目标和方向及启动贸易和投资便利化进程的备忘录的议定书》。

（3）《上海合作组织成员国政府首脑（总理）关于世界和上海合作组织地区经济形势的联合声明》。

（4）《上海合作组织成员国政府间国际道路运输便利化协定》。

（5）《上海合作组织成员国多边经贸合作纲要》。

（6）《加强互联互通伙伴关系对话会联合新闻公报（全文）》。

（7）《推动共建丝绸之路经济带和 21 世纪海上丝绸之路的愿景与行动（全文）》。

（8）《中华人民共和国与俄罗斯联邦关于丝绸之路经济带建设和欧亚经济联盟建设对接合作的联合声明（全文）》。

（9）《"丝绸之路经济带"建设与"光明之路"新经济政策对接合作规划》。

（10）《中欧班列建设发展规划（2016-2020 年）》。

外文参考文献

（1）Федеральный закон Российской Федерации "О закупках товаров，работ，услуг отдельными видами юридических лиц"，2005. 7. 21.《俄罗斯联邦采购法》。

（2）Федеральный закон Российской Федерации "О внесении изменений в Федеральный закон "О концессионных соглашениях", 2012. 4. 28.《俄罗斯联邦特许权经营法修正案》。

（3）Федеральный закон от 04. 05. 2011 "О лицензировании отдельных видов деятельности", 2012. 7. 28.《俄罗斯联邦许可证法》。

（4）Федеральный закон О естественных монополиях, 8 августа 2001 года No 126-ФЗ.《俄罗斯联邦自然垄断法》。

（5）Федеральный закон О защите конкуренции, 26 июля 2006 г. No 135-ФЗ.《俄罗斯联邦保护竞争法》。

（6）Федеральный законОб иностранных инвестициях в Российской Федерации, от 9 июля 1999 г. No 160-ФЗ.《俄罗斯联邦外国投资法》。

（7）"Земельный кодекс Российской Федерации", 25. 10. 2001 No 136-ФЗ.《俄罗斯联邦土地法典》。

（8）Федеральный закон "о Государственной компании" Российские автомобильные дороги", 20. 07. 2009 No 145-ФЗ.《俄罗斯联邦关于成立公路国家公司法》。

（9）Энергетическая стратегия России на период до 2030 года, 13 ноября 2009 г. No1715-р.《俄罗斯至 2030 年能源发展战略》。

（10）Федеральный закон Российской Федерации "Об электроэнергетике", 2003. 2. 21.《俄罗斯联邦电力法》。

（11）Федеральный закон Российской Федерации "Об автомобильных дорогах и о дорожной деятельности в РФ", 2007. 11. 14.《俄罗斯联邦公路和道路活动法》。

（12）Федеральный закон Российской Федерации "о железнодорожном транспорте в Российской Федерации", 2002. 12. 24.《俄罗斯联邦铁路运输法》。

（13）Трастортная стратегия Российской Федерации на период до 2030 года, распоряжением Правительства Российской Федерации, 22 ноября 2008 г. № 1734-р.《俄罗斯联邦至 2030 年交通运输战略》。

（14）Стратегия развития железнодорожного транспорта в Российской Федерации до 2030 года, распоряжением Правительства Российской

Федерации, 17 июня 2008 г. № 877-р.《俄罗斯联邦至 2030 年铁路运输发展战略》。

（15） Комплексный план модернизации и расширения магистральной инфраструктуры на период до 2024 года. 30 сентября 2018 года №2101-р.《俄罗斯联邦至 2024 年干线基础设施现代化及扩建配套规划》。

（16） Федеральный закон "Устав железнодорожного транспорта Российской Федерации", 10.01.2003 No 18-ФЗ ст 44.《俄罗斯联邦铁路运输章程法》。

（17） Федеральный закон Градостроительный кодекс Российской Федерации, № 190-ФЗ от 29.12.2004.《俄罗斯联邦城市建筑法典》。

（18） Федеральный закон О порядке осуществления иностранных инвестиций в хозяйственные общества, имеющие стратегическое значение для обеспечения обороны страны и безопасности государства, 29 апреля 2008 г. No 57-ФЗ.《俄罗斯联邦关于外资进入战略性产业程序法》。

（19） Закон Республики Казахста "О государственных закупках", 2012.7.21.《哈萨克斯坦共和国国家采购法》。

（20） Закон Республики Казахстан "О лицензировании," 2007.1.17.《哈萨克斯坦共和国许可证法》。

（21） ЗаконРеспублики Казахстанот "О концессиях", 2006.6.7.《哈萨克斯坦特共和国许权经营法》。

（22） Закон Республики Казахстан "Об электроэнергетике", 2004.7.9.《哈萨克斯坦共和国电力法》。

（23） Закон Республики Казахстан "О железнодорожном транспорте", 2001.12.8.《哈萨克斯坦共和国铁路运输法》。

（24） Закон Республики Казахстан "Об автомобильных дорогах", 2001.7.17.《哈萨克斯坦共和国公路法》。

（25） Государственная программа развития и интеграции инфраструктуры транспортной системы Республики Казахстан до 2020 года, Указом Президента Республики Казахстан, 13 января 2014 года № 725.《哈萨克斯坦共和国 2020 年交通基础设施一体化国家发展规划》。

（26）О Концепции развития международных транспортных коридоров Республики Казахстан, Постановление Правительства Республики Казахстан от 27 апреля 2001 года. No 566.《哈萨克斯坦共和国关于发展国际交通走廊构想》。

（27）Закон Республики Казахстан Об архитектурной, градостроительной и строительной деятельности в Республике Казахстан, 16 июля 2001 года. No 242-II.《哈萨克斯坦共和国关于设计城市建筑和建筑活动法》。

（28）Закон Республики Узбекистан О лицензировании отдельных видов деятельности, 2000. 5. 25.《乌兹别克斯坦共和国许可证法》。

（29）Закон Республики Узбекистан О концессиях, 1995. 8. 30.《乌兹别克斯坦共和国特许权经营法》。

（30）Закон Республики Узбекистан Об электроэнергетике, 2009. 6. 24. 《乌兹别克斯坦共和国电力法》。

（31）Закон Республики Узбекистан Об автомобильных дорогах, 2007. 6. 29.《乌兹别克斯坦共和国公路法》。

（32）Закон Республики Узбекистан О железнодорожном транспорте, 1999. 4. 15.《乌兹别克斯坦共和国铁路运输法》。

（33）Закон Кыргызской Республики О лицензировании, 1997. 3. 3.《吉尔吉斯共和国许可证法》。

（34）Закон Кыргызской Республики Об автомобильных дорогах, 2008. 5. 16.《吉尔吉斯共和国公路法》。

（35）Закон Кыргызской Республики "О железнодорожном транспорте" 1998. 7. 9.《吉尔吉斯共和国铁路运输法》。

（36）Закон Кыргызской Республики Об электроэнергетике, 1997. 1. 23. 《吉尔吉斯共和国电力法》。

（37）Закон О концессиях и концессионных предприятиях в РеспубликеКыргызстан, 1992. 3. 6.《吉尔吉斯共和国特许权经营法》。

（38）Закон Республики таджикистан О Государственных Закупках Товаров, Работ и услуг, 2006. 3. 3.《塔吉克斯坦国家采购法》。

（39）Закон Республики Таджикисттн О лицензировании отдельных

видов деятельности，2005. 3. 1.《塔吉克斯坦许可证法》。

（40）Закон Республики Таджикисттн об энергетике，2000. 11. 10.《塔吉克斯坦电力法》。

（41）Закон Республики Таджикисттн Об автомобильных дорогах и дорожной деятельности，2002. 1. 30.《塔吉克斯坦公路法》。

图书在版编目（CIP）数据

上海合作组织基础设施互联互通及法律保障研究：
以中国与俄罗斯及中亚国家合作为视角 / 李建民著. --
北京：社会科学文献出版社，2019.3
　ISBN 978-7-5201-4400-1

　Ⅰ.①上…　Ⅱ.①李…　Ⅲ.①上海合作组织-基础
设施建设-国际合作-研究-中国、俄罗斯、中亚　Ⅳ.
①D814.1②F299.24

　中国版本图书馆 CIP 数据核字（2019）第 036652 号

上海合作组织基础设施互联互通及法律保障研究
　　——以中国与俄罗斯及中亚国家合作为视角

著　　者 / 李建民

出 版 人 / 谢寿光
责任编辑 / 张苏琴

出　　版 / 社会科学文献出版社 · 当代世界出版分社（010）59367004
　　　　　　地址：北京市北三环中路甲 29 号院华龙大厦　邮编：100029
　　　　　　网址：www. ssap. com. cn
发　　行 / 市场营销中心（010）59367081　59367083
印　　装 / 三河市龙林印务有限公司

规　　格 / 开　本：787mm × 1092mm　1/16
　　　　　　印　张：18.25　字　数：289 千字
版　　次 / 2019 年 3 月第 1 版　2019 年 3 月第 1 次印刷
书　　号 / ISBN 978-7-5201-4400-1
定　　价 / 98.00 元